高等院校经济管理类专业应用型系列教材

会计学岗位化阶梯式仿真实训系列

# 中级财务会计仿真实训

Intermediate Financial Accounting Simulation Training

苏 俐 主审

赵 晖 李晟璐 编著

中国财经出版传媒集团

经济科学出版社

Economic Science Press

图书在版编目（CIP）数据

中级财务会计仿真实训/赵晖，李晟璐编著．—北京：经济科学出版社，2020.5

高等院校经济管理类专业应用型系列教材．会计学岗位化阶梯式仿真实训系列

ISBN 978-7-5218-1506-1

Ⅰ.①中… Ⅱ.①赵…②李… Ⅲ.①财务会计-高等学校-教材 Ⅳ.①F234.4

中国版本图书馆CIP数据核字（2020）第065642号

责任编辑：杜　鹏　常家凤
责任校对：郑淑艳
责任印制：邱　天

## 中级财务会计仿真实训

苏　俐　主审

赵　晖　李晟璐　编著

经济科学出版社出版、发行　新华书店经销
社址：北京市海淀区阜成路甲28号　邮编：100142
编辑部电话：010-88191441　发行部电话：010-88191522
网址：www.esp.com.cn
电子邮箱：esp_bj@163.com
天猫网店：经济科学出版社旗舰店
网址：http：//jjkxcbs.tmall.com
北京鑫海金澳胶印有限公司印装
787×1092　16开　36印张　380000字
2020年8月第1版　2020年8月第1次印刷
ISBN 978-7-5218-1506-1　定价：68.00元
（图书出现印装问题，本社负责调换．电话：010-88191510）
（版权所有　侵权必究　打击盗版　举报热线：010-88191661
QQ：2242791300　营销中心电话：010-88191537
电子邮箱：dbts@esp.com.cn）

# 前 言
INTRODUCTION

会计作为一项经济管理活动，具有很强的规范性和系统性，业务精细化程度要求很高。会计学作为一门学科或专业，在高等教育不同层次和类别的学校开设得非常普遍。由于专业的特殊性，教学过程中对实践性要求很高，尤其对应用型高校更是显得突出。基于此，相关的实训类教材出版的比较多，也各有特色。

本教材是长春光华学院副校长于福教授、一汽启明股份有限公司财务总监苏俐正高级会计师、长春光华学院商学院院长孙恒教授牵头，由多名高校教师和企业会计专家携手努力编著完成，并经过几轮教学实践检验，适合应用型高校会计专业实践教学的平台。本教材具有以下特色：

1.体现了鲜明的岗位化阶梯式特色。由于会计实务划分为不同的岗位，而会计教学上要依照循序渐进的认知规律进行知识讲授，这就要求会计实训教学过程既要体现业务的岗位化内容，又要体现由浅入深的学习规律。这种体现岗位化阶梯式特色的会计仿真实训教材正是目前很多高校长期想解决但又未能很好解决的问题。本教材较好地解决了这个问题。

2.清晰指示了每一笔会计实务的标准化流程。为提高学生尽快适应实际工作的需要，突出会计工作规范化的意识，本教材对每一笔业务的规范处理流程，给出了清晰的指示。这种流程的标识，在目前会计实训教材中也是一个突出特色。

3.原始凭证体现了高度的完整性和真实性。由于企业会计实务专家的加入，本教材涉及的原始凭证完全按照实际业务进行复制，其完整性和真实性加强了学生认知的效率和效果。

4.体现了国家最新财税政策。由于国家2018年和2019年财税政策发生了比较大的变化，本教材按照最新政策设计实训内容，适应了政策变化要求。

本教材适合会计学专业本科（尤其是应用型）学生使用。

本教材是岗位化阶梯式中级财务会计仿真实训，适合学生学习中级阶段会计知识所需。编写组由赵晖、李晟璐、张亚敏、赵赢、孙阳、李海霞组成。

由于角度不同和编著者水平的局限，肯定存在诸多不足之处，恳请同行专家不吝赐教。

编者<br>2020年5月

# 目  录
## CONTENTS

经济业务环境 ·················································································· 1

实训目标 ······················································································· 5

财务部岗位设置及职责描述 ································································· 7

  20700 资金会计——上岗交接 ···························································· 11

  20705 资金会计——支付短期借款利息 ················································· 23

  20800 综合会计——上岗交接 ···························································· 27

  20801 综合会计——支付股利 ····························································· 33

  20900 出纳——上岗交接 ··································································· 41

  20904 出纳——银行汇票支付欠款 ······················································· 45

  20802 综合会计——增资 ··································································· 51

  20902 出纳——填报货币资金日报表 ···················································· 63

  20701 资金会计——收到银行承兑汇票 ················································· 69

  20300 销售会计——上岗交接 ···························································· 77

  20304 销售会计——银行汇票销售 ······················································· 89

  20301 销售会计——现金、预收、应收销售 ··········································· 95

  20600 税务会计——上岗交接 ···························································· 107

  20601 税务会计——支付税控系统维护费 ·············································· 111

  20803 综合会计——支付咨询费 ························································· 117

  20100 材料会计——上岗交接 ···························································· 123

  20101 材料会计——现款采购半成品 ···················································· 137

  20200 资产会计——上岗交接 ···························································· 147

  20201 资产会计——计提固定资产折旧 ················································· 155

  20202 资产会计——无形资产摊销 ······················································· 161

  20805 综合会计——支付业务招待费 ···················································· 165

| | |
|---|---|
| 20804 综合会计——支付差旅费 | 171 |
| 20602 税务会计——交税 | 177 |
| 20806 综合会计——支付邮寄费 | 185 |
| 20807 综合会计——采购办公用品 | 191 |
| 20704 资金会计——商业汇票到期付款 | 197 |
| 20903 出纳——承兑汇票拆分，支付欠款 | 203 |
| 20400 薪酬会计——上岗交接 | 217 |
| 20401 薪酬会计——工资计提与发放 | 223 |
| 20402 薪酬会计——工会经费的计提与支出 | 233 |
| 20403 薪酬会计——各项保险、公积金的计提与缴纳 | 239 |
| 20404 薪酬会计——福利费支出 | 247 |
| 20708 资金会计——收到银行承兑汇票 | 255 |
| 20905 出纳——银行承兑汇票背书，支付欠款 | 267 |
| 20405 薪酬会计——教育经费支出 | 273 |
| 20808 综合会计——购买银行支票 | 279 |
| 20203 资产会计——购入固定资产 | 285 |
| 20302 销售会计——销售退货 | 293 |
| 20102 材料会计——应付款采购外购半成品 | 299 |
| 20906 出纳——支付网上银行服务费 | 307 |
| 20706 资金会计——银行承兑汇票贴现 | 313 |
| 20809 综合会计——车间设备修理费 | 323 |
| 20103 材料会计——外购半成品暂估冲销 | 329 |
| 20810 综合会计——支付车间取暖费 | 337 |
| 20709 资金会计——支付短期借款利息 | 347 |
| 20811 综合会计——车间人员出差报销 | 353 |
| 20812 综合会计——支付车间办公用品费用 | 359 |
| 20702 资金会计——短期借款还款 | 365 |
| 20303 销售会计——销售费用 | 373 |
| 20901 出纳——现金盘点 | 379 |
| 20703 资金会计——向银行申请贷款 | 383 |
| 20104 材料会计——预付款采购半成品 | 393 |
| 20105 材料会计——外购半成品暂估 | 401 |
| 20106 材料会计——材料出库 | 409 |
| 20107 材料会计——盘亏 | 419 |
| 20204 资产会计——支付外包工程款 | 425 |

20205 资产会计——支付研究经费 ················································ 431
20500 成本会计——上岗交接 ················································ 437
20501 成本会计——动能费用结算 ················································ 445
20813 综合会计——结转 1 月份制造费用 ················································ 453
20502 成本会计——生产费用在产品之间的分配 ················································ 457
20503 成本会计——废品损失计算 ················································ 469
20504 成本会计——在产品成本计算 ················································ 475
20505 成本会计——产成品成本计算 ················································ 485
20814 综合会计——结转 1 月份营业外收入 ················································ 489
20815 综合会计——支付广告费 ················································ 491
20603 税务会计——转出未交增值税 ················································ 497
20816 综合会计——支付展位费 ················································ 501
20604 税务会计——计提当月税金及附加 ················································ 507
20817 综合会计——支付房租和物业费 ················································ 511
20707 资金会计——期票兑收 ················································ 519
20907 出纳——银行对账 ················································ 527
20206 资产会计——费用性研发支出转入管理费用 ················································ 539
20305 销售会计——结转销售成本 ················································ 543
20818 综合会计——结转 1 月份财务费用 ················································ 549
20819 综合会计——结转 1 月份管理费用 ················································ 553
20820 综合会计——结转 1 月份主营业务收入 ················································ 557
20821 综合会计——结转 1 月份销售费用和成本 ················································ 559
20822 综合会计——财务报表 ················································ 563

# 经济业务环境

东北发动机有限公司下设多个多元化子公司，涵盖东北齿轮厂、长春光华信息技术有限公司、东北铸造厂、山东齿轮厂、大连铸造厂，东北铸造厂下设成都铸造厂、佛山铸造厂。

东北发动机厂组织架构图：

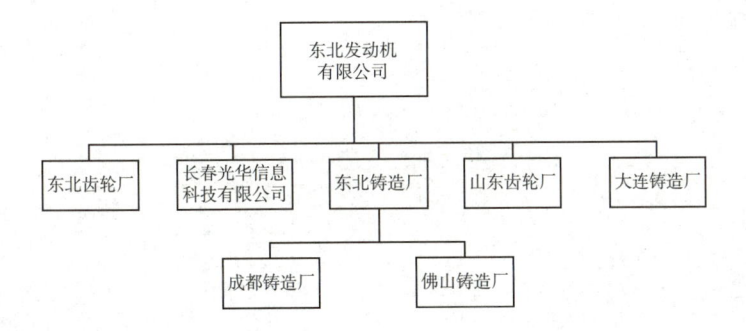

```
                    东北发动机
                     有限公司
                         │
    ┌────────┬──────────┼──────────┬────────┐
 东北齿轮厂  长春光华信息  东北铸造厂  山东齿轮厂  大连铸造厂
            科技有限公司       │
                         ┌─────┴─────┐
                      成都铸造厂   佛山铸造厂
```

中级会计仿真实训以东北发动机有限公司为业务原型。

## 东北发动机有限公司简介

东北发动机有限公司成立于1990年5月，公司总占地面积25 456平方米，建筑面积15 380平方米，现有员工397人，拥有专业发动机生产线2条，分别生产M1、M2型发动机，机加车间拥有卧式加工中心、五轴数控磨床、汽油机出厂磨合试验台、曲轴连杆颈磨床、气门锁片压装检测机等独立加工和检测设备656台，现已具备年产10万台发动机的生产能力。

东北发动机有限公司已经成为中国第一汽车集团公司、上海大众汽车有限公司的核心供应商，一汽—大众汽车有限公司的A级供应商，一汽轿车股份有限公司、四川一汽丰田汽车有限公司、长春丰越公司、一汽解放汽车有限公司、一汽吉林汽车有限公司、天津一汽夏利汽车股份有限公司、一汽通用轻型商用汽车有限公司的优秀供应商。

公司面临的市场环境：随着我国汽车工业的快速发展，国内汽车零部件企业得以发展壮大，同时也加速了国外汽车零部件企业的进入，激烈的竞争环境使企业面临严峻的考验。近年来汽车零部件行业要求必须通过ISO9001质量体系认

证，ISO/TS16949质量体系认证及CCC国家强制性产品质量的认证。同时严格按照精益生产管理模式、六西格玛管理策略对企业进行管理。

零部件企业在财务管理方面要求严格控制总资产周转率、流动资产周转率、存货周转率、应收账款周转率、不良资产比、净资产收益率、总资产报酬率、主营业务利润率、成本费用利润率、销售增长率等财务指标，以提升企业竞争力。

公司秉承"第一产品""第一服务"的经营理念，坚持"客户第一"的原则，以"追求第一"作为企业发展的主题。通过自主研发，并引进先进技术及高端设备，不断开发新产品，加快项目投资。

公司基本信息见下表。

## 公司基本信息

| 公司名称 | 东北发动机有限公司 |
| --- | --- |
| 公司注册地 | 长春市东风大街1888号 |
| 注册地址邮政编码 | 130001 |
| 开户银行 | 工商银行东风大街支行 |
| 基本账号 | 2008 1665 8888 8888 |
| 税号 | 220117709854834 |
| 法定代表人 | 马实 |

组织架构图：

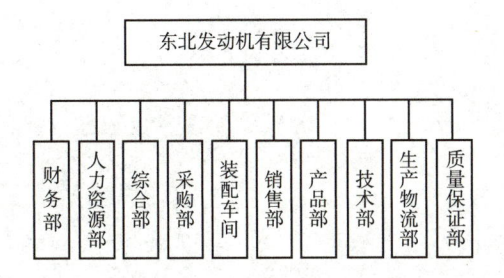

东北发动机有限公司
├── 财务部
├── 人力资源部
├── 综合部
├── 采购部
├── 装配车间
├── 销售部
├── 产品部
├── 技术部
├── 生产物流部
└── 质量保证部

# 实训目标

岗位化阶梯式会计模拟实战平台是模拟企业真实经济业务环境，按照会计实际工作岗位职责和业务内容，分层级构建会计实践渐进式培养操作平台。该平台设计不同岗位的会计仿真实训，以会计实践操作能力为目标，为高校会计专业教学转型、为企事业单位负责人和会计人员的实践能力提供平台。

中级会计仿真实训以东北发动机有限公司真实经济活动为背景，以2019年为经营年度，引入真实企业案例，真实原始资料，将实际会计业务操作与职业实践能力培养紧密结合，实现企业运营仿真操作。中级会计仿真实训内容与初级实训内容相匹配，通过材料、资产、销售、薪酬、成本、税务、综合、资金、财务部长仿真财务岗位职责设计及业务流程描述，模拟填制和审核记账凭证及原始凭证，登记各类会计账簿，编制财务报表，实现如下目标：掌握会计核算、成本计算，财务报表编制的基本技能，初步形成企业内部控制和财务管理思维；学习企业投融资操作和合理税收筹划，学习企业运营基本知识，培养学生的专业判断能力，培养管理会计思维。

# 财务部岗位设置及职责描述

1. 材料会计：负责材料购入、领用的会计核算，定期与采购部核对其相应的应付账款和预付账款，审核购入材料的发票和入库单，并确认物资已入库，编制凭证时将增值税专用发票抵扣联转交税务会计。指导仓储部建立健全材料明细账，做到账账相符，账实相符。

2. 资产会计：负责固定资产的购入、折旧、清理的会计核算，定期与设备部核对与其相对应的应付账款、预付账款。负责在建工程的立项、建设、结转的会计核算。建立健全固定资产明细表，指导设备部建立健全固定资产卡片，做到表卡相符。定期参与设备部组织的固定资产盘点，做到账实相符。做好会计档案保管。要完成公司领导交办的其他临时性工作。

3. 销售会计：负责产品的发货、回款、退换货和销售费用的会计核算，定期与销售部核对其相应的应收账款和预收账款。建立健全发出商品分类明细账，指导销售部建立健全发出商品明细账，做到账账相符。严格按照相关的管理制度，核算销售费用，并根据需要对销售费用进行合理的分类统计和分析。组织销售部对应收账款进行账龄分析，督促销售部对客户信誉进行评定。

4. 薪酬会计：严格按照单位工资、奖金核算办法支付工资和各种奖金，定期组织工资发放。每月根据考勤表、计件工资统计表，依据出勤天数、岗位标准，各种补贴和奖金分配方案等有关内容，正确编制工资结算表，并办理代扣各种款项。按照工资支付对象和成本核算的要求，编制工资费用分配表，向有关部门提供工资分配的明细，并进行工资分配账务处理。

5. 成本会计：根据与其工作相关的规章制度和经济活动的核算流程，对经济活动中的成本和费用进行核算。拟订生产成本的管理制度与核算流程，预测年度和季度的产品成本及费用。归集各生产部门所消耗的折旧、劳务、水电、原辅材料、低值易耗品的数量及金额，合理分摊制造费用，正确核算各产品成本。登记生产成本、制造费用明细账，编制在产品和产成品的成本报表，并对各产品进行成本分析。定期对在产品和产成品进行盘点，做到账实相符，发现不实情况及时报告并做相应的调整。

6. 税务会计：根据发票管理法规，负责销售发票的领购、保管工作。按税收法规，计提当期应计的各项税费，填制当期税务申报表，按时向税务机关申报，

及时缴纳税款。建立健全应交税费中的各项税费明细账。及时了解财税新政策，对税负进行合理的分类统计和分析。指导销售员索取开具发票所需的客户资料。

7. 资金会计：根据与其工作相关的规章制度和经济活动的核算流程，逐笔登记应收应付票据的来源和去向，指导出纳员及时兑现和兑付票据。托他人带管保险柜钥匙，不得泄露保险柜密码。妥善保管空白收据和支票及其印章，领用空白收据和支票及其印章必须登记，正确、合理、迅速地调度资金，提高资金使用效率。做好筹资和投资的预测分析。

8. 出纳：办理现金收支、提现、银行结算。妥善保管库存现金、承兑汇票、临时借据，根据制度所规定的库存现金限额，保管库存现金，如有现金短缺，由出纳员赔偿。超库存限额的现金要及时存入银行。对银行存款中的未达账要督促相关岗位的会计进行核对（每日网上对账；手工填写日记账）。

9. 综合会计：审核上述各会计所做的所有记账凭证。督促各岗位会计按其职责，及时结转相应的会计科目，登记总分类账及管理费用明细账。严格按照相关的管理制度，核算和审核各部门管理费用，并根据需要对管理费用进行合理的分类统计。确认会计科目和账表中的勾稽关系，编制财务报告。根据生产经营目标，编制公司的全面预算，确定成本目标和利润目标。督促各岗位会计整理会计凭证，并将凭证、报表等会计资料及时归档和交接。拟定管理费用的管理制度与核算流程，预测年度和季度的费用。根据部长指示向公司内外的相关部门，提供其所需的财务数据。

10. 财务部长：主持并全面负责财务部的行政管理工作。制定财务部管理规定及会计制度方法，并组织实施。加强财务部管理，编制并执行财务预算。定期进行财务分析，并提出改进意见。参与生产经营决策。组织协调内外关系。考核、控制财务部员工的工作质量。

# 20700 资金会计——上岗交接

| 工作名称 | 上岗交接 | 更新时间 | | 工作内容摘要 |
|---|---|---|---|---|
| 岗　　位 | 资金会计 | 级　　别 | 中级 | 资金会计上岗交接 |
| 工作方式 | 手工、软件 | | | |

## 工作内容

新到岗的资金会计与离岗的前任资金会计交接。

## 工作要求

向离岗的前任资金会计接收资金会计岗位的相关政策文件。包括：银行贷款合同，企业融资规章制度，企业内部资金管理办法，企业付款规章制度，软件账套密码，保险柜钥匙，银行授信资料，银行付款审核UK资料等文件和信息。

## 经济业务流程

**东北发动机有限公司**

流程名称：资金会计上岗交接
流程代码：20700
更新时间：2018年12月
风险点：

| 部门名称：财务部 | 审批人：柴章 |
| --- | --- |
| 主责岗位：薪酬 | 会签：范婷 高翔 董芳 邓欢 |
| 编辑人：丁磊 | 陈晓 陈曼 刘玉 付晶 |

### 流程图

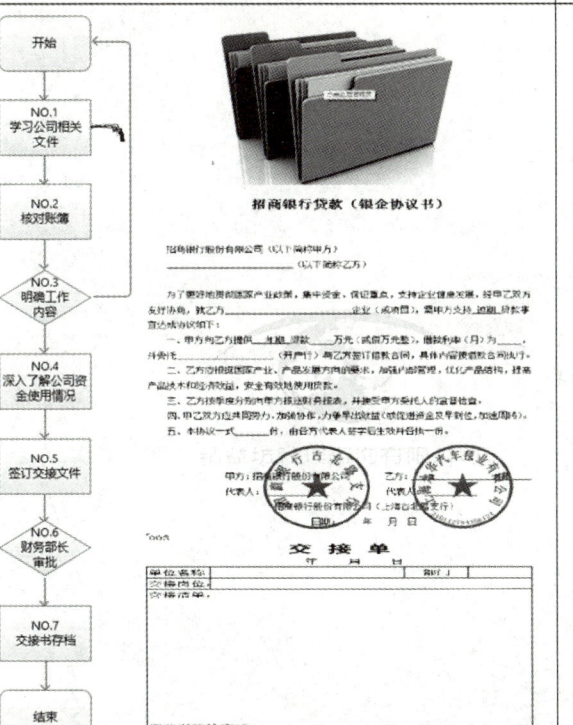

开始
→ NO.1 学习公司相关文件
→ NO.2 核对账簿
→ NO.3 明确工作内容
→ NO.4 深入了解公司资金使用情况
→ NO.5 签订交接文件
→ NO.6 财务部长审批
→ NO.7 交接书存档
→ 结束

### 流程描述

**NO.1** 风险点控制措施
向离岗的前任资金会计接收资金会计岗位的相关政策文件（包括：银行贷款合同、企业融资规章制度、企业内部资金管理办法、企业付款规章制度、资金计管理办法）。

**NO.2** 明确相关账簿的各项余额是否准确、清晰。

**NO.3** 明确工作内容、岗位职责、工作流程等。

**NO.4** 了解企业在银行的贷款情况，企业开户银行的相关情况，银行客户经理姓名、电话。清楚银行对企业的信誉政策，信誉额度。企业是否有抵押、担保贷款等。

**NO.5** 双方填写交接单，填写清楚交接内容。

**NO.6** 财务部长对交接文件进行审批。

**NO.7** 交接单存档，上岗工作。

## 经济业务证明

### 银行承兑汇票

出票日期（大写）：贰零壹捌 年 零柒 月 叁拾壹 日　　03258761

| 出票人全称 | 长春机械厂 | 收款人 | 全称 | 东北发动机有限公司 |
|---|---|---|---|---|
| 出票人账号 | 5566123669 | | 账号 | 2008166588888888 |
| 付款行全称 | 交通银行平阳街支行 | | 开户银行 | 工商银行东风大街支行 |
| 出票金额 | 人民币（大写）叁佰万元整 | | | ￥300000000 亿千百十万千百十元角分 |
| 汇票到期日（大写） | 贰零壹玖年零壹月叁拾壹日 | 付款行 | 行号 | |
| 承兑协议编号 | | | 地址 | |
| 本汇票请你行承兑，到期后无条件付款。 | | | 本汇票已经承兑，到期日由本行付款。 | |
| 出票人签章 | | 备注： | 承兑日期 年 月 日 业务受理章 | 复核　　记账 |

### 银行承兑汇票

出票日期（大写）：贰零壹捌 年 零柒 月 壹拾伍 日　　03093123

| 出票人全称 | 东北发动机有限公司 | 收款人 | 全称 | 苏州连杆集团公司 |
|---|---|---|---|---|
| 出票人账号 | 2008166588888888 | | 账号 | 6831030004013 |
| 付款行全称 | 交通银行平阳街支行 | | 开户银行 | 中国银行苏州工业园支行 |
| 出票金额 | 人民币（大写）叁佰贰拾万元整 | | | ￥320000000 亿千百十万千百十元角分 |
| 汇票到期日（大写） | 贰零壹玖年零壹月壹拾伍日 | 付款行 | 行号 | |
| 承兑协议编号 | | | 地址 | |
| 本汇票请你行承兑，到期后无条件付款。 | | | 本汇票已经承兑，到期日由本行付款。 | |
| 出票人签章 | | 备注： | 承兑日期 年 月 日 承兑行签章 | 复核　　记账 |

## 工商银行东风大街支行（以下简称甲方）

工商银行东风大街支行（以下简称甲方）
东北发动机有限公司（以下简称乙方）

为了更好地贯彻国家产业政策，集中资金，保证重点，支持企业健康发展，经甲乙双方友好协商，就乙方 东北发动机有限公司 企业（或项目），需甲方支持 短期贷款事宜达成协议如下：

一、甲方向乙方提供 一年期 贷款 800 万元（捌佰万元整），借款利率（月）为 5‰ ，并委托 工商银行东风大街支行 (开户行）与乙方签订借款合同，具体内容按借款合同执行。

二、乙方应根据国家产业、产品发展方向的要求，加强内部管理，优化产品结构，提高产品技术和经济效益，安全有效地使用贷款。

三、乙方按季度分别向甲方报送财务报表，并接受甲方委托人的监督检查。

四、甲乙双方应共同努力，加强协作，力争早出效益（或促进资金及早到位，加速周转）。

五、本协议一式二份，由各方代表人签字后生效并各执一份。

甲方：工商银行东风大街支行　　　　乙方：东北发动机有限公司
代表人：陈曦　　　　　　　　　　　代表人：马实

工商银行东风大街支行
日期：2019 年 1 月 25 日

# 工商银行贷款（银企协议书）

工商银行东风大街支行（以下简称甲方）
东北发动机有限公司（以下简称乙方）

　　为了更好地贯彻国家产业政策，集中资金，保证重点，支持企业健康发展，经甲乙双方友好协商，就乙方 东北发动机有限公司 企业（或项目），需甲方支持 短期 贷款事宜达成协议如下：

　　一、甲方向乙方提供 一年期 贷款 700 万元（柒佰万元整），借款利率（月）为 5‰，并委托 工商银行东风大街支行（开户行）与乙方签订借款合同，具体内容按借款合同执行。

　　二、乙方应根据国家产业、产品发展方向的要求，加强内部管理，优化产品结构，提高产品技术和经济效益，安全有效地使用贷款。

　　三、乙方按季度分别向甲方报送财务报表，并接受甲方委托人的监督检查。

　　四、甲乙双方应共同努力，加强协作，力争早出效益（或促进资金及早到位，加速周转）。

　　五、本协议一式二份，由各方代表人签字后生效并各执一份。

甲方：工商银行东风大街支行　　　　乙方：东北发动机有限公司
代表人：陈曦　　　　　　　　　　　代表人：马实

　　　　　　　　　　　　　　　　　　　　工商银行东风大街支行
　　　　　　　　　　　　　　　　　　　　日期：2019 年 9 月 22 日

# 工商银行贷款（银企协议书）

工商银行东风大街支行（以下简称甲方）
东北发动机有限公司（以下简称乙方）

为了更好地贯彻国家产业政策，集中资金，保证重点，支持企业健康发展，经甲乙双方友好协商，就乙方 东北发动机有限公司 企业（或项目），需甲方支持 短期 贷款事宜达成协议如下：

一、甲方向乙方提供 一年期 贷款500万元（伍佰万元整），借款利率（月）为 5‰，并委托 工商银行东风大街支行（开户行）与乙方签订借款合同，具体内容按借款合同执行。

二、乙方应根据国家产业、产品发展方向的要求，加强内部管理，优化产品结构，提高产品技术和经济效益，安全有效地使用贷款。

三、乙方按季度分别向甲方报送财务报表，并接受甲方委托人的监督检查。

四、甲乙双方应共同努力，加强协作，力争早出效益（或促进资金及早到位，加速周转）。

五、本协议一式二份，由各方代表人签字后生效并各执一份。

甲方：工商银行东风大街支行　　　乙方：东北发动机有限公司
代表人：陈曦　　　　　　　　　　代表人：寻实

工商银行东风大街支行
日期：2019年7月1日

## 总账、明细账期初余额明细表

| 一级科目 | | | 二级科目 | | |
|---|---|---|---|---|---|
| 代码 | 名称 | 金额 | 代码 | 名称 | 金额 |
| 1221 | 应收票据 | 3 000 000.00 | | | |
| | | | 112101 | 长春市机械厂 | 3 000 000.00 |
| 2001 | 短期借款 | 20 000 000.00 | | | |
| | | | 200101 | 工行东风支行 | 20 000 000.00 |
| 2201 | 应付票据 | 3 200 000.00 | | | |
| | | | 220101 | 苏州连杆集团公司 | 3 200 000.00 |

# 20705 资金会计——支付短期借款利息

| 经济业务 | 支付利息 | 更新时间 | | 经济业务摘要 | |
|---|---|---|---|---|---|
| 岗　　位 | 资金会计 | 级　　别 | 中级 | 支付短期借款利息 | |
| 工作方式 | 手工、软件 | | | | |

### 经济业务内容

2019年1月1日收到银行扣除贷款利息回单。

### 经济业务处理要求

了解支付短期借款利息业务处理流程。根据银行回单，分析经济业务。依据相关原始凭证，参照银行自动收付款业务处理流程，填写相关表单，运用借贷记账法编制记账凭证，登记相关账簿。注意自动收付款业务特点及其会计处理规则，正确运用会计科目。

## 经济业务流程

**东北发动机有限公司**

流程名称：支付短期借款利息
流程代码：20705
更新时间：2018年12月
风险点：

| 部门名称：财务部 | 审批人：柴章 | |
|---|---|---|
| 主责岗位：薪酬 | 会签 | 范婷 高翔 董芳 邓欢 |
| 编 辑 人：丁磊 | | 陈晓 陈曼 刘玉 付晶 |

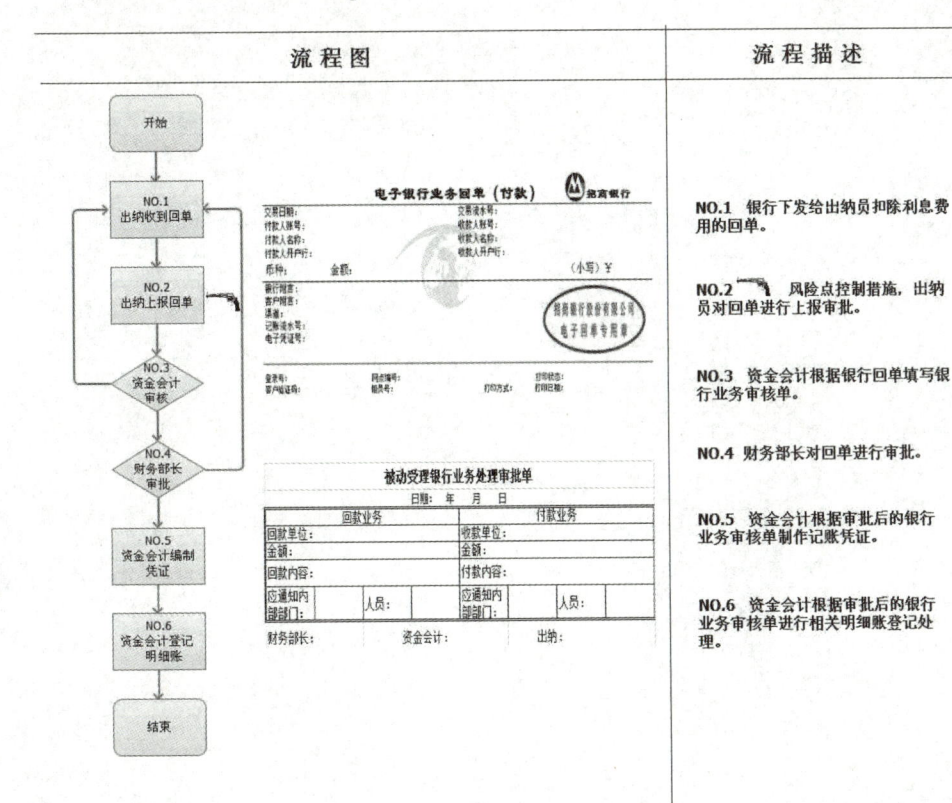

### 流程图

开始 → NO.1 出纳收到回单 → NO.2 出纳上报回单 → NO.3 资金会计审核 → NO.4 财务部长审批 → NO.5 资金会计编制凭证 → NO.6 资金会计登记明细账 → 结束

### 流程描述

NO.1 银行下发给出纳员扣除利息费用的回单。

NO.2 风险点控制措施，出纳员对回单进行上报审批。

NO.3 资金会计根据银行回单填写银行业务审核单。

NO.4 财务部长对回单进行审批。

NO.5 资金会计根据审批后的银行业务审核单制作记账凭证。

NO.6 资金会计根据审批后的银行业务审核单进行相关明细账登记处理。

## 经济业务证明（外来原始凭证）

706

| 电子银行业务回单（收费） | 中国工商银行 |
|---|---|

交易日期：2019年01月01日　　　业务类型：货款付息　　　交易流水号：00039931
付款人账号：2008166588888888
付款人名称：东北发动机有限公司
付款人开户行：工商银行东风大街支行
币种：人民币　　　金额：（大写）贰万伍仟元整　　　（小写）¥ 25 000.00
摘要：货款付息
收费时段：09：16：33
记账流水号：0002158
电子凭证号：0094

（盖章：工商银行东风大街支行）

登录号：00791　　　网点编号：1234　　　打印状态：1
客户验证码：991513　　柜员号：003　　打印方式：1　　打印日期：2019年01月01日

## 20800 综合会计——上岗交接

| 工作名称 | 上岗交接 | 更新时间 |  | 工作内容摘要 |
|---|---|---|---|---|
| 岗　　位 | 综合会计 | 级　　别 | 中级 | 综合会计上岗交接 |
| 工作方式 | 手工、软件 |  |  |  |

### 工作内容

新到岗的综合会计与离岗的前任综合会计交接。

### 工作要求

向离岗的前任综合会计接收综合会计岗位的相关政策文件。包括：公司组织架构、财务相关制度流程、财务部组织架构、财务岗位分工、交接基准日的总账及明细账、总账及余额明细表、财务分析资料、财务软件使用方法及登录密码、交接期上一年度的审计报告和审计业务约定书，银行授信资料［如同意授信的股东会（董事会）决议、同意抵押（质押）的股东会（董事会）决议、同意抵押（质押）承诺书］验资报告、公司章程、企业工商登记查询证明、营业执照、公司有关的特许经营证书或协议、公司财务有关的荣誉证书等。

## 工作流程

**东北发动机有限公司**

流程名称：综合会计上岗交接
流程代码：20800
更新时间：2018年12月
风险点：

| 部门名称：财务部 | 审批人：柴章 | 会签 | 范婷、高翔、董芳、丁磊 邓欢、陈晓、陈曼、刘玉 |
|---|---|---|---|
| 主责岗位：综合 | | | |
| 编辑人：付晶 | | | |

### 流程图

- 开始
- NO.1 岗位政策文件交接
- NO.2 核对财务数据
- NO.3 明确工作内容
- NO.4 签订交接文件
- NO.5 财务部长审批
- NO.6 交接书存档
- 结束

### 流程描述

**NO.1** 向离岗的前任综合会计接收综合会计岗位的相关政策文件。
　风险点管控措施
公司组织架构、财务相关制度流程、财务部组织架构、财务岗位分工、交接基准日的总账及明细账、总账及余额明细表，财务分析资料，财务软件使用方法及登录密码、交接期上一年度的审计报告和审计业务约定书，银行授信资料
【如：同意授信的股东会（董事会）决议、同意抵押（质押）的股东会（董事会）决议、同意抵押（质押）承诺书。】验资报告、公司章程、企业工商登记查询证明、营业执照、公司有关的特许经营证书或协议、公司财务有关的荣誉证书等。

**NO.2** 确认相关账簿的各项余额是否准确、清晰。

**NO.3** 明确工作内容，岗位职责，工作流程等。

**NO.4** 双方签订交接书，交出方填写交接内容，双方在交接书上签字。

**NO.5** 财务部长监交。

**NO.6** 交接书存档，上岗工作。

# 经济业务证明（自制原始凭证）

## 总账科目余额及发生额汇总表

单位名称：东北发动机有限公司　　　　　　　　　　　　　　　　　2019年1月

| 序号 | 科目名称 | 科目代码 | 期初余额 借方 | 期初余额 贷方 | 借方发生额 | 贷方发生额 | 期末余额 借方 | 期末余额 贷方 |
|---|---|---|---|---|---|---|---|---|
| 1 | 库存现金 | 1001 | 21 188.00 | | | | | |
| 2 | 银行存款 | 1002 | 15 838 200.00 | | | | | |
| 3 | 应收票据 | 1121 | 3 000 000.00 | | | | | |
| 4 | 应收账款 | 1122 | 4 068 662.00 | | | | | |
| 5 | 预付账款 | 1123 | 9 482 616.00 | | | | | |
| 6 | 其他应收款 | 1221 | 35 000.00 | | | | | |
| 7 | 原材料 | 1403 | 3 442 272.00 | | | | | |
| 8 | 材料成本差异 | 1404 | 40 001.37 | | | | | |
| 9 | 库存商品 | 1405 | 1 352 400.00 | | | | | |
| 10 | 固定资产 | 1601 | 99 094 085.16 | | | | | |
| 11 | 累计折旧 | 1602 | | 17 693 517.88 | | | | |
| 12 | 在建工程 | 1604 | 6 551 813.57 | | | | | |
| 13 | 无形资产 | 1701 | 18 000 000.00 | | | | | |
| 14 | 累计摊销 | 1702 | | 9 837 039.87 | | | | |
| 15 | 短期借款 | 2001 | | 20 000 000.00 | | | | |
| 16 | 应付票据 | 2201 | | 3 200 000.00 | | | | |
| 17 | 应付账款 | 2202 | | 2 306 080.00 | | | | |
| 18 | 预收账款 | 2203 | | 7 200 000.00 | | | | |
| 19 | 应交税费 | 2221 | | 1 500 022.00 | | | | |
| 20 | 应付股利 | 2232 | | 8 000 000.00 | | | | |
| 21 | 递延收益 | 2401 | | 700 000.00 | | | | |
| 22 | 实收资本 | 4001 | | 80 000 000.00 | | | | |
| 23 | 盈余公积 | 4101 | | 8 350 000.00 | | | | |
| 24 | 利润分配 | 4104 | | 2 459 578.35 | | | | |
| 25 | 生产成本 | 5001 | 320 000.00 | | | | | |
| | 合计 | | 161 246 238.10 | 161 246 238.10 | — | — | — | — |

## 总账、明细账期初余额明细表

2019年1月1日

| 一级科目 | | | 二级科目 | | |
|---|---|---|---|---|---|
| 代码 | 名称 | 金额 | 代码 | 名称 | 金额 |
| 1221 | 其他应收款 | 35 000.00 | | | |
| | | | 122101 | 其他应收款——韩波 | 35 000.00 |
| 2232 | 应付股利 | 8 000 000.00 | | | |
| | | | 223201 | 应付股利——吉林省国有资产管理有限公司 | 7 200 000.00 |
| | | | 223202 | 应付股利——首都汽车制造有限公司 | 800 000.00 |
| 4001 | 实收资本 | 80 000 000.00 | | | |
| | | | 400101 | 应收资本——吉林省国有资产管理有限公司 | 7 200 000.00 |
| | | | 400102 | 应收资本——首都汽车制造有限公司 | 800 000.00 |
| 4101 | 盈余公积 | 8 350 000.00 | | | |
| | | | 410101 | 盈余公积——法定盈余公积 | 8 350 000.00 |
| 4104 | 利润分配 | 2 459 578.35 | | | |
| | | | 410499 | 利润分配——未分配利润 | 2 459 578.35 |

# 20801 综合会计——支付股利

| 经济业务 | 支付股利 | 更新时间 | | 经济业务摘要 | |
|---|---|---|---|---|---|
| 岗　　位 | 综合会计 | 级　　别 | 中级 | 向股东支付股利 | |
| 工作方式 | 手工、软件 | | | | |

### 经济业务内容

根据股东会决议，按投资比例向股东分配股利。

### 经济业务处理要求

核对可供股东分配利润数据，计算各股东应付股利金额。召开股东会，确认股利分配数额。综合会计根据股东会决议填写付款申请单，交由财务部长审批，出纳向股东付款，综合会计编制记账凭证。

## 经济业务流程

**东北发动机有限公司**

| 流程名称：分配股利 | 部门名称：财务部 | 审批人：柴章 |
| --- | --- | --- |
| 流程代码：20801 | 主责岗位：综合 | 会签：范婷、高翔、董芳、丁磊、邓欢、陈晓、陈曼、刘玉 |
| 更新时间：2018年12月 | 编辑人：付晶 | |
| 风险点： | | |

### 流程图

开始 → NO.1 核对确认财务数据 → NO.2 召开股东会 → NO.3 填写付款申请单 → NO.4 财务部长审批 → NO.5 编制会计凭证 → NO.6 登记会计账簿 → NO.7 出纳付款 → 结束

附表：关于XX年利润分配股东会决议、电子银行业务回单（付款）、付款审批单

### 流程描述

NO.1 核对上年末数据，和股东的投资比例，确认股东分红。

NO.2 召开股东会，确认股利分配数额。

NO.3 综合会计根据股东会决议填写付款申请。

NO.4 交由财务部长审批。
风险点管控措施：认真复核可供分配利润，保证数据准确。

NO.5 综合会计根据付款信息编制会计凭证。

NO.6 综合会计根据会计凭证登记相关科目明细账。

NO.7 出纳按照付款审批单付款。

## 经济业务证明（外来原始凭证）

707

**中国工商银行** 电子银行业务回单（付款）

| | |
|---|---|
| 交易日期：2019年1月2日 | 交易流水号：5278956135 |
| 付款人账号：2008 1665 8888 8888 | 收款人账号：2008 1665 8888 6666 |
| 付款人名称：东北发动机有限公司 | 收款人名称：吉林省国有资产管理有限公司 |
| 付款人开户行：长春市工商银行东风大街支行 | 收款人开户行：长春市工商银行西朝阳路支行 |
| 币种：人民币　　金额：（大写）捌拾万元整 | （小写）¥ 800 000.00 |

银行附言：
客户附言：支付2018年股东股利
渠道：网上银行
记账流水号：1147521357058
电子凭证号：2131245254

| 登录号： | 网点编号： | | 打印状态：第一次打印 |
|---|---|---|---|
| 客户验证码： | 柜员号： | 打印方式： | 打印日期：2019.1.2 |

707

**中国工商银行** 电子银行业务回单（付款）

| | |
|---|---|
| 交易日期：2019年1月2日 | 交易流水号：5278956121 |
| 付款人账号：2008 1665 8888 8888 | 收款人账号：2008 1665 8888 7777 |
| 付款人名称：东北发动机有限公司 | 收款人名称：吉林省国有资产管理有限公司 |
| 付款人开户行：长春市工商银行东风大街支行 | 收款人开户行：长春市工商银行西朝阳路支行 |
| 币种：人民币　　金额：（大写）柒佰贰拾万元整 | （小写）¥ 7 200 000.00 |

银行附言：
客户附言：支付2018年股东股利
渠道：网上银行
记账流水号：1147521357000
电子凭证号：2131245121

| 登录号： | 网点编号： | | 打印状态：第一次打印 |
|---|---|---|---|
| 客户验证码： | 柜员号： | 打印方式： | 打印日期：2019.1.2 |

## 经济业务证明（自制原始凭证）

东北发动机有限公司<br>关于2018年利润分配股东会决议

发动机有限公司股东会于2019年1月2日在公司董事长办公室召开。

出席会议的股东：吉林省国有资产管理有限公司，占公司出资总额的90%。首都汽车制造有限公司，占公司出资总额的10%。

会议由董事会召集，董事长董永主持，以现场会议方式召开。股东授权代表各一人出席会议，董事、监事、高级管理人员列席会议。会议召开符合有关法律法规及公司章程规定。

经大会审设表决，同意《东北发动机有限公司2018年利润分配方案的报告》。现决定将公司2018年税后净利润800万元按投资者持股比例分配：古林省国有资产管理有限公司持股90%，分配720万元，首都汽车制造有限公司持股10%，分配80万元。其他利润暂不分配。

股东签字（盖章）：
吉林省国有资产管理有限公司


首都汽车制造有限公司


东北发动机有限公司
2019年1月2日

001

付 款 审 批 单

部门：财务部　　　　　　　　　　2019年1月2日

| 收款单位 | 吉林省国有资产管理有限公司 | 付款理由： | 支付2018年股利 |
|---|---|---|---|
| 开户银行 | 长春市工商银行西朝阳路支行 | 付款方式：银行转账 ||
| 银行账号 | 2008 1665 8888 7777 | 说明： ||
| 金额 | 人民币（大写）　柒佰贰拾万元整 || ￥7 200 000.00 |
| 总经理审批 | 财务部长 | 部门经理 | 经办人 |
| 马实 | 柴章 |  | 钟和 |

001

付 款 审 批 单

部门：财务部　　　　　　　　　　2019年1月2日

| 收款单位 | 首都汽车制造有限公司 | 付款理由： | 支付2018年股利。 |
|---|---|---|---|
| 开户银行 | 长春市工商银行仙台大街支行 | 付款方式：银行转账 ||
| 银行账号 | 2008 1665 8888 6666 | 说明： ||
| 金额 | 人民币（大写）　捌拾万元整 || ￥800 000.00 |
| 总经理审批 | 财务部长 | 部门经理 | 经办人 |
| 马实 | 柴章 |  | 钟和 |

## 20900 出纳——上岗交接

| 工作名称 | 上岗交接 | 更新时间 |  | 工作内容摘要 | |
|---|---|---|---|---|---|
| 岗　　位 | 出纳 | 级　　别 | 中级 | 出纳上岗交接 |
| 工作方式 | 手工、软件 ||||

### 工作内容

新到岗的出纳与离岗的前任出纳交接。

### 工作处理要求

向离岗的前任出纳接收出纳岗位的相关资料及库存现金等。包括财务相关

制度流程、财务部组织架构、现金日记账、库存现金、银行存款日记账、银行未达账项说明书、公司现金管理文件、空白（未使用）银行收付款凭证、网银UK1个、UK密码、财务印鉴、财务软件账套登录密码等。

## 工作流程

**东北发动机有限公司**

| | |
|---|---|
| 流程名称：出纳上岗交接 | 部门名称：财务部　审批人：柴章 |
| 流程代码：20900 | 主责岗位：出纳　会　范婷　高翔　董芳　丁磊 |
| 更新时间：2018年12月 | 编辑人：刘玉　签　邓欢　陈晓　陈曼　付晶 |
| 风险点： | |

### 流程图

开始
→ NO.1 岗位政策文件交接
→ NO.2 核对账簿
→ NO.3 明确工作内容
→ NO.4 深入了解公司相关情况
→ NO.5 签订交接文件
→ NO.6 财务部长审批
→ NO.7 交接书存档
→ 结束

### 流程描述

**NO.1** 风险点管控措施
向离岗的前任出纳员接收银行预留印鉴，以及相关政策文件（包括：公司现金管理政策，财务部制度，财务部流程图文件，等文件）。

**NO.2** (1)核对现金实有数与现金账目、现金盘点表三者是否一致，(2)核对银行存款余额与银行存款日记账余额是否一致，(3)核对支票领用登记簿是否有漏记现象。

**NO.3** 明确工作内容、岗位职责、工作流程等。

**NO.4** 取得公司长期付款单位的开户行、账号相关信息。熟悉公司的开户行路线、周边交通情况、银行专管人员姓名、电话。

**NO.5** 双方签订交接书，填写清楚交接内容。

**NO.6** 财务部长对交接文件进行审批。

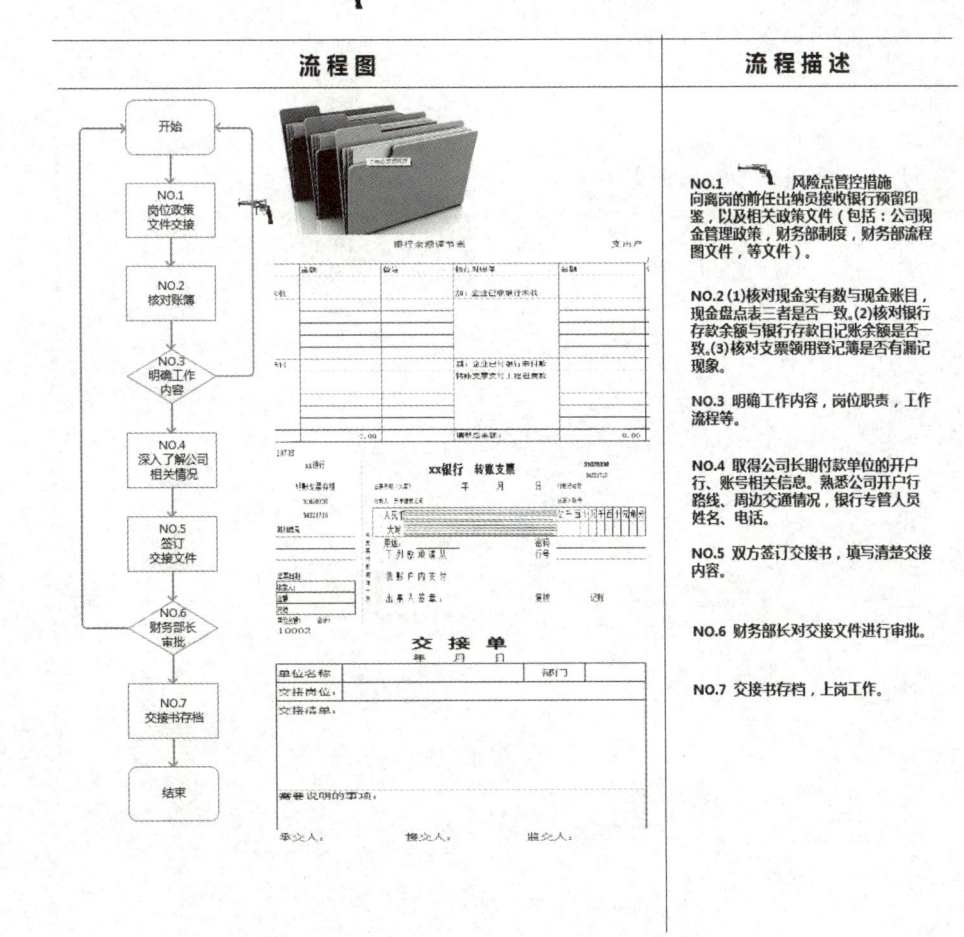

**NO.7** 交接书存档，上岗工作。

## 经济业务证明（自制原始凭证）

**总账、明细账期初余额明细表**

| 一级科目 | | | 二级科目 | | |
|---|---|---|---|---|---|
| 代码 | 名称 | 金额 | 代码 | 名称 | 金额 |
| 1001 | 库存现金 | 21 188.00 | | | |
| 1002 | 银行存款 | 15 838 200.00 | | | |
| | | | 100201 | 工行东风支行 | 15 788 200.00 |
| | | | 100202 | 建行一汽支行 | 50 000.00 |

# 20904 出纳——银行汇票支付欠款

| 经济业务 | 银行汇票支付欠款 | 更新时间 | | 经济业务摘要 | 取得银行汇票，支付欠供应商材料款 |
|---|---|---|---|---|---|
| 岗　位 | 出纳 | 级　别 | 中级 | | |
| 工作方式 | 手工、软件 | | | | |

## 经济业务内容

2019年1月5日，向银行提交"银行汇票申请书"，将款项30 000.00元从银行账户中转出交存银行。收到银行签发的银行汇票一张，2019年1月9日用于支付鑫凯兴润滑油有限公司的材料款。

## 经济业务处理要求

要求掌握办理银行汇票支付业务处理过程，分析经济业务，办理申请银行汇票手续，填制银行汇票申请书；根据有关原始单据，办理银行汇票支付款业务；依据原始凭证，运用借贷记账法，编制记账凭证，登记相关账簿。注意银行汇票的使用条件以及其使用特点，正确运用会计科目。

## 经济业务流程

**东北发动机有限公司**

流程名称：申请银行汇票，支付欠款
流程代码：20904
更新时间：2018年12月
风险点：

| 部门名称：财务部 | 审批人：签章 |
| --- | --- |
| 主责岗位：出纳 | 会签：范婷 高翔 董芳 丁磊 |
| 编辑人：刘玉 | 邓欢 陈晓 陈曼 付晶 |

### 流程图

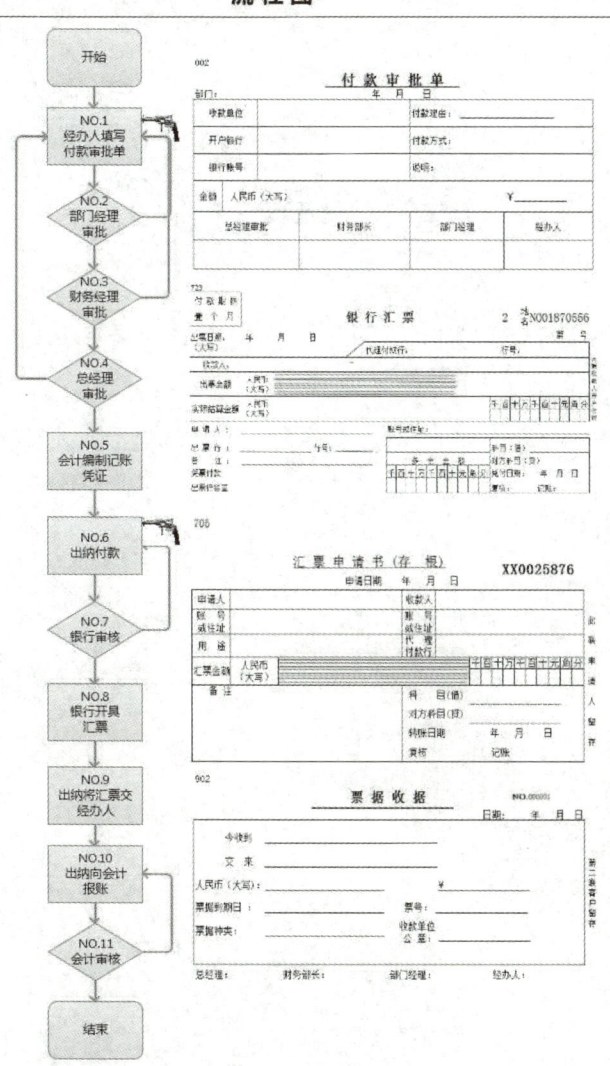

- 开始
- NO.1 经办人填写付款审批单
- NO.2 部门经理审批
- NO.3 财务经理审批
- NO.4 总经理审批
- NO.5 会计编制记账凭证
- NO.6 出纳付款
- NO.7 银行审核
- NO.8 银行开具汇票
- NO.9 出纳将汇票交经办人
- NO.10 出纳向会计报账
- NO.11 会计审核
- 结束

### 流程描述

**NO.1** 风险点管控措施
经办人填写付款审批单（要求：按照单据规定内容填写）。

**NO.2** 部门经理根据部门业务情况对付款审批单进行审批。

**NO.3** 财务部长根据公司资金情况对审批单进行审批。

**NO.4** 总经理结合公司财务情况对审批单进行综合审批。

**NO.5** 材料会计审核无误后，进行相应的会计处理。

**NO.6** 风险点管控措施
出纳员按照银行规定填写汇票申请书，提交申请材料（要求：对公司名称，开户行，账号，金额等认真核对）并同时向银行付款。

**NO.7** 银行经办人员对提交的材料进行审核，审核无误后开始办理业务。

**NO.8** 银行经办人员将签发的汇票交给出纳员。

**NO.9** 出纳员对签发的汇票进行审核，审核无误后交给公司经办人员，经办人员将汇票送达对方公司，对方公司对汇票无异议，需开具与汇票金额一致的票据收据。

**NO.10** 出纳员将收到的票据收据传递给会计。

**NO.11** 会计对相关票据进行审核，审核无误后编制记账凭证，登记账目。

## 经济业务证明（自制原始凭证）

002

### 付款审批单

部门：采购部　　　　　　　　2019 年 1 月 5 日

| 收款单位 | 鑫凯兴润滑油有限公司 | 付款理由： | 支付货款 |
| --- | --- | --- | --- |
| 开户银行 | 建行开发区支行 | 付款方式： | 银行汇票 |
| 银行账号 | 6210814478936667 | 说明： | 赊购 |
| 金额 | 人民币（大写） | 叁万元整 | ￥30 000.00 |
| 总经理审批 | 财务部长 | 部门经理 | 经办人 |
| 马实 | 柴章 | 韩波 | 温立明 |

705

### 汇票申请书（存根）

申请日期 2019 年 1 月 5 日　　　　　　　XX0025876

| 申请人 | 东北发动机有限公司 | 收款人 | 鑫凯兴润滑油有限公司 |
| --- | --- | --- | --- |
| 账号或住址 | 长春市东风大街1888号 | 账号或住址 | 经济技术开发区1999号 |
| 用途 | 支付货款 | 代理付款行 | 工商银行东风大街支行 |
| 汇票金额 | 人民币（大写）　叁万元整 | 千百十万千百十元角分　￥3 0 0 0 0 0 0 0 |
| 备注 | | 科　目（借）……………… 对方科目（贷）……………… 转账日期　　年　月　日 复核　　　　记账 |

此联申请人留存

## 经济业务证明（外来原始凭证）

| 付款期限 壹个月 | 中国工商银行 银行汇票 | 2 长春 | N001870556 |
|---|---|---|---|

出票日期：贰零壹玖年零壹月零伍日（大写）　　代理付款行：工商银行东风大街支行　行号：102241000017

收款人：鑫凯兴润滑油有限公司

出票金额　人民币（大写）：叁万元整　　￥30 000 00

实际结算金额　人民币（大写）：叁万元整　　￥30 000 00

申请人：东北发动机有限公司　　账号或住址：2008 1665 8888 8888

出票行：工商银行东风大街支行　行号：102241000017

备注：

凭票付款

出票行签章

---

### 票据收据　　NO.000026

日期：2019年01月09日

| 今收到 交来 | 东北发动机有限公司 银行汇票1张 | | |
|---|---|---|---|
| 人民币（大写）： | 叁万元整 | | ￥30 000.00 |
| 票据到期日： | 贰零壹捌年零贰月零伍日 | 票号： | N001870556 |
| 票据种类： | 银行汇票 | 收款单位公章： | |

总经理：王沫　　财务部长：李然　　部门经理：闻宇　　经办人：刘浩然

## 20802 综合会计——增资

| 经济业务 | 增资 | 更新时间 | | 经济业务摘要 |
|---|---|---|---|---|
| 岗　位 | 综合会计 | 级　别 | 中级 | 老股东增加投资 |
| 工作方式 | 手工、软件 | | | |

### 经济业务内容

老股东首都汽车制造有限公司增加投资

## 经济业务处理要求

召开股东会通过股东会增资决议，修订公司章程，到工商局进行增资变更手续，股东存款到公司账户，财务部长根据到账的款项进行审批，出纳将增资银行进账单交给综合会计，编制记账凭证。

## 经济业务流程

**东北发动机有限公司**

流程名称：增资
流程代码：20802
更新时间：2018年12月
风险点：

| 部门名称 | 财务部 | 审批人 | 柴章 |
|---|---|---|---|
| 主责岗位 | 综合 | 会签 | 范婷、高翔、董芳、丁磊 邓欢、陈晓、陈曼、刘玉 |
| 编辑人 | 付晶 | | |

### 流程图

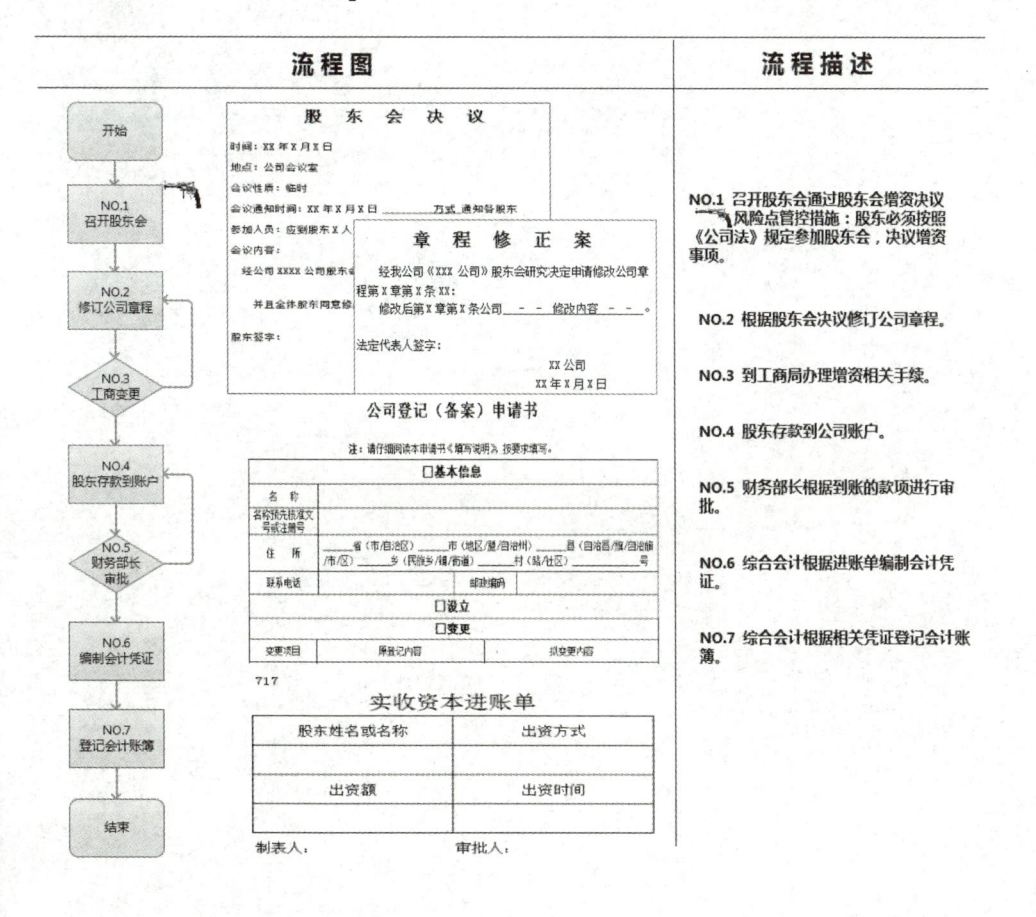

开始 → NO.1 召开股东会 → NO.2 修订公司章程 → NO.3 工商变更 → NO.4 股东存款到账户 → NO.5 财务部长审批 → NO.6 编制会计凭证 → NO.7 登记会计账簿 → 结束

（股东会决议、章程修正案、公司登记（备案）申请书、实收资本进账单）

### 流程描述

NO.1 召开股东会通过股东会增资决议
风险点管控措施：股东必须按照《公司法》规定参加股东会，决议增资事项。

NO.2 根据股东会决议修订公司章程。

NO.3 到工商局办理增资相关手续。

NO.4 股东存款到公司账户。

NO.5 财务部长根据到账的款项进行审批。

NO.6 综合会计根据进账单编制会计凭证。

NO.7 综合会计根据相关凭证登记会计账簿。

## 经济业务证明（外来原始凭证）

707

**中国工商银行** 电子银行业务回单（付款）

交易日期：2019年1月5日　　　　　　　交易流水号：4432154890
付款人账号：2008 1665 8888 6666　　　收款人账号：2008 1665 8888 8888
付款人名称：首都汽车制造有限公司　　收款人名称：东北发动机有限公司
付款人开户行：长春市工商银行仙台大街支行　　收款人开户行：长春市工商银行东风大街支行
币种：人民币　　金额：（大写）叁仟万元整　　　　（小写）¥ 30 000 000.00

银行附言：
客户附言：注资
渠道：网上银行
记账流水号：115641388547
电子凭证号：2131324958

登录号：　　　　　　　网点编号：　　　　　打印状态：第一次打印
客户验证码：　　　　　柜员号：　　　　　　打印方式：　　打印日期：2019.1.5

## 经济业务证明（自制原始凭证）

股 东 会 决 议

时间：2019年1月5日

地点：公司会议室

会议性质：临时

会议通知时间：2019年1月5日电话通知各股东

参加人员：应到股东9人，实到股东9人。

会议内容：

经公司《东北发动机有限公司》股东会研究决定同意首都汽车制造有限公司追加投资3 000万元。

并且全体股东同意修改公司章程相应条款。

股东签字（盖章）：

农东北发动机有限公司
2019年1月5日

# 章程修正案

经我公司《东北发动机有限公司》股东会研究决定申请修改公司章程第二章第二条公司注册资金：

修改后章程第二章第二条公司注册资金为：东北发动机有限公司的注资资金为1.1亿元，其中吉林省国有资产管理有限公司的投资为7 200万元，占公司总注册资金的65.5%；首都汽车制造有限公司投资3 800万元，占公司总注册资金的34.5%。

法定代表人签字：

东北发动机有限公司
2019年1月5日

717

## 实收资本进账单

| 股东姓名或名称 | 出资方式 |
| --- | --- |
| 首都汽车制造有限公司 | 货币 |
| 出资额 | 出资时间 |
| 3 000万元 | 2019年1月5日 |

制表人：钟和　　　　　　　　　　　　　　审批人：柴章

## 公司登记（备案）申请书

注：请仔细阅读本申请书《填写说明》，按要求填写。

| □基本信息 ||||
|---|---|---|---|
| 名　称 | 东北发动机有限公司 |||
| 名称预先核准文号或注册号 | |||
| 住　所 | 吉林 省（市/自治区）长春 市（地区/盟/自治州）　　县（自治县/旗/自治旗/市/区）东风大街 乡（民族乡/镇/街道）　　村（路/社区）1888 号 |||
| 联系电话 | 0431-88888888 | 邮政编码 | 130000 |
| □设立 ||||
| 法定代表人 姓名 | | 职务 | □董事长　□执行董事　□经理 |
| 注册资本 | ＿＿＿万元 | 公司类型 | |
| 设立方式（股份公司填写） | □发起设立 || □募集设立 |
| 经营范围 | |||
| 经营期限 | □＿＿年 | □长期　申请执照副本数量 | ＿＿个 |
| 股东 | 名称或姓名 | 证照号码 | 备注 |
| | | | |
| | | | |
| □变更 ||||
| 变更项目 | 原登记内容 || 拟变更内容 |
| 增资 | 注册资金2亿元 || 首都汽车制造有限公司增加投资3000万元 |
| | | | |
| □备案 ||||
| 增设分公司 | 名称 | | 注册号 |
| | 登记机关 | | 登记日期 |
| 清算组 | 成员 ||| 
| | 负责人 | | 联系电话 |
| 其他 | □董事　□监事　□经理　□章程　□章程修正案 |||
| □申请人声明 ||||

本公司依照《公司法》《公司登记管理条例》相关规定申请登记、备案，提交材料真实有效。通过联络员登录企业信用信息公示系统向登记机关报送、向社会公示的企业信息为本企业提供、发布的信息，信息真实、有效。

法定代表人签字：【本人亲笔签字】　　　　　　　　公司盖章：

（清算组负责人）签字：

2019 年 1 月 6 日

## 20902 出纳——填报货币资金日报表

| 经济业务 | 货币资金日报表 | 更新时间 | | 经济业务摘要 |
|---|---|---|---|---|
| 岗　　位 | 出纳 | 级　　别 | 中级 | 填报1月5日货币资金日报表 |
| 工作方式 | 手工、软件 | | | |

### 经济业务内容

出纳根据当日的资金收支情况填报货币资金日报表。

### 经济业务处理要求

填报货币资金日报表业务，应根据当日的货币资金收付情况进行填报，检查库存现金，银行存款收付的合法性；保证库存现金，银行存款的安全完整；保证现金收支，银行存款核算的安全完整。并在填报货币资金日报表审核无误后，发送给相关领导，以便了解企业的资金收支情况。

## 经济业务流程

**东北发动机有限公司**

流程名称：填报货币资金日报表
流程代码：20902
更新时间：2018年12月
风险点：🔫

| 部门名称：财务部 | 审批人：采章 | | |
|---|---|---|---|
| 主责岗位：出纳 | 会签 | 范婷 高翔 董芳 丁磊 | |
| 编辑人：刘玉 | | 邓欢 陈晓 陈曼 付晶 | |

### 流程图

开始
↓
NO.1 出纳员登录网银系统
↓
NO.2 出纳查询当日交易明细
↓
NO.3 出纳填报货币资金日报表
↓
NO.4 🔫 资金日报表核对
↓
NO.5 资金日报表审核
↓
NO.6 上报相关领导
↓
结束

### 流程描述

**NO.1** 出纳使用UK登录公司网上银行系统。

**NO.2** 选择单位账户名称，点击查询当日交易明细。

**NO.3** 出纳根据交易明细填报货币资金日报表（要求：对方账户、摘要写详细，金额正确）。

**NO.4** 🔫 风险点管控措施
1. 核对昨日余额+收入-支出=每日余额
2. 现金日记账余额与银行存款日记账余额是否与每日余额相等。

**NO.5** 对资金日报表进行审核。

**NO.6** 将审核无误的货币资金日报表发送给财务部长及总经理，以便了解公司每天资金收支情况。

## 经济业务证明（外来原始凭证）

**明细查询结果**

客户名称：东北发动机有限公司　　　　　　　　　　　　　　　　　　　　币　种：人民币
开户机构：工商银行东风大街支行　　　　　　　　　客户账号：20081665888888　　打印日期：2019年01月05日
　　　　　　　　　　　　　　　　　　　　　　　　　日　　期：2019年01月05日　　对方户名：中国工商银行
　　　　　　　　　　　　　　　　　　　　　　　　　流 水 号：29034857 6677　　　对方行名：工商银行东风大街支行

| 交易日期 | 摘要 | 凭证号码 | 借方发生额 | 贷方发生额 | 账户余额 |
|---|---|---|---|---|---|
| 2019-1-5 | 申请银行汇票 | 3 | 30 000.00 | | 7 733 200.00 |
| 2019-1-5 | 增资 | 4 | | 30 000 000.00 | 37 733 200.00 |

703

---

**明细查询结果**

客户名称：东北发动机有限公司　　　　　　　　　　　　　　　　　　　　币　种：人民币
开户机构：建设银行一汽支行　　　　　　　　　　　客户账号：305594886666666　　打印日期：2019年01月05日
　　　　　　　　　　　　　　　　　　　　　　　　　日　　期：2019年01月05日　　对方户名：首都汽车制造有限公司
　　　　　　　　　　　　　　　　　　　　　　　　　流 水 号：49783761 8964　　　对方行名：工商银行仙台大街支行

| 交易日期 | 摘要 | 凭证号码 | 借方发生额 | 贷方发生额 | 账户余额 |
|---|---|---|---|---|---|
| 2019-1-5 | 期初余额 | | | | 50 000.00 |

703

## 库存现金日记账

单位：东北发动机有限公司　　　　　　　　共1页 第1页

| 2019年 | | 凭证号 | 摘要 | 借方 | 贷方 | 借或贷 | 余额 |
|---|---|---|---|---|---|---|---|
| 月 | 日 | | | | | | |
| 1 | 1 | | 期初余额 | | | 借 | 21 188.00 |

## 银行存款日记账

户　名：工商银行东风大街支行
账　号：2008166588888888

| 2019年 | | 凭证号 | 摘要 | 借方 | 贷方 | 借或贷 | 余额 |
|---|---|---|---|---|---|---|---|
| 月 | 日 | | | | | | |
| 1 | 1 | | 期初余额 | | | 借 | 15 788 200.00 |
| 1 | 1 | 1 | 付贷款利息 | | 25 000.00 | 借 | 15 763 200.00 |
| 1 | 2 | 2 | 向股东支付2018年股利 | | 8 000 000.00 | 借 | 7 763 200.00 |
| 1 | 5 | 3 | 申请银行汇票 | | 30 000.00 | 借 | 7 733 200.00 |
| 1 | 5 | 4 | 首都汽车制造有限公司增资 | 30 000 000.00 | | 借 | 37 733 200.00 |

## 银行存款日记账

户　名：建设银行一汽支行
账　号：3055948866666666

| 2019年 | | 凭证号 | 摘要 | 借方 | 贷方 | 借或贷 | 余额 |
|---|---|---|---|---|---|---|---|
| 月 | 日 | | | | | | |
| 1 | 1 | | 期初余额 | | | 借 | 50 000.00 |

# 20701 资金会计——收到银行承兑汇票

| 经济业务 | 收到汇票 | 更新时间 | | 经济业务摘要 | |
|---|---|---|---|---|---|
| 岗　位 | 资金会计 | 级　别 | 中级 | 收到汇票冲抵应收账款 | |
| 工作方式 | 手工、软件 | | | | |

## 经济业务内容

2019年1月6日，收到比亚迪股份有限公司银行承兑汇票1张，用作冲抵应收账款。

## 经济业务处理要求

了解银行承兑汇票的处理流程。审核银行承兑汇票，分析经济业务，确认应收账款。依据相关原始凭证，参照收期票业务处理流程，运用借贷记账法编制记账凭证，登记相关账簿。注意银行承兑汇票业务特点及其会计处理规则，正确运用会计科目。

## 经济业务流程

**东北发动机有限公司**

流程名称：收到银行承兑汇票
流程代码：20701
更新时间：2018年12月
风险点：

| 部门名称：财务部 | 审批人：柴章 |
| --- | --- |
| 主责岗位：薪酬 | 会签：范婷 高翔 董芳 邓欢 陈晓 陈曼 刘玉 付晶 |
| 编辑人：丁磊 | |

### 流程图

开始 → NO.1 公司收到汇票 → NO.2 出纳员核实汇票 → NO.3 资金会计审核 → NO.4 财务部长审批 → NO.5 出纳送交银行保管 → NO.6 资金会计编制凭证 → NO.7 资金会计登记明细账 → 结束

### 流程描述

NO.1 公司出纳员收到银行承兑汇票。

NO.2 出纳员到银行核实汇票真实性，并向对方经办人开出银行承兑汇票收据。

NO.3 风险点管控措施，资金会计根据相关规定对收到的银行承兑汇票进行专业的、系统的审核，防止汇票出现纰漏。

NO.4 财务部长对银行承兑汇票进行再次审核(审核通过后，同意持票人办理其他业务往来)。

NO.5 资金会计在接到审批通过的银行汇票后，编制记账凭证。

NO.6 资金会计登记相关明细账簿同时登记应收票据备查簿。

NO.7 资金会计根据记账凭证登记明细账。

## 经济业务证明

### 银行承兑汇票

出票日期（大写）：贰零壹玖 年 零壹 月 零陆 日

06397726

| 出票人全称 | 比亚迪股份有限公司 | 收款人 | 全称 | 东北发动机有限公司 |
|---|---|---|---|---|
| 出票人账号 | 5589896231122890 | | 账号 | 2008166588888888 |
| 付款行全称 | 光大银行玉林分行 | | 开户银行 | 工商银行东风大街支行 |
| 出票金额 | 人民币（大写）柒万元整 | | | ￥70000.00 |
| 汇票到期日（大写） | 贰零壹玖年零柒月零陆日 | 付款行 | 行号 | |
| 承兑协议编号 | | | 地址 | |

本汇票请你行承兑，到期后无条件付款。

本汇票已经承兑，到期日由本行付款

出票人签章：比亚迪股份有限公司财务专用章　王鹏印

承兑日期：光大银行玉林分行 5122.06.00

### 票据收据

NO.000002

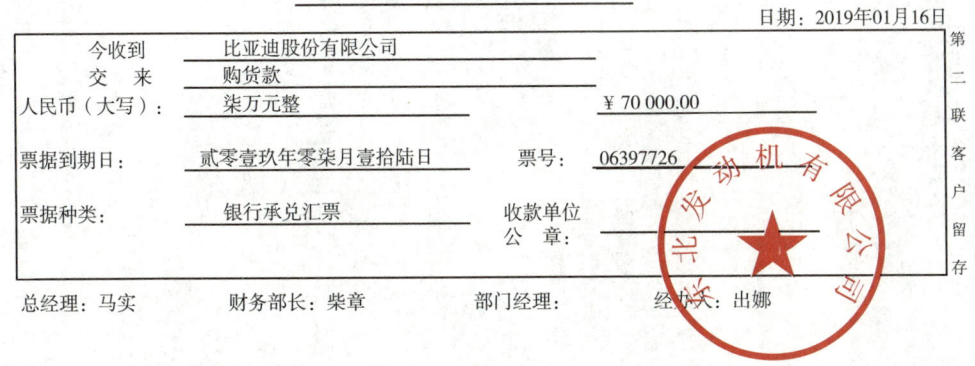

日期：2019年01月16日

| 今收到交来 | 比亚迪股份有限公司 购货款 | | |
|---|---|---|---|
| 人民币（大写）： | 柒万元整 | | ￥70 000.00 |
| 票据到期日： | 贰零壹玖年零柒月壹拾陆日 | 票号 | 06397726 |
| 票据种类： | 银行承兑汇票 | 收款单位公章 | 东北发动机有限公司 |

总经理：马实　　财务部长：柴章　　部门经理：　　经办人：出娜

## 银行承兑汇票明细清单

收票单位：东北发动机有限公司　　　2019-1-6　　　单位：元　共一页　第一页

| 序号 | 代管票号 | 出票人 | 出票日 | 到期日 | 出票行 | 汇票金额 | 备注 |
|---|---|---|---|---|---|---|---|
| 1 | 06397726 | 比亚迪股份有限公司 | 2019-1-6 | 2019-7-6 | 光大银行玉林分行 | 70 000.00 | |
| | | | | | | | |
| | | | | | | | |
| | | | | | | | |
| | 合计 | | | | | 70 000.00 | |

稽核：卓方宏　　　　　　银行代收：杜涛　　　　　　收票人：

## 银行承兑汇票代保管代收托协议

甲方：东北发动机有限公司

乙方：工商银行东风大街支行

甲、乙双方根据国家法律、法规的规定，经过平等协商，达成银行承兑汇票保管协议如下：

第一条：甲方将其现有的承兑汇票寄托乙方保管，而乙方愿依约受托保管，本协议成立日由甲方乙方当面交接清楚，并形成文字清单。

第二条：甲方可随时请求退还承兑汇票，乙方不得拒绝。

第三条：承兑汇票如有假冒情况，概由甲方负责。

第四条：承兑汇票到期由乙方负责托收，并转入甲方在乙方开设的账户。

第五条：承兑汇票应保存在乙方上级单位金库内，以确保安全。

第六条：交接当天产生的文字清单由甲乙双方各持一份。

第七条：本协一式两份，甲、乙双方各持一份。各份文本均具同等法律效力。

甲方（公章）：　　　　　　　　乙方（公章）：
法定代表人　　　　　　　　　　法定代表人
或委托代理人（签字或盖章）：　或委托代理人（签字或盖章）：

　　　　　　　　　　　　　　　签约时间：2019年1月6日
　　　　　　　　　　　　　　　签约地点：工商银行东风大街支行

# 20300 销售会计——上岗交接

| 工作名称 | 上岗交接 | 更新时间 | | 工作内容摘要 |
|---|---|---|---|---|
| 岗　　位 | 销售会计 | 级　　别 | 中级 | 销售会计上岗交接 |
| 工作方式 | 手工、软件 | | | |

## 工作内容

新到岗的销售会计与离岗的前任销售会计交接。

## 工作要求

1. 向离岗的前任销售会计接收销售会计岗位的相关政策文件。包括商品销售价格表，销售政策，客户信息明细表，客户信用额度表，库存盘点表。
2. 接收核对库存商品、应收账款、预收账款账簿。
3. 接收核对往来询证函、应收账款、预收账款余额。
4. 深入库存商品库，了解库存商品形态，并与库管员沟通。

# 工作流程

## 东北发动机有限公司

| 流程名称：销售交接 | 部门名称：财务部 | 审批人：柴章 |
|---|---|---|
| 流程代码：20300 | 主责岗位：销售会计 | 会签：范婷 高翔 董芳 丁磊 |
| 更新时间：2018年12月 | 编辑人：刘玉 | 邓欢 陈晓 陈曼 付晶 |
| 风险点： | | |

### 流程图

开始 → NO.1 岗位政策文件交接 → NO.2 核对账簿 → NO.3 核对询证函 → NO.4 明确工作内容 → NO.5 了解库存产品形态 → NO.6 签订交接文件 → NO.7 财务部长审批 → NO.8 交接书存档 → 结束

### 流程描述

**NO.1** 风险点管控措施
双方对销售会计政策文件进行交接，包括：财务制度相关流程，销售信用政策，结算方式、销售合同等文件。

**NO.2** 确认相关账簿的各项余额是否准确、真实。

**NO.3** 接收核对往来函证信与往来预收、应收账目是否一致，查询函证信是否齐全。

**NO.4** 明确工作内容，岗位职责，工作流程。

**NO.5** 了解库存商品（包括：名称、代码、库存清单，深入库房熟悉库存等）。

**NO.6** 双方签订交接书，填写清楚交接内容。

**NO.7** 财务部长对交接文件进行审批。

**NO.8** 交接书存档，可以上岗工作。

## 经济业务证明（自制原始凭证）

往来款项询证函

往来款项询证函

致：长春市机械厂

　　根据企业会计准则的要求，询证本公司与贵公司的往来款项，下表所列数据出资本公司账簿纪录，如与贵公司纪录相符请在本函下端"数据证明无误"处签章证明，如有不符，请在"数据不符"的下端列名不符金额，贵公司在填好本函后请直接寄至

回函地址：长春市东风大街1888号　　　收件人：董芳　　　邮编：130001
电话：0431-85892357

1. 本公司与贵公司的往来账项列示如下。

　　根据我公司财务制度规定，现与贵公司核对往来款项，感谢配合。

| 截止日期 | 贵公司欠 | 欠贵公司 | 备注 |
|---|---|---|---|
| 2018年12月31日 |  | 7 200 000.00 |  |

2. 其他事项。

　　本函仅为复核账目之用，并非催款结算。若款项在上表截止日期之后已经付清，仍请及时回复为盼，并注明付款情况，以便签对。

　　请及时复函为盼！

发函单位：东北发动机有限公司<br>2018年12月31日

| 1. 数据证明无误 | 2. 数据不符，请说明不符金额及说明 |
|---|---|
| （公司盖章）<br>2019年1月4日<br>经办人：吴莉 | （公司盖章）<br>2019年1月4日<br>经办人： |

## 往来款项询证函

致：比亚迪股份有限公司

　　根据企业会计准则的要求，询证本公司与贵公司的往来款项，下表所列数据出资本公司账簿纪录，如与贵公司纪录相符请在本函下端"数据证明无误"处签章证明，如有不符，请在"数据不符"的下端列名不符金额，贵公司在填好本函后请直接寄至

回函地址：长春市东风大街1888号　　　收件人：董芳　　　邮编：130001
电话：0431-85892357

1. 本公司与贵公司的往来账项列示如下。

　　根据我公司财务制度规定，现与贵公司核对往来款项，感谢配合。

| 截止日期 | 贵公司欠 | 欠贵公司 | 备注 |
| --- | --- | --- | --- |
| 2018年12月31日 | 2 700 000.00 | | |

2. 其他事项。

　　本函仅为复核账目之用，并非催款结算。若款项在上表截止日期之后已经付清，仍请及时回复为盼，并注明付款情况，以便签对。

　　请及时复函为盼！

发函单位：东北发动机有限公司<br>
2018年12月31日

| 1. 数据证明无误 | 2. 数据不符，请说明不符金额及说明 |
| --- | --- |
| （公司盖章）<br>2019年1月5日<br>经办人：李梅 | （公司盖章）<br>2019年1月5日<br>经办人： |

## 往来款项询证函

致：吉林市松航船舶修造有限公司

　　根据企业会计准则的要求，询证本公司与贵公司的往来款项，下表所列数据出资本公司账簿纪录，如与贵公司纪录相符请在本函下端"数据证明无误"处签章证明，如有不符，请在"数据不符"的下端列名不符金额，贵公司在填好本函后请直接寄至

回函地址：长春市东风大街1888号　　　收件人：董芳　　　邮编：130001
电话：0431-85892357

1. 本公司与贵公司的往来账项列示如下。

根据我公司财务制度规定，现与贵公司核对往来款项，感谢配合。

| 截止日期 | 贵公司欠 | 欠贵公司 | 备注 |
| --- | --- | --- | --- |
| 2018年12月31日 | 1 368 662.00 | | 预收货款 |

2. 其他事项。

　　本函仅为复核账目之用，并非催款结算。若款项在上表截止日期之后已经付清，仍请及时回复为盼，并注明付款情况，以便签对。

　　请及时复函为盼！

　　　　　　　　　　　　　　　　　　　发函单位：东北发动机有限公司
　　　　　　　　　　　　　　　　　　　　　　　2019年12月31日

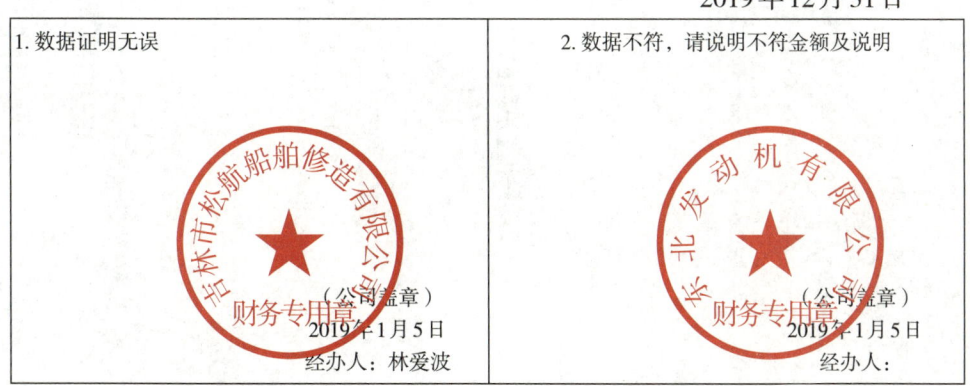

| 1. 数据证明无误 | 2. 数据不符，请说明不符金额及说明 |
| --- | --- |
| （公司盖章）2019年1月5日<br>经办人：林爱波 | （公司盖章）2019年1月5日<br>经办人： |

销售会计岗位科目余额表：

## 总账、明细账期初余额明细表

| 一级科目 ||| 二级科目 |||
|---|---|---|---|---|---|
| 代码 | 名称 | 金额 | 代码 | 名称 | 金额 |
| 1122 | 应收账款 | 4 068 662.00 | 112201 | 比亚迪股份有限公司 | 2 700 000.00 |
|  |  |  | 112202 | 吉林市松航船舶修造有限公司 | 1 368 662.00 |
| 1405 | 库存商品 | 1 352 400.00 |  |  |  |
| 2203 | 预收账款 | 7 200 000.00 | 220301 | 长春市机械厂 | 7 200 000.00 |

期初库存商品明细表：

## 期初库存商品明细表

2019年1月1日

| 产品代码 | 产品名称 | 单位 | 期初数量 | 单位成本 | 期初成本 | 备注 |
|---|---|---|---|---|---|---|
| FDJ1000M1 | 发动机总成 | 台 | 150.00 | 5 304.00 | 795 600.00 |  |
| FDJ1000M2 | 发动机总成 | 台 | 100.00 | 5 568.00 | 556 800.00 |  |
| 合计 |  |  | 250.00 |  | 1 352 400.00 |  |

库存商品盘点表：

## 库存商品盘点表

2018年12月31日

| 序号 | 商品名称 | 规格 | 单位 | 账存数量 | 实际盘存 | 盘盈 | 盘亏 | 备注 |
|---|---|---|---|---|---|---|---|---|
| 1 | 发动机 | M1 | 台 | 150 | 150 |  |  |  |
| 2 | 发动机 | M2 | 台 | 100 | 100 |  |  |  |
|  |  |  |  |  |  |  |  |  |
| 合计 |  |  |  |  |  |  |  |  |

销售部长：韩波　　　　　　　　监盘人：肖颖　　　　　　　　盘点人：马龙

## 20304 销售会计——银行汇票销售

| 经济业务 | 销售 | 更新时间 | | 经济业务摘要 |
|---|---|---|---|---|
| 岗　　位 | 销售会计 | 级　　别 | 中级 | 银行汇票销售 |
| 工作方式 | 手工、软件 | | | |

### 经济业务内容

本月收银行承兑汇票销售产品。

### 经济业务处理要求

　　了解销售业务处理过程，确认银行承兑汇票真实准确，审核销售出库单，销售发票，依据相关原始凭证，填制记账凭证，登记会计账簿。

## 经济业务流程

**东北发动机有限公司**

流程名称：销售业务
流程代码：20303
更新时间：2018年12月
风险点：

| 部门名称：财务部 | 审批人：柴章 |
|---|---|
| 主责岗位：销售会计 | 会签：范婷 高翔 董芳 丁磊 |
| 编辑人：刘玉 | 邓欢 陈晓 陈曼 付晶 |

### 流程图

开始 → NO.1 销售员开具出库单 → NO.2 部门领导审批 → NO.3 审核汇票 → NO.4 财务部长审批 → NO.5 开具发票 → NO.6 加盖发票章 → NO.7 库房提货 → NO.8 编制记账凭证 → NO.9 出纳签字 → NO.10 审核记账凭证 → NO.11 登记账簿 → 结束

### 流程描述

**NO.1** 销售人员根据客户合同或订单按实际销售产品型号、数量、单价、金额以及当前库存资源开具销售出库单。

**NO.2** 风险点管控措施
由销售部门领导审批销售单价格是否按合同执行，是否符合销售计划及资源分配。如资源紧张按计划分配。

**NO.3** 由出纳审核银行汇票是否真实有效，汇票背书是否连续完整。银行汇票核对无误开具收款单。

**NO.4** 财务部长审批各项资料是否真实可靠。

**NO.5** 由公司开票员开具增值税专用发票或普通发票，确保发票内容与提货函一致。

**NO.6** 出纳核对无误在发票空白处加盖发票专用章。

**NO.7** 库管员根据提货单内产品型号、数量付货。确保所发货物与提货凭证一致。

**NO.8** 销售会计 审核原始凭证是否齐全，填制记账凭证、登记相关账簿。

**NO.9** 出纳核对应收票据金额是否正确，并签字确认实际收款金额。

**NO.10** 资金会计登记银行承兑汇票备查簿。

**NO.11** 资金会计根据相关凭证登记账簿。

# 经济业务证明（原始凭证）

银行承兑汇票、银行汇票收据、销售出库单、销售发票

702

## 银行承兑汇票

03092559

出票日期（大写）：贰零壹玖年零壹月零伍日

| 出票人全称 | 吉林市松航船舶修造有限公司 | 收款人 | 全 称 | 东北发动机有限公司 |
|---|---|---|---|---|
| 出票人账号 | 675522336699 | | 账 号 | 2008 1665 8888 8888 |
| 付款行全称 | 建设银行松江区支行 | | 开户银行 | 工商银行东风大街支行 |
| 出票金额 | 人民币（大写）捌佰叁拾玖万零贰佰伍拾元整 | | | 亿千百十万千百十元角分 ¥ 8 3 9 0 2 5 0 0 0 |
| 汇票到期日（大写） | 贰零壹玖年零柒月零伍日 | 付款行 | 行 号 | |
| 承兑协议编号 | | | 地 址 | |
| 本汇票请你行承兑，到期后无条件付款。 出票人签章 | | 本汇票已经承兑，到期日由本行付款。 承兑日期 年 月 日 备注： | | 复核 记账 |

此联收款人开户行随托收凭证寄付款行做借方凭证附件

701

## 收 据

NO.000001

日期：2019年1月5日

今收到 吉林市松航船舶修造有限公司
交 来 购货款
人民币（大写）：捌佰叁拾玖万零贰佰伍拾元整
收款方式：银行承兑汇票　　票号：03092559

| | | 收款人 | 交款人 |
|---|---|---|---|
| 收款单位公章 | | 初娜 | 高海 |

第三联 财务

310

## 销售出库单

2019年1月6日

客户：吉林市松航船舶修造有限公司　　结算方式：汇票

| 代码 | 名称 | 规格 | 单位 | 数量 | 单价 | 金额 | 备注 |
|---|---|---|---|---|---|---|---|
| FDJ1000M2 | 发动机 | M2型 | 台 | 675 | 11 000.00 | 7 425 000.00 | |
| 合计 | （大写）柒佰肆拾贰万伍仟元整 | | | | | ¥ 7 425 000.00 | |

部门领导：韩波　　销售员：温立明　　库管员：马龙

第一联：存根　第二联：财务　第三联：销售

## 增值税专用发票

303
1100147642
发票联
No.70093493　1100147642
70093493

开票日期：2019年4月6日

| 名　称 | 吉林市松航船舶修造有限公司 | 密码区 | 554+55+38998954513301/<5>8653033<br>0+>6*>/>839>>/8<80+8326716665982<br>0828+26*1/3+>>70484*/1<01598*/*0<br>/<5>0+>6*>/>831>49+834*14<<>*235 |
|---|---|---|---|
| 税　号 | 220102658756225 |||
| 地址、电话 | 松江区江滨路39号 0432-89541159 |||
| 开户行及账号 | 建设银行松江区支行 675522336699 |||

| 货物或应税劳务、服务名 | 规格型号 | 单位 | 数量 | 单价 | 金额 | 税率 | 税额 |
|---|---|---|---|---|---|---|---|
| 发动机 | M2 | 台 | 675 | 11 000.00 | 7 425 000.00 | 13% | 965 250.00 |
| 合　计 |  |  |  |  | 7 425 000.00 |  | 965 250.00 |
| 价税合计（大写） | 捌佰叁拾玖万零贰佰伍拾元整 |  |  |  | ￥8 390 250.00 |||

| 名　称 | 东北发动机有限公司 | 备注 |  |
|---|---|---|---|
| 税　号 | 220117709854834 |||
| 地址、电话 | 长春市东风大街1888号 |||
| 开户行及账号 | 工商银行东风大街支行 2008 1665 8888 8888 |||

收款人：初娜　　复核人：　　开票人：杨思思　　销货单位（章）

## 20301 销售会计——现金、预收、应收销售

| 经济业务 | 销售 | 更新时间 |  | 经济业务摘要 |
|---|---|---|---|---|
| 岗　位 | 销售会计 | 级　别 | 中级 | 现金、预收、应收销售 |
| 工作方式 | 手工、软件 |  |  |  |

### 经济业务内容

本月以现金、预收、应收销售产品。

### 经济业务处理要求

了解销售业务处理过程，确认收款金额、预收款余额、核实客户信用额度，审核销售出库单，销售发票，依据相关原始凭证，编制记账凭证，登记会计账簿。

# 经济业务流程

**东北发动机有限公司**

| 流程名称：销售业务 | 部门名称：财务部 | 审批人：紫章 |
|---|---|---|
| 流程代码：20301 | 主责岗位：销售会计 | 会 范婷 高翔 董芳 丁磊 |
| 更新时间：2018年12月 | 编辑人：刘玉 | 签 邓欢 陈晓 陈曼 付晶 |
| 风险点： | | |

## 流程图 | 流程描述

**流程图节点：**
- 开始
- NO.1 销售员开具出库单
- NO.2 部门领导审批
- NO.3 现款销售
- NO.4 预收款销售
- NO.5 销售会计核对预收款
- NO.6 信用销售
- NO.7 销售会计核对信用客户清单
- NO.8 审核信用额度
- NO.9 财务部长审批
- NO.10 开具发票
- NO.11 出纳审核
- NO.12 库管
- NO.13 库房提货
- NO.14 编制记账凭证
- NO.15 出纳签字
- NO.16 审核记账凭证
- NO.17 登记账簿
- 结束

**单据：** 销售出库单、银行进账单（回单）、预收账款确认书、信用销售申请书、增值税专用发票

**流程描述：**

NO.1 销售人员根据客户合同或订单按实际销售产品型号、数量、单价、金额以及当前库存资源开具销售出库单。

NO.2　　风险点管控措施
由销售部门领导审批销售单价格是否按合同执行，是否符合销售计划及资源分配。如资源紧张按计划分配。

NO.3 销售会计核对是否当天收到与销售单金额相符的货款。

NO.4 销售会计核对是否预收到大于或等于此销售单的货款。

NO.5　　风险点管控措施
核对预收账款金额及时间，审核提货当日预收账款与提货金额是否符合，填制《预收账款确认书》、核对预收账款金额同时确认提货人身份证明、提货通（包含货品名称规格加盖公章和财务章）。

NO.6 判断是否符合信用销售政策。

NO.7 根据客户信用具体情况填信用销售申请书。

NO.8　　风险点管控措施
核对该客户是否属于公司信用客户，核对客户信用额度及信用额度使用情况，预收账款与信用申请书额度合计是否大于等于此次提货金额。

NO.9 财务部长审批各项资料是否真实可靠。

NO.10 由公司开票员开具增值税专用发票或普通发票，确保发票内容与提货通一致。

NO.11　　风险点管控措施
出纳审核货款是否已到账，汇票是否已存入银行。信用客户是否填有信用申请书。

NO.12 核对无误在发票空白处加盖发票专用章。

NO.13 库管员根据提货单内产品型号，数量付货。确保所发货物与提货凭证一致。

NO.14 审核原始凭证是否齐全，销售会计编制记账凭证。

NO.15 出纳核对收款金额是否正确，并签字确认实际收款金额。

NO.16 销售会计审核借贷方科目金额是否准确，记账科目是否准确。

NO.17 销售会计根据记账凭证登记账簿。

## 经济业务证明(原始凭证)

银行进账单、销售出库单、销售发票

### 银行进账单(回单)

2019年1月6日

| 出票人 | 全称 | 湖南双升工程机械厂 | 收款人 | 全称 | 东北发动机有限公司 | 此联是开户银行交给持票人的回单 |
|---|---|---|---|---|---|---|
| | 账户 | 7545165911123 | | 账户 | 2008 1665 8888 8888 | |
| | 开户银行 | 工行吴淞路支行 | | 开户银行 | 工商银行东风大街支行 | |
| 金额 | 人民币(大写) | 捌佰壹拾叁万陆仟元整 | | | 亿千百十万千百十元角分<br>¥ 8 1 3 6 0 0 0 0 0 | |
| 票据种类 | | | 票据张数 | | | |
| 票据号码 | | | | | | |
| | 复核 | | 记账 | | 开户银行签章 | |

(盖章:工商银行东风大街支行)

### 销售出库单

2019年1月6日

客户:湖南双升工程机械厂  结算方式: 转账

| 代码 | 名称 | 规格 | 单位 | 数量 | 单价 | 金额 | 备注 |
|---|---|---|---|---|---|---|---|
| FDJ1000M1 | 发动机 | M1型 | 台 | 800 | 9 000.00 | 7 200 000.00 | |
| | | | | | | | |
| | | | | | | | |
| | | | | | | | |
| | | | | | | | |
| | | | | | | | |
| 合计 | (大写) | 柒佰贰拾万元整 | | | | ¥ 7 200 000.00 | |

第一联:存根  第二联:财务  第三联:销售  第四联:仓库

部门领导:韩波     销售员:温立明     库管员:马龙

## 增值税专用发票

发票联  No.70093491

开票日期：2019年4月6日

| | | | | | | | |
|---|---|---|---|---|---|---|---|
| 名　称 | 湖南双升工程机械厂 | | | 密码区 | 554+55+38998954513301/<5>86530330+>6*>/>839>/>8<80+83267166659820828+26*1/3+>>70484*/1<01598*/*0/<5>0+>6*>/>831>49+834*14<<>*538 | | |
| 税　号 | 420115588679149 | | | | | | |
| 地址、电话 | 长沙市迎宾路45号 0731-85695469 | | | | | | |
| 开户行及账号 | 工行吴淞路支行 7545165911123 | | | | | | |

| 货物或应税劳务、服务名 | 规格型号 | 单位 | 数量 | 单价 | 金额 | 税率 | 税额 |
|---|---|---|---|---|---|---|---|
| 发动机 | M1 | 台 | 800 | 9 000.00 | 7 200 000.00 | 13% | 936 000.00 |
| 合　计 | | | | | | | |
| 价税合计（大写） | 捌佰壹拾叁万陆仟元整 | | | | （小写）8 136 000.00 | | |

| | | | | | |
|---|---|---|---|---|---|
| 名　称 | 东北发动机有限公司 | | 备注 | | |
| 税　号 | 220117709854834 | | | | |
| 地址、电话 | 长春市东风大街1888号 | | | | |
| 开户行及账号 | 工商银行东风大街支行2008 1665 8888 8888 | | | | |

收款人：初娜　　复核人：　　开票人：杨思思　　销货单位（章）

## 预收账款确认书、销售出库单、销售发票

### 预收账款确认书

2019年1月11日

| 客户名称 | 客户代码 |
|---|---|
| 长春市机械厂 | 22030803 |
| 预收账款余额 | 预收账款余额截止时间 |
| ￥7 200 000.00 | 2018年12月31日 |

财务部长：柴章　　　　销售会计：肖颖　　　　销售员：温立明

### 销售出库单

2019年1月11日

客户：长春市机械厂　　　　结算方式：　转账

| 代码 | 名称 | 规格 | 单位 | 数量 | 单价 | 金额 | 备注 |
|---|---|---|---|---|---|---|---|
| FDJ1000M2 | 发动机 | M2型 | 台 | 545 | 11 000.00 | 5 995 000.00 | |
| | | | | | | | |
| | | | | | | | |
| 合计 | （大写） | 伍佰玖拾玖万伍仟元整 | | | | ￥5 995 000.00 | |

部门领导：韩波　　　销售员：温立明　　　库管员：马龙

303

## 增值税专用发票

1100147642　　　　　　　　发票联　　　　　　No.70093492　　1100147642
　　　　　　　　　　　　　　　　　　　　　　　　　　　　　　　　70093492

开票日期：2019年4月11日

| 名　称 | 长春市机械厂 | 密码区 | 554+55+38998954513301/<5>86530330+>6*>/>839>>/8<80+8326716665982 0828+26*1/3+>>70484*/1<01598*/*0 /<5>0+>6*>/>831>49+834*14<<>*764 |
|---|---|---|---|
| 税　号 | 220102658756225 | | |
| 地址、电话 | 树勋街86号 0431-85693214 | | |
| 开户行及账号 | 交通银行平阳街支行 5566123669 | | |

| 货物或应税劳务、服务名 | 规格型号 | 单位 | 数量 | 单价 | 金额 | 税率 | 税额 |
|---|---|---|---|---|---|---|---|
| 发动机 | M2 | 台 | 545 | 11 000.00 | 5 995 000.00 | 13% | 779 350.00 |
| 合　　计 | | | | | | | |

| 价税合计（大写） | 陆佰柒拾柒万肆仟叁佰伍拾元整 | （小写） | ￥6 774 350.00 |
|---|---|---|---|

| 名　称 | 东北发动机有限公司 | 备注 | |
|---|---|---|---|
| 税　号 | 220117709854834 | | |
| 地址、电话 | 长春市东风大街1888号 | | |
| 开户行及账号 | 工商银行东风大街支行2008 1665 8888 8888 | | |

收款人：初娜　　　复核人：　　　开票人：杨思思　　　销售单位（章）：

---

信用销售申请书、销售出库单、销售发票

307

### 信用销售申请书

2019年1月12日

| 客户名称 | 客户代码 |
|---|---|
| 吉林市松航船舶修造有限公司 | 22030804 |
| 信用额度 | 信用日期 |
| 12 000 000.00 | 2019.2.29 |
| 说明 | 预计回款时间 |
| 目前尚未使用 | 2019.2.29 |

财务部长：柴章　　　　销售会计：肖颖　　　　销售员：温立明

## 销售出库单

2019年1月12日

客户：吉林市松航船舶修造有限公司　　　　结算方式：　　汇票

| 代码 | 名称 | 规格 | 单位 | 数量 | 单价 | 金额 | 备注 |
|---|---|---|---|---|---|---|---|
| FDJ1000M1 | 发动机 | M1型 | 台 | 1000 | 9 000.00 | 9 000 000.00 | |
| | | | | | | | |
| | | | | | | | |
| 合计 | （大写） | 玖佰万元整 | | | | ￥9 000 000.00 | |

部门领导：韩波　　　　销售员：温立明　　　　库管员：马龙

第一联：存根联
第二联：财务记账联
第三联：销售联
第四联：仓库联

---

## 增值税专用发票

1100147642　　　　　　发票联　　　　　No.70093493　　1100147642
　　　　　　　　　　　　　　　　　　　　　　　　　　70093493

开票日期：2019年4月12日

| 名　称 | 吉林市松航船舶修造有限公司 | 密码区 | 554+55+38998954513301/<5>8653033 |
|---|---|---|---|
| 税　号 | 220102658756225 | | 0+>6*>/>839>>/8<80+8326716665982 |
| 地址、电话 | 松江区江滨路39号 043289541159 | | 0828+26*1/3+>>70484*/1<01598*/*0 |
| 开户行及账号 | 建设银行松江区支行 675522336699 | | /<5>0+>6*>/>831>49+834*14<<>*235 |

| 货物或应税劳务、服务名 | 规格型号 | 单位 | 数量 | 单价 | 金额 | 税率 | 税额 |
|---|---|---|---|---|---|---|---|
| 发动机 | M1 | 台 | 1000 | 9 000.00 | 9 000 000.00 | 13% | 1 170 000.00 |
| 合　　计 | | | | | | | |

价税合计（大写）　壹仟零肆拾肆万元整　　　　　（小写）　￥ 10 170 000.00

| 名　称 | 东北发动机有限公司 | 备注 | |
|---|---|---|---|
| 税　号 | 220117709854834 | | |
| 地址、电话 | 长春市东风大街1888号 | | |
| 开户行及账号 | 工商银行东风大街支行2008 1665 8888 8888 | | |

收款人：初娜　　复核人：　　开票人：杨思思　　销货单位（章）

第一联：记账联
第二联：发票联
第三联：发票联

销售方记账凭证
购货方记账凭证
购货方记账凭证

# 20600 税务会计——上岗交接

| 工作名称 | 上岗交接 | 更新时间 | | 工作内容摘要 |
|---|---|---|---|---|
| 岗　　位 | 税务会计 | 级　　别 | 中级 | 税务会计上岗交接 |
| 工作方式 | 手工、软件 | | | |

### 工作内容

新到岗的税务会计与离岗的前任税务会计交接。

### 工作要求

　　向离岗的前任税务会计接收税务会计岗位的相关政策文件（包括：公司正在执行的税务政策，历年税务申报资料及相关证书，历年税务检查报告，税款滞纳及罚款情况。公司的纳税范围、税率、税金计算方法、纳税期限、申报期限等文件，税务网上申报UK及密码，税控盘，发票领购簿。税务局、企业、银行签订的三方协议。公司现阶段归属的国地税务局以及专管员的联系方式等）。确认应交税费等相关账簿的各项余额是否准确、清晰。明确工作内容，岗位职责，工作流程等。双方签订交接书，填写清楚交接内容。财务部长对交接文件进行审批。交接书存档，可以上岗工作。接收人到税务局办理办税人信息变更。

## 经济业务流程

**东北发动机有限公司**

流程名称：税务岗位上岗交接
流程代码：20600
更新时间：2019年2月
风险点：

| 部门名称：财务部 | 审批人：盖章 |
|---|---|
| 主责岗位：税务 | 会签：范婷、高翔、董芳、丁磊 |
| 编辑人：陈晓 | 邓欢、钟和、陈曼、刘玉 |

### 流程图

开始 → NO.1 岗位政策文件交接 → NO.2 核对财务数据 → NO.3 明确工作内容 → NO.4 签订交接文件 → NO.5 财务部长审批 → NO.6 交接书存档 → NO.7 办税人员变更 → 结束

**税务登记变更**

纳税人识别号：
纳税人名称：

| 序号 | 变更项目 | 变更前内容 | 变更后内容 |
|---|---|---|---|

送缴证件情况：
纳税人（签章）
法定代表人（负责人）： 办税人员：
主管税务机关审批意见：
（公章）
负责人： 经办人：

注：适用范围，涉及税务登记内容变化的，均应办理变更登记。
003

**交接单**
年 月 日

单位名称： 部门：
交接岗位：
交接清单：
需要说明的事项：
承交人： 接交人： 监交人：

### 流程描述

**NO.1** 向离岗的前任税务会计接收税务会计岗位的相关政策文件。
　　风险点管控措施 文件包括：公司正在执行的税务政策，历年税务申报资料及相关证书，历年税务检查报告，税款滞纳及罚款情况。公司的纳税范围、税率、税金计算方法、纳税期限、申报期限等文件，税务网上申报UK及密码，报税盘，发票购买本。税务局、企业、银行签订的三方协议。
公司现阶段归属的国地税务局以及专管员的联系方式等。

**NO.2** 确认应交税费等相关账簿的各项余额是否准确、清晰。

**NO.3** 明确工作内容，岗位职责，工作流程等。

**NO.4** 双方签订交接书，填写清楚交接内容。

**NO.5** 财务部长对交接文件进行审批。

**NO.6** 交接书存档，可以上岗工作。

**NO.7** 接收人到税务局办理办税人信息变更。

## 经济业务证明

**总账、明细账期初余额明细表**

2019年1月1日

| 一级科目 | | | 二级科目 | | |
|---|---|---|---|---|---|
| 代码 | 名称 | 金额 | 代码 | 名称 | 金额 |
| 2221 | 应交税费 | 1 500 022.00 | | | |
| | | | 222105 | 应交税费——应交所得税 | 22 844.00 |
| | | | 222107 | 应交税费——应交城市维护建设税 | 90 300.00 |
| | | | 222111 | 应交税费——应交个人所得税 | 32 378.00 |
| | | | 222115 | 应交税费——未交增值税 | 1 290 000.00 |
| | | | 222117 | 应交税费——教育费附加 | 38 700.00 |
| | | | 222118 | 应交税费——地方教育附加费 | 25 800.00 |
| | | | 400102 | 实收资本——首都汽车制造有限公司 | 8 000 000.00 |

# 20601 税务会计——支付税控系统维护费

| 经济业务 | 支付税控系统维护费 | 更新时间 | | 经济业务摘要 | |
|---|---|---|---|---|---|
| 岗　　位 | 税务会计 | 级　　别 | 中级 | 支付税控系统维护费 | |
| 工作方式 | 手工、软件 | | | | |

## 经济业务内容

2019年1月7日支付增值税税控系统技术维护费。

## 经济业务处理要求

税务会计收到税控系统维护的通知。根据通知填写付款审批单。交由财务部长审批。出纳根据已经审批的付款审批单，付款。收到发票后，由税务会计进行账务处理。登记相关账簿。

## 经济业务流程

**东北发动机有限公司**

| | | | |
|---|---|---|---|
| 流程名称：支付税控维护费 | 部门名称：财务部 | 审批人：盖章 | |
| 流程代码：20601 | 主责岗位：税务 | 会签 | 范婷、高翔、董芳、丁磊 |
| 更新时间：2019年2月 | 编辑人：陈晓 | | 邓欢、钟和、陈昊、刘玉 |
| 风险点： | | | |

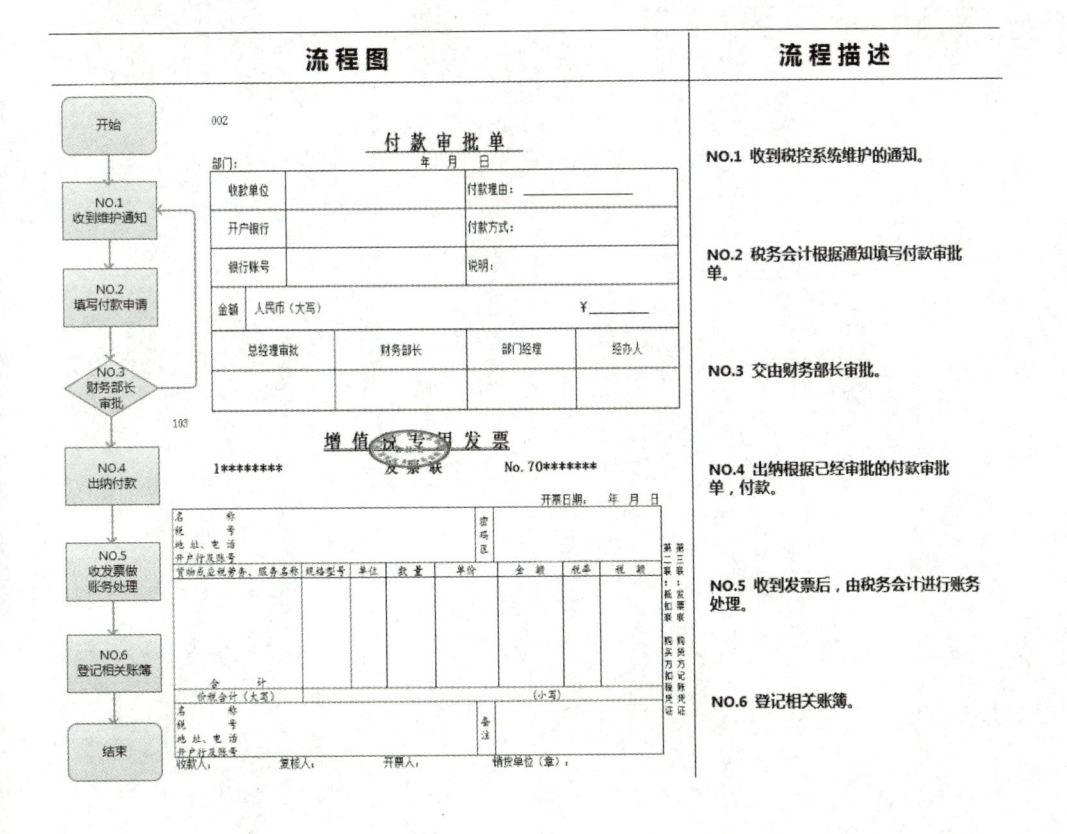

### 流程图 / 流程描述

NO.1 收到税控系统维护的通知。

NO.2 税务会计根据通知填写付款审批单。

NO.3 交由财务部长审批。

NO.4 出纳根据已经审批的付款审批单，付款。

NO.5 收到发票后，由税务会计进行账务处理。

NO.6 登记相关账簿。

流程步骤：
- 开始
- NO.1 收到维护通知
- NO.2 填写付款申请
- NO.3 财务部长审批
- NO.4 出纳付款
- NO.5 收发票做账务处理
- NO.6 登记相关账簿
- 结束

## 经济业务证明（外来原始凭证）

104

**吉林增值税普通发票**

发票联

2200153130
No.00459354

2200153130
00459354

开票日期：2019年1月7日

| | | | | | | |
|---|---|---|---|---|---|---|
| 名　　称 | 东北发动机有限公司 | | | 密码区 | 6554+55+38998954513301/<5>/*6036<br>0+>6*>/>839>>/8<80<83267<>>22303<br>0828+26*1/3+>>70484*/1<01**5268/<br><5>0+>6*>/>831>49+834*14<62587032 | |
| 税　　号 | 220117709854834 | | | | | |
| 地址、电话 | 长春市东风大街1888号 | | | | | |
| 开户行及账号 | 工商银行东风大街支行 2008 1665 8888 8888 | | | | | |
| 货物或应税劳务、服务名称 | 规格型号 | 单位 | 数量 | 单价 | 金额 | 税率 | 税额 |
| 增值税税控系统技术维护费 | | | 1 | 311.3208 | 311.32 | 6% | 18.68 |
| 合　　　计 | | | | | ¥ 311.32 | | ¥ 18.68 |
| 价税合计（大写） | 叁佰叁拾元整 | | | | （小写）¥ 330.00 | | |
| 名　　称 | 吉林爱信诺航天信息有限公司 | | | 备注 | 2019-1-1——2020-1-1 | | |
| 税　　号 | 91220101333846 8219 | | | | | | |
| 地址、电话 | 高新区前进大厦2326号服务外包大厦16层 0431-82008862 | | | | | | |
| 开户行及账号 | 中国银行长春前进大街支行163632118350 | | | | | | |
| 收款人：王莉 | | 复核人：金英 | | 开票人：盖亚男 | 销售单位：（章） | | |

第一联：发票联 购货方记账凭证

## 经济业务证明（自制原始凭证）

002

### 付款审批单

部门：财务部　　　　　　2019年1月7日

| 收款单位 | 吉林爱信诺航天信息有限公司 | 付款理由： | 增值税税控系统技术维护费 |
|---|---|---|---|
| 开户银行 | 中国银行长春前进大街支行 | 付款方式： | 现金 |
| 银行账号 | 163632118350 | 说明： | |
| 金额 | 人民币（大写）叁佰叁拾元整 | | ¥ 330.00 |
| 总经理审批 | 财务部长 | 部门经理 | 经办人 |
| 马实 | 柴章 | | 隋岚 |

## 20803 综合会计——支付咨询费

| 经济业务 | 支付咨询费 | 更新时间 | | 经济业务摘要 |
|---|---|---|---|---|
| 岗　　位 | 综合会计 | 级　　别 | 中级 | 支付技术咨询服务费 |
| 工作方式 | 手工、软件 | | | |

### 经济业务内容

支付上海华宇技术服务公司的技术咨询服务费。依据相关原始凭证,支付相关费用。

### 经济业务处理要求

按照报销内容选择报销单并认真填写报销单。财务部长根据报销单内容,结合公司相关规定进行审批,保证报销内容的真实,数据准确。总经理对报销单进行复核审批。综合会计根据接到审批通过的报销单进行相关的账务处理。出纳在综合会计账务处理之后,对报销单进行付款。

# 经济业务流程

**东北发动机有限公司**

流程名称：报销付款审批
流程代码：20803
更新时间：2018年12月
风险点：

| 部门名称 | 财务部 | 审批人 | 盖章 |
|---|---|---|---|
| 主责岗位 | 综合 | 会签 | 范婷、高翔、董芳、丁磊 邓欢、陈晓、陈曼、刘玉 |
| 编辑人 | 付晶 | | |

## 流程图 | 流程描述

**NO.1** 报销人填写报销单。
（要求：按照报销内容选择报销单并认真填写）。

**NO.2** 部门领导根据申请人实际情况进行审批。

**NO.3** 财务部长根据报销单内容，结合公司相关规定进行审批。
风险点管控措施：保证报销内容的真实，数据准确。

**NO.4** 总经理对报销单进行审批。

**NO.5** 综合会计根据接到审批通过的报销单进行相关的账务处理。

**NO.6** 出纳在综合会计账务处理之后，对报销单进行付款。

流程图步骤：
- 开始
- NO.1 报销人填写报销单
- NO.2 部门领导审批
- NO.3 财务部长审批
- NO.4 总经理审批
- NO.5 编制会计凭证
- NO.6 出纳付款
- 结束

单据：差旅费用报销单、费用报销单、招待费用报销单、电子银行业务回单（付款）

## 经济业务证明（外来原始凭证）

104

**上海市增值税专用发票**
发票联

1100180091
No.93124583

1100180091
93124583

开票日期：2019年1月7日

| 名 称 | 东北发动机有限公司 | | | | 密码区 | 6554+55+38998954513301/<5>/*6036<br>0+>6*>/>839>>/8<80+83267<>>22303<br>0828+26*1/3+>>70484*/1<01**5268/<br><5>0+>6*>/>831>49+834*14<62587032 | | |
|---|---|---|---|---|---|---|---|---|
| 税 号 | 220117709854834 | | | | | | | |
| 地 址、电 话 | 长春市东风大街1888号 | | | | | | | |
| 开户行及账号 | 工商银行东风大街支行 2008 1665 8888 8888 | | | | | | | |
| 货物或应税劳务、服务名 | 规格型号 | 单位 | 数量 | 单价 | | 金额 | 税率 | 税额 |
| 咨询服务费 | | | 1 | 47 169.8113 | | 47 169.81 | 6% | 2 830.19 |
| 合 计 | | | | | | | | |
| 价税合计（大写） | | 伍万元整 | | | （小写）| ¥ 50 000.00 | | |
| 名 称 | 上海华宇技术咨询服务公司 | | | | 备注 | | | |
| 税 号 | 310427197810032041 | | | | | | | |
| 地 址、电 话 | 上海市嘉定区春浓路271号 021-63578140 | | | | | | | |
| 开户行及账号 | 交通银行春浓路支行 9100054321 | | | | | | | |
| 收款人：白金阳 | 复核人：段风 | | 开票人：高金娜 | | 销货单位： | | | |

第一联：发票联 购货方记账凭证

707

**中国工商银行** 电子银行业务回单（付款）

| 交易日期：2019年1月7日 | 交易流水号：4585341237 |
|---|---|
| 付款人账号：2008 1665 8888 8888 | 收款人账号：9100 0543 21 |
| 付款人名称：东北发动机有限公司 | 收款人名称：上海华宇技术咨询服务公司 |
| 付款人开户行：长春市工商银行东风大街支行 | 收款人开户行：交通银行春浓路支行 |
| 币种：人民币　　金额：（大写）伍万元整 | （小写）¥ 50 000.00 |

银行附言：
客户附言：支付技术咨询费
渠道：网上银行
记账流水号：184528824814
电子凭证号：569842759

| 登录号： | 网点编号： | 打印状态：第一次打印 |
|---|---|---|
| 客户验证码： | 柜员号： | 打印方式：　打印日期：2019.1.7 |

## 经济业务证明（自制原始凭证）

714

### 费 用 报 销 单

报销部门：技术部　　　　　　　2019年1月7日　　　　　　　单据及附件共 _1_ 页

| 报销项目 | 摘要 | 金额 | 备注 |
|---|---|---|---|
| 咨询费 | 上海华宇公司技术咨询 | ￥50 000.00 | 银行付款 |
|  |  |  |  |
|  |  |  |  |
| 合　　计 |  | ￥50 000.00 |  |

金额大写：伍万元整

总经理：马实　　　财务部长：柴章　　　部门经理：田进　　　出纳：初娜　　　报销人：王强

# 20100 材料会计——上岗交接

| 工作内容 | 上岗交接 | 更新时间 |  | 工作内容摘要 |
|---|---|---|---|---|
| 岗　　位 | 材料会计 | 级　别 | 中级 | 材料会计上岗交接 |
| 工作方式 | 手工、软件 |  |  |  |

## 工作内容

新到岗的材料会计与离岗的前任材料会计进行业务交接。

## 工作要求

掌握材料会计岗位交接流程及交接内容，包括相关材料采购、保管、发放制度及工作流程、询证函等。

## 工作流程

**东北发动机有限公司**

流程名称：材料会计上岗交接
流程代码：20100
更新时间：2018年12月
风险点：

| 部门名称：财务部 | 审批人：柴章 |
|---|---|
| 主责岗位：材料会计 | 会：范婷 高翔 董芳 丁磊 |
| 编辑人：刘玉 | 签：邓欢 陈晓 陈曼 付晶 |

### 流程图

开始 → NO.1 岗位政策文件交接 → NO.2 核对账簿 → NO.3 核对询证函 → NO.4 明确工作内容 → NO.5 了解材料库房情况 → NO.6 签订交接文件 → NO.7 财务部长审批 → NO.8 交接书存档 → 结束

### 流程描述

NO.1 风险点管控措施。向离岗的前任材料会计接收材料会计岗位的相关政策文件（包括：供应商对本公司信用政策、结算方式、当前有效的材料采购合同等文件）。

NO.2 确认相关账簿的各项余额是否准确、清晰。

NO.3 接收核对往来函证信与往来预付、应付账目是否一致，查询函证信是否齐全。

NO.4 明确工作内容，岗位职责，工作流程等。

NO.5 了解材料库房的相关情况（包括：名称、代码、库存清单，深入库房熟悉库房材料等）。

NO.6 双方签订交接书，填写清楚交接内容。

NO.7 财务部长对交接文件进行审批。

NO.8 交接书存档，可以上岗工作。

## 工作证明（自制原始凭证）

询证函

往来款项询证函

致：成都铸造厂

　　根据企业会计准则的要求，询证本公司与贵公司的往来款项，下表所列数据出自本公司账簿记录，如与贵公司纪录相符请在本函下端"数据证明无误"处签章证明，如有不符，请在"数据不符"的下端列明不符金额，贵公司在填好本函后请直接寄至

回函地址：长春市东风大街1888号　　收件人：柴章　　邮编：130001
电话：

1. 本公司与贵公司的往来账项列示如下。
　　根据我公司财务制度规定，现与贵公司核对往来款项，感谢配合。

| 截止日期 | 贵公司欠 | 欠贵公司 | 备注 |
| --- | --- | --- | --- |
| 2019年1月1日 | 9 482 616.00 |  | 预付款 |

2. 其他事项。
　　本函仅为复核账目之用，并非催款结算。若款项在上表截止日期之后已经付清，仍请及时回复为盼，并注明付款情况，以便查对。
　　请及时复函为盼！

发函单位：东北发动机有限公司<br>2019年1月1日

| 1. 数据证明无误 | 2. 数据不符，请说明不符金额及说明 |
| --- | --- |
| （公司盖章）<br>2019年1月1日<br>经办人：柴章 | （公司盖章）<br>2019年1月1日<br>经办人：王丽 |

## 往来款项询证函

致：苏州连杆集团公司

　　根据企业会计准则的要求，询证本公司与贵公司的往来款项，下表所列数据出自本公司账簿纪录，如与贵公司记录相符请在本函下端"数据证明无误"处签章证明，如有不符，请在"数据不符"的下端列明不符金额，贵公司在填好本函后请直接寄至

回函地址：长春市东风大街1888号　　　收件人：柴章　　邮编：130001
电话：

1. 本公司与贵公司的往来账项列示如下。

　　根据我公司财务制度规定，现与贵公司核对往来款项，感谢配合。

| 截止日期 | 贵公司欠 | 欠贵公司 | 备注 |
| --- | --- | --- | --- |
| 2019年1月1日 |  | 1 001 840.00 | 应付款 |

2. 其他事项。

　　本函仅为复核账目之用，并非催款结算。若款项在上表截止日期之后已经付清，仍请及时回复为盼，并注明付款情况，以便查对。

　　请及时复函为盼！

发函单位：东北发动机有限公司<br>2019年1月1日

| 1. 数据证明无误 | 2. 数据不符，请说明不符金额及说明 |
| --- | --- |
| （公司盖章）<br>2019年1月1日<br>经办人：柴章 | （公司盖章）<br>2019年1月1日<br>经办人：王月 |

## 往来款项询证函

致：鑫凯兴润滑油有限公司

　　根据企业会计准则的要求，询证本公司与贵公司的往来款项，下表所列数据出资本公司账簿纪录，如与贵公司记录相符请在本函下端"数据证明无误"处签章证明，如有不符，请在"数据不符"的下端列名不符金额，贵公司在填好本函后请直接寄至

回函地址：长春市东风大街1888号　　收件人：柴章　　邮编：130001
电话：

1. 本公司与贵公司的往来账项列示如下。

　　根据我公司财务制度规定，现与贵公司核对往来款项，感谢配合。

| 截止日期 | 贵公司欠 | 欠贵公司 | 备注 |
| --- | --- | --- | --- |
| 2019年1月1日 |  | 89 670.00 | 应付款 |

2. 其他事项。

　　本函仅为复核账目之用，并非催款结算。若款项在上表截止日期之后已经付清，仍请及时回复为盼，并注明付款情况，以便查对。

　　请及时复函为盼！

发函单位：东北发动机有限公司

2019年1月1日

| 1. 数据证明无误 | 2. 数据不符，请说明不符金额及说明 |
| --- | --- |
| （公司盖章）<br>2019年1月1日<br>经办人：柴章 | （公司盖章）<br>2019年1月1日<br>经办人：邓鑫 |

## 往来款项询证函

致：晟嘉物资贸易有限公司

根据企业会计准则的要求，询证本公司与贵公司的往来款项，下表所列数据出自本公司账簿记录，如与贵公司记录相符请在本函下端"数据证明无误"处签章证明，如有不符，请在"数据不符"的下端列明不符金额，贵公司在填好本函后请直接寄至

回函地址：长春市东风大街1888号　　收件人：柴章　　邮编：130001

电话：

1. 本公司与贵公司的往来账项列示如下。

根据我公司财务制度规定，现与贵公司核对往来款项，感谢配合。

| 截止日期 | 贵公司欠 | 欠贵公司 | 备注 |
| --- | --- | --- | --- |
| 2019年1月1日 | | 61 530.00 | 应付款 |

2. 其他事项。

本函仅为复核账目之用，并非催款结算。若款项在上表截止日期之后已经付清，仍请及时回复为盼，并注明付款情况，以便签对。

请及时复函为盼！

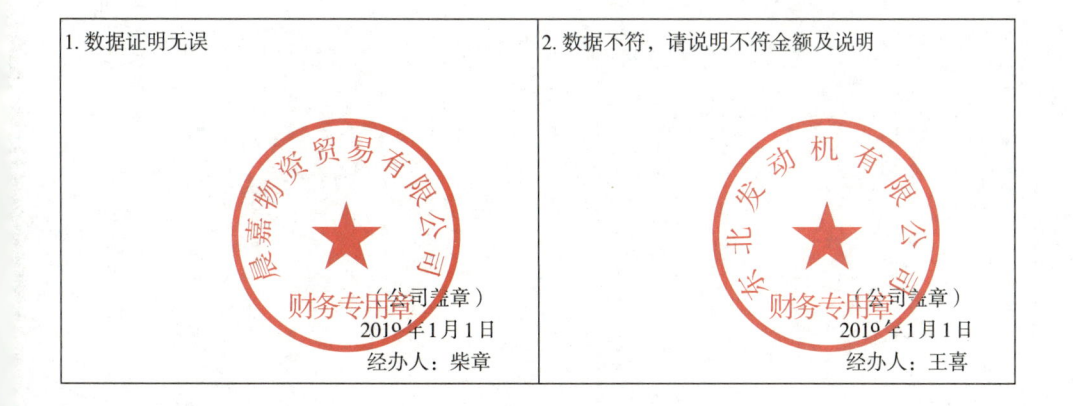

发函单位：东北发动机有限公司<br>2019年1月1日

| 1. 数据证明无误 | 2. 数据不符，请说明不符金额及说明 |
| --- | --- |
| （公司盖章）<br>2019年1月1日<br>经办人：柴章 | （公司盖章）<br>2019年1月1日<br>经办人：王喜 |

## 期初信息

材料明细清单、总账、明细账期初余额明细表：

### 总账、明细账期初余额明细表

| 一级科目 | | | 二级科目 | | |
|---|---|---|---|---|---|
| 代码 | 名称 | 金额 | 代码 | 名称 | 金额 |
| 1123 | 预付账款 | 9 158 424.00 | | | |
| | | | 112301 | 成都铸造厂 | 9 158 424.00 |
| 1404 | 材料成本差异 | 4 001.37 | | | |
| | | | 140401 | 外购半成品 | 40 266.24 |
| | | | 140402 | 辅助材料 | −372.00 |
| | | | 140403 | 低值易耗品 | 107.13 |
| 2202 | 应付账款 | 2 306 080.00 | | | |
| | | | 220201 | 苏州连杆集团 | 1 001 840.00 |
| | | | 220202 | 鑫凯兴润滑油有限公司 | 89 670.00 |
| | | | 220203 | 晟嘉物资贸易有限公司 | 61 530.00 |
| | | | 220204 | 暂估 | 1 153 040.00 |

### 材料明细表——外购半成品

日期：2019年1月1日

仓库名称：外购半成品库　　　　　　　　　　　　　　　　保管员：张绍

| 物料号 | 物料名称 | 计量单位 | 计划价格 | 期初数量 | 期初金额 |
|---|---|---|---|---|---|
| GG1000MP1 | 缸盖毛坯 | 套 | 991.00 | 600 | 594 600.00 |
| GG1000MP2 | 缸盖毛坯 | 套 | 1 800.00 | 500 | 900 000.00 |
| GT10000ZC | 气缸体总成 | 套 | 2 978.40 | 500 | 1 489 200.00 |
| LG10000ZC | 活塞连杆总成 | 套 | 82.36 | 1 500 | 123 540.00 |
| QZ10000ZC | 曲轴总成 | 套 | 321.36 | 400 | 128 544.00 |
| 合　计 | | | | | 3 235 884.00 |

### 材料明细清单——辅助辅料

日期：2019年1月1日

仓库名称：外购半成品库　　　　　　　　　　　　　　　　保管员：张绍

| 物料号 | 物料名称 | 计量单位 | 计划价格 | 期初数量 | 期初金额 |
|---|---|---|---|---|---|
| FCHG00001 94 | 润滑油 | 升 | 280.00 | 200 | 56 000.00 |
| FCHG00001 94 | 齿轮油 | 升 | 180.00 | 150 | 27 000.00 |
| FCHG00001 94 | 发动机机油 | 升 | 220.00 | 160 | 35 200.00 |
| 合　计 | | | | | 118 200.00 |

## 材料明细清单——低值易耗品

日期：2019年1月1日

仓库名称：低值易耗品库　　　　　　　　　　　　　　　　　　保管员：张绍

| 物料号 | 物料名称 | 计量单位 | 计划价格 | 期初数量 | 期初金额 |
|---|---|---|---|---|---|
| DHGJ0000194 | 铣刀片 | 个 | 182.00 | 50 | 9 100.00 |
| DHGJ0000294 | 风叶 | 个 | 504.90 | 100 | 50 490.00 |
| DHGJ0000394 | 刀片螺钉 | 个 | 32.80 | 60 | 1 968.00 |
| DHGJ0000494 | 内六角扳手 | 个 | 11.00 | 80 | 880.00 |
| DHLB0000194 | 安全帽 | 个 | 60.00 | 200 | 12 000.00 |
| DHLB0000294 | 防切割针织手套 | 个 | 15.00 | 150 | 2 250.00 |
| DHLB0000394 | 反光背心 | 个 | 25.00 | 300 | 7 500.00 |
| DHLB0000494 | 防护镜 | 个 | 40.00 | 100 | 4 000.00 |
| 合计 |  |  |  | 1040 | 88 188.00 |

# 20101 材料会计——现款采购半成品

| 经济业务内容 | 现款采购 | 更新时间 |  | 经济业务内容摘要 |
|---|---|---|---|---|
| 岗　　位 | 材料会计 | 级　　别 | 中级 | 现款采购外购半成品 |
| 工作方式 | 手工、软件 |  |  |  |

## 经济业务内容

2019年1月8日，东北发动机有限公司向东北铸造厂采购M1型发动机缸盖毛坯2 100套；M2型发动机缸盖毛坯1 400套，当日验收入库并取得增值税专用发票，并且通过银行支付货款。

## 经济业务处理要求

了解企业材料采购过程，掌握在计划价格方法下计划成本与实际成本之间产生的差异计算和会计处理，掌握材料入库、发票、现款现货等业务的处理方式。并依据实际经济业务，审核相关的原始凭证，审核相关原始凭证的真实性，采用正确的材料成本入账方式确认成本。

## 经济业务流程

**东北发动机有限公司**

流程名称：现款采购
流程代码：20101
更新时间：2018年12月
风险点：

| 部门名称：财务部 | 审批人：柴章 |
|---|---|
| 主责岗位：出纳 | 会：范婷 高翔 董芳 丁磊 |
| 编辑人：刘玉 | 签：邓欢 陈晓 陈曼 付晶 |

### 流程图

- 开始
- NO.1 签订采购合同
- NO.2 下达采购订单
- NO.3 供应商送货
- NO.4 物料验收
- NO.5 填写入库单
- NO.6 登记物料明细账
- NO.7 开具发票
- NO.8 材料会计审核
- NO.9 发票入账
- NO.10 登记明细账
- NO.11 付款申请
- NO.12 采购部长审批
- NO.13 财务部长审批
- NO.14 出纳付款
- NO.15 登记明细账
- 结束

### 流程描述

NO.1 采购部采购员与供应商签订采购合同。

NO.2 生产物流部库管员依据生产计划向供应商下达采购订单。

NO.3 供应商接收采购订单，按指定的物料和数量送货。

NO.4 （风险点管控措施）生产物流部库管员确认收货品种及数量，质量保证部检查员确认质量状态。

NO.5 生产物流部库管员开具入库单。

NO.6 材料会计接收并审核入库单后登记物料明细账。

NO.7 供应商依据入库单开具增值税专用发票。

NO.8 材料会计接收并审核采购入库单与增值税专用发票。

NO.9 材料会计填制记账凭证。

NO.10 材料会计登记应付账款、应交税费（应交增值税）、材料成本差异明细账。

NO.11 采购部采购员依据与供应商签订的合同中与对方约定的付款条件填写付款申请单。

NO.12 （风险点管控措施）采购部长依据所签订的合同进行审批。

NO.13 （风险点管控措施）财务部长结合公司实际资金及付款条件约定进行审批。

NO.14 出纳按照审批单进行付款，并填制银行存款付款凭证。

NO.15 材料会计登记应付账款、出纳登记银行存款明细账。

## 经济业务证明（外来原始凭证）

合同

### 发动机缸盖毛坯价格协议

甲方：东北发动机有限公司　　　　　　签订时间：2019年1月1日
乙方：东北铸造厂　　　　　　　　　　签订地点：东北发动机有限公司

经甲乙双方代表充分协商，就乙方为甲方提供材料价格达成如下协议：

一、东北铸造厂价格、数量。

| 货物名称 | 单位 | 数量 | 价格（不含税） | 合计金额 | 增值税率 | 税额 |
|---|---|---|---|---|---|---|
| M1发动机缸盖毛坯 | 套 | 2100 | 1 022.00 | 2 146 200.00 | 13% | 279 006.00 |
| M1发动机缸盖毛坯 | 套 | 1400 | 1 580.00 | 2 212 000.00 | 13% | 287 560.00 |
| 金额（大写）：肆佰玖拾贰万肆仟柒佰陆拾陆元整 |||||| ￥4 924 766.00 |

　　二、执行日期：自2019年1月1日起至2019年12月31日止，到期需要重新签订价格协议。

　　三、计算数量以甲方生产物流部物料管理科与乙方销售管理科确认的数量进行结算。

　　四、结算及付款方式：双方采用现款现货的付款方式。

　　五、索赔：

　　由于乙方原因造成的货物与合同不相符或提供货物不及时造成甲方生产停工的，乙方应按甲方同意的下述一种或多种方式解决赔偿事宜。

　　乙方同意甲方拒绝货物并把拒绝货物的金额以合同规定的同种货币付给甲方，乙方负担发生的一切损失和费用，包括利息、运输和保险费及其他必要费用。

发票

## 增值税专用发票

103　　　　　　　　　　　　发票联　　　　No.23567971　　1234144343
1234144343　　　　　　　　　　　　　　　　　　　　　　　23567971

开票日期：2019年4月8日

| 名　称 | 东北发动机有限公司 | 密码区 | 554+55+38998954513301/<5>8653033 0+>6*>/>839>>/8<80+8326716665982 0828+26*1/3+>>70484*/1<01598*/*0 /<5>0+>6*>/>831>49+834*14<<>*538 |
|---|---|---|---|
| 税　号 | 220117709854834 | | |
| 地址、电话 | 长春市东风大街1888号 | | |
| 开户行及账号 | 工商银行东风大街支行 200816658888888 | | |

| 货物或应税劳务、服务名 | 规格型号 | 单位 | 数量 | 单价 | 金额 | 税率 | 税额 |
|---|---|---|---|---|---|---|---|
| 发动机缸盖毛坯 | M1型 | 套 | 2 100 | 1 022.00 | 2 146 200.00 | 13% | 279 006.00 |
| 发动机缸盖毛坯 | M2型 | 套 | 1 400 | 1 580.00 | 2 212 000.00 | 13% | 287 560.00 |
| 合　　计 | | | | | ¥ 4 358 200 | | ¥ 566 566.00 |
| 价税合计（大写） | 肆佰玖拾贰万肆仟柒佰陆拾陆元整 | | | | （小写） ¥ 4 924 766.00 | | |

| 名　称 | 东北铸造厂 | 备注 | |
|---|---|---|---|
| 税　号 | 1306431333500004 | | |
| 地址、电话 | 吉林省长春市东风大街2001号 0431-84624810 | | |
| 开户行及账号 | 招商银行长春一汽支行 1245400065040 | | |

收款人：刘光齐　　复核人：张淼　　开票人：顾强　　销售单位（章）

---

银行回单

## 电子银行业务回单（付款）

| 交易日期：2019/04/08 | 交易流水号：2017010100001 |
|---|---|
| 付款人账号：2008166588888888 | 收款人账号：1245400065040 |
| 付款人名称：东北发动机有限公司 | 收款人名称：东北铸造厂 |
| 付款人开户行：工商银行东风大街支行 | 收款人开户行：招商银行长春一汽支行 |
| 币种：人民币 | 金额：（大写）肆佰玖拾贰万肆仟柒佰陆拾陆元整　（小写）¥ 4 924 766.00 |

银行附言：
客户附言：支付2018年股东股利
渠道：网上银行
记账流水号：1147521357058
电子凭证号：2131245254

| 登录号：02010 | 网点编号：03 | 打印状态： |
|---|---|---|
| 客户验证码：789678 | 柜员号：02 | 打印方式：　　　打印日期：2019/4/8 |

## 经济业务证明（自制原始凭证）

### 付款审批单

**付 款 审 批 单**

部门：采购部　　　　　　　　　　2019 年 4 月 8 日

| 收款单位 | 东北铸造厂 | 付款理由： | 付购材料款 |
|---|---|---|---|
| 开户银行 | 招商银行长春一汽支行 | 付款方式： | 银行转账 |
| 银行账号 | 1245400065040 | 说明：购入发动机缸盖毛坯M1型、M2型 | |
| 金额 | 人民币（大写）　肆佰玖拾贰万肆仟柒佰陆拾陆元整 | | ￥4 924 766.00 |
| 总经理审批 | 财务部长 | 部门经理 | 申请人 |
| 马实 | 柴章 | 王封 | 张秀辉 |

### 入库单

**外购半成品入库单**

日期：2019年4月8日

部门：采购部　　　　　库别：外购半成品库　　　　　供应商：东北铸造厂

| 物料编码 | 物料名称 | 计量单位 | 计划价格 | 数量 | 计划总额 | 备注 |
|---|---|---|---|---|---|---|
| GG1000MP1 | 发动机缸盖毛坯 | 套 | 991.00 | 2 100 | 2 081 100.00 | |
| GG1000MP2 | 发动机缸盖毛坯 | 套 | 1 800.00 | 1 400 | 2 520 000.00 | |
| | | | | | | |
| | | | | | | |
| 合　　　计 | | | | | 4 601 100.00 | |

采购员：张秀辉　　　　　　　质检员：姜治鹏　　　　　　　库管员：张绍

第一联：存根　第二联：仓库　第三联：记账

## 20200 资产会计——上岗交接

| 工作内容 | 上岗交接 | 更新时间 | | 工作内容摘要 | |
|---|---|---|---|---|---|
| 岗　　位 | 资产会计 | 级　　别 | 中级 | 资产会计上岗交接 |
| 工作方式 | 手工、软件 | | | |

### 工作内容

新到岗的资产会计与离岗的前任资产会计进行业务交接。

### 工作要求

向离岗的前任资产会计接收资产会计岗位的相关政策文件（包括固定资产台账、固定资产卡片、固定资产保险合同等）确认相关账簿的各项余额是否准确、清晰。明确工作内容，岗位职责，工作流程等。双方签订交接书，填写清楚交接内容。财务部长对交接文件进行审批。交接书存档，可以上岗工作。

## 工作业务流程

**东北发动机有限公司**
流程名称：资产会计上岗交接
流程代码：20200
更新时间：2018年12月
风险点：

| 部门名称：财务部 | 审批人：柴章 |
|---|---|
| 主责岗位：资产会计 | 会 范婷 高翔 董芳 丁磊 |
| 编辑人：刘玉 | 签 邓欢 陈晓 陈曼 付晶 |

### 流程图

开始 → NO.1 岗位政策文件交接 → NO.2 核对账务数据 → NO.3 核对资产历史信息 → NO.4 明确工作内容 → NO.5 了解资产情况 → NO.6 签订交接文件 → NO.7 财务部长审批 → NO.8 交接书存档 → 结束

### 流程描述

**NO.1** 风险点管控措施
向离岗的前任资产会计接收资产会计岗位的相关政策文件（包括：固定资产、在建工程、无形资产及其他资产的管理与核算办法等文件）。

**NO.2** 确认相关账簿的各项余额是否准确、清晰。

**NO.3** 接收核对固定资产卡片，无形资产使用部门和每项固定资产是否齐全。

**NO.4** 明确工作内容，岗位职责，工作流程等。

**NO.5** 了解资产的相关情况（包括：资产名称、使用年限、折旧办法、残值率及相应使用部门等）。

**NO.6** 双方签订交接书，填写清楚交接内容。

**NO.7** 财务部长对交接文件进行审批。

**NO.8** 交接书存档，可以上岗工作。

## 经济业务证明

### 总账、明细账期初余额明细表
2019年1月1日

| 一级科目 | | | 二级科目 | | | 三级科目 | |
|---|---|---|---|---|---|---|---|
| 代码 | 名称 | 金额 | 代码 | 名称 | 金额 | 代码名称 | 金额 |
| 1601 | 固定资产 | 99 094 085.16 | 160101 | 固定资产——数控曲轴磨床 | 2 993 794.38 | | |
| | | | 160102 | 固定资产——多工位组合机床 | 9 633 550.66 | | |
| | | | 160103 | 固定资产——联合厂房 | 52 725 198.00 | | |
| | | | 160104 | 固定资产——办公楼 | 1 630 677.00 | | |
| | | | 160105 | 固定资产——曲轴最终清洗机 | 317 265.87 | | |
| | | | 160106 | 固定资产——气门试漏机 | 5 374 920.20 | | |
| | | | 160107 | 固定资产——电动扳手 | 36 537.17 | | |
| | | | 160108 | 固定资产——主装配线线体 | 25 340 200.42 | | |
| | | | 160109 | 固定资产——计算机 | 5 819.88 | | |
| | | | 160110 | 固定资产——计算机 | 6 000.00 | | |
| | | | 160111 | 固定资产——计算机 | 6 000.00 | | |
| | | | 160112 | 固定资产——服务器 | 1 024 121.58 | | |
| 1602 | 累计折旧 | 17 693 517.88 | 160201 | 累计折旧——数控曲轴磨床 | 893 616.13 | | |
| | | | 160202 | 累计折旧——多工位组合机床 | 2 890 073.98 | | |
| | | | 160203 | 累计折旧——联合厂房 | 10 654 883.76 | | |

续表

| 一级科目 |  |  | 二级科目 |  |  | 三级科目 |  |  |
|---|---|---|---|---|---|---|---|---|
| 代码 | 名称 | 金额 | 代码 | 名称 | 金额 | 代码 | 名称 | 金额 |
|  |  |  | 160204 | 累计折旧——办公楼 | 329 532.64 |  |  |  |
|  |  |  | 160205 | 累计折旧——曲轴最终清洗机 | 39 658.18 |  |  |  |
|  |  |  | 160206 | 累计折旧——气门试漏机 | 337 150.84 |  |  |  |
|  |  |  | 160207 | 累计折旧——电动扳手 | 7 307.34 |  |  |  |
|  |  |  | 160208 | 累计折旧——主装配线线体 | 2 534 020.01 |  |  |  |
|  |  |  | 160209 | 累计折旧——计算机 | 2 328.00 |  |  |  |
|  |  |  | 160210 | 累计折旧——计算机 | 2 328.00 |  |  |  |
|  |  |  | 160211 | 累计折旧——计算机 | 2 619.00 |  |  |  |
| 1604 | 在建工程 | 6 551 813.57 | 160401 | 在建工程——基建工程支出 | 6 551 813.57 | 16040101 | 在建工程——基建工程支出——自营工程 | 6 551 813.57 |
| 1701 | 无形资产 | 18 000 000.00 | 170101 | 无形资产——土地使用权 | 8 123 120.43 |  |  |  |
|  |  |  | 170102 | 无形资产——专利权 | 9 876 879.57 |  |  |  |
| 1702 | 累计摊销 | 9 837 039.87 | 170201 | 累计摊销——土地使用权 | 4 873 976.00 |  |  |  |
|  |  |  | 170202 | 累计摊销——专利权 | 4 963 063.87 |  |  |  |

## 20201 资产会计——计提固定资产折旧

| 经济业务 | 计提固定资产折旧 | 更新时间 | | 经济业务摘要 |
|---|---|---|---|---|
| 岗 位 | 资产会计 | 级 别 | 中级 | 固定资产计提折旧 |
| 工作方式 | 手工、软件 | | | |

### 经济业务内容

根据公司固定资产折旧政策和企业相关资料，计算2016年1月份固定资产折旧，并编制会计凭证登记相关账簿。

### 经济业务处理要求

掌握固定资产折旧的政策和方法，熟练计算固定资产折旧计提数额，资产会计根据折旧计算表编制会计凭证，并登记相关科目账簿。

## 经济业务流程

**东北发动机有限公司**

流程名称：固定资产折旧
流程代码：20201
更新时间：2018年12月
风险点：

| 部门名称：财务部 | 审批人：柴章 | | |
|---|---|---|---|
| 主责岗位：资产会计 | 会签 | 范婷 高翔 董芳 丁磊 | |
| 编辑人：刘玉 | | 邓欢 陈晓 陈曼 付晶 | |

### 流程图

开始
↓
NO.1 资产会计编制折旧计算表
↓
NO.2 财务部长审核
↓
NO.3 资产会计填写凭证
↓
NO.4 资产会计登记入账
↓
NO.5 成本会计登记入账
↓
NO.6 综合会计登记入账
↓
结束

**固定资产折旧计算表**

单位名：
日期：　　　　　　折旧方法：　　　　　　单位：元

| 资产代码 | 资产名称 | 入账日期 | 购进原值 | 使用年限(月) | 月折旧率 | 已用月份 | 本月折旧 | 累计折旧 | 净值 | 使用部门 |
|---|---|---|---|---|---|---|---|---|---|---|
| 合计 | | | | | | | | | | |
| | | | | | | | | | | |
| | | | | | | | | | | |
| | | | | | | | | | | |

审核：　　　　　　　　　　　　　制表人：

### 流程描述

**NO.1** 资产会计对所有的固定资产编制固定资产折旧计算表。

**NO.2** 风险点管控措施
资产会计将固定资产折旧计算表上交财务部长审核。

**NO.3** 资产会计根据折旧计算表编制记账凭证。

**NO.4** 资产会计根据记账凭证登记相关账簿。

**NO.5** 成本会计根据记账凭证登记相关账簿。

**NO.6** 综合会计根据记账凭证登记相关账簿。

经济业务证明（自制原始凭证）

## 固定资产折旧计算表

单位名称：东北发动机有限公司  
日期：2019年1月31日  
折旧方法：平均年限法  
单位：元

| 资产代码 | 资产名称 | 入账日期 | 购进原值 | 使用年限（月） | 月折旧率 | 已用月份 | 本月折旧 | 累计折旧 | 净值 | 使用部门 |
|---|---|---|---|---|---|---|---|---|---|---|
|  | 合计 |  | 99 094 085.16 |  |  |  | 589 748.45 | 18 283 266.33 | 80 810 818.83 |  |
| S01000008 | 数控曲轴磨床 | 2015/12/15 | 2 993 794.38 | 120 | 0.8083 | 37 | 24 198.84 | 917 814.97 | 2 075 979.41 | 曲轴线 |
| S01000010 | 多工位组合机床 | 2015/12/15 | 9 633 550.66 | 120 | 0.8083 | 38 | 77 867.99 | 2 967 941.97 | 6 665 608.69 | 连杆线 |
| J01000001 | 联合厂房 | 2014/10/15 | 52 725 198.00 | 240 | 0.4042 | 50 | 213 115.25 | 10 867 999.01 | 41 857 198.99 |  |
| J01000002 | 办公楼 | 2014/10/15 | 1 630 677.00 | 240 | 0.4042 | 50 | 6 591.20 | 336 123.84 | 1 294 553.16 |  |
| S01000006 | 曲轴最终清洗机 | 2017/9/15 | 317 265.87 | 120 | 0.8083 | 16 | 2 564.46 | 42 222.64 | 275 043.23 | 曲轴线 |
| S01000013 | 气门试漏机 | 2018/4/15 | 5 374 920.20 | 120 | 0.8033 | 8 | 43 445.48 | 380 596.32 | 4 994 323.88 | 装配线 |
| S01000014 | 电动扳手 | 2017/12/15 | 36 537.17 | 120 | 0.8083 | 25 | 295.33 | 7 602.67 | 28 934.50 | 装配线 |
| S01000015 | 主装配线线体 | 2017/12/15 | 25 340 200.42 | 120 | 0.8083 | 13 | 204 824.84 | 2 738 844.85 | 22 601 355.57 | 装配线 |
| G01000001 | 计算机 | 2017/12/15 | 5 819.88 | 60 | 1.6167 | 25 | 94.09 | 2 422.09 | 3 397.79 | 办公楼 |
| G01000002 | 计算机 | 2017/12/15 | 6 000.00 | 60 | 1.6167 | 25 | 97.00 | 2 425.00 | 3 575.00 | 办公楼 |
| G01000003 | 计算机 | 2017/9/15 | 6 000.00 | 60 | 1.6167 | 28 | 97.00 | 2 716.00 | 3 284.00 | 办公楼 |
| G01000004 | 服务器 | 2018/12/15 | 1 024 121.58 | 60 | 1.6167 | 1 | 16 556.97 | 16 556.97 | 1 007 564.61 | 办公楼 |

审核人：柴章  制表人：顾波

## 20202 资产会计——无形资产摊销

| 经济业务 | 无形资产摊销 | 更新时间 | | 经济业务摘要 |
|---|---|---|---|---|
| 岗　　位 | 资产会计 | 级　别 | 中级 | 摊销土地使用权、专利权 |
| 工作方式 | 手工、软件 | | | |

### 经济业务内容

2019年1月份按无形资产相关资料（土地使用权、专利权）计提当月摊销额。

### 经济业务处理要求

掌握无形资产摊销政策和方法，熟悉填写无形资产月摊销额计算表的全过程，资产会计根据计算表编制会计凭证，并登记相关科目账簿。

## 经济业务流程

**东北发动机有限公司**

流程名称：无形资产摊销
流程代码：20202
更新时间：2018年12月
风险点：

| 部门名称：财务部 | 审批人：柴章 |
| --- | --- |
| 主责岗位：资产会计 | 会签：范婷 高翔 董芳 丁磊 |
| 编辑人：刘玉 | 邓欢 陈晓 陈曼 付晶 |

### 流程图

- 开始
- NO.1 资产会计编制摊销表
- NO.2 财务部长审核
- NO.3 资产会计填写凭证
- NO.4 资产会计登记入账
- NO.5 综合会计登记入账
- 结束

**无形资产月摊销额计算表**
年 月 日 - 年 月 日

| 资产描述 | 资产附加描述 | 无形资产原值 | 月初累计摊销 | 本月摊销 | 月末累计摊销 | 月摊销率 | 购置日期 | 使用期(年) |
| --- | --- | --- | --- | --- | --- | --- | --- | --- |
| | | | | | | | | |
| 合计 | | | | | | | | |

审核人：　　　　　　　制表人：

### 流程描述

NO.1 资产会计编织无形资产月摊销额计算表。

NO.2 风险点管控措施 资产会计将无形资产月摊销额计算表交由财务部长审批。

NO.3 资产会计根据编制的摊销额计算表填写记账凭证。

NO.4 资产会计根据记账凭证登记账簿。

NO.5 综合会计根据记账凭证登记相关的账簿。

**经济业务证明（自制原始凭证）**

**无形资产月摊销额计算表**

2019年1月1~31日

| 资产描述 | 资产附加描述 | 无形资产原值 | 月初累计摊销 | 本月摊销 | 月末累计摊销 | 月摊销率 | 购置日期 | 使用期（年） |
|---|---|---|---|---|---|---|---|---|
| 经开国富土地使用费 | 土地 | 8 123 120.43 | 4 873 976.00 | 13 541.24 | 4 887 517.24 | 0.1667 | 1988/1/1 | 50 |
| 天然气发动机气缸内混合气分层控制方法 | 发明专利 | 2 367 942.00 | 1 124 727.46 | 19 732.06 | 1 144 459.52 | 0.8333 | 2014/5/30 | 10 |
| 天然气发动机燃烧室 | 发明专利 | 3 417 937.57 | 1 793 693.20 | 28 481.67 | 1 822 174.87 | 0.8333 | 2013/11/29 | 10 |
| 发动机滚子式挺柱转动限位 | 发明专利 | 1 999 000.00 | 1 016 117.69 | 16 657.67 | 1 032 775.36 | 0.8333 | 2014/1/30 | 10 |
| 气缸盖弧形曲面中隔板 | 发明专利 | 2 092 000.00 | 1 028 525.52 | 17 432.64 | 1 045 958.16 | 0.8333 | 2014/1/30 | 10 |
| 合 计 |  | 18 000 000.00 | 9 837 039.87 | 95 845.28 | 9 932 885.15 |  |  |  |

审核人：柴章　　　　　　　　　　　　　　　　制表人：顾波

# 20805 综合会计——支付业务招待费

| 经济业务 | 支付业务招待费 | 更新时间 |  | 经济业务摘要 |
|---|---|---|---|---|
| 岗　位 | 综合会计 | 级　别 | 中级 | 支付综合部业务招待费 |
| 工作方式 | 手工、软件 |  |  | |

## 经济业务内容

综合部邀请客户吃饭。依据相关原始凭证，支付相关费用。

## 经济业务处理要求

按照报销内容选择报销单并认真填写报销单。财务部长根据报销单内容，结合公司相关规定进行审批，保证报销内容的真实，数据准确。总经理对报销单进行复核审批。综合会计根据接到审批通过的报销单进行相关的账务处理。出纳在综合会计账务处理之后，对报销单进行付款。

# 经济业务流程

**东北发动机有限公司**

流程名称：报销付款审批
流程代码：20804
更新时间：2018年12月
风险点：

| 部门名称：财务部 | 审批人：签章 |
| --- | --- |
| 主责岗位：综合 | 会签：范婷、高翔、董芳、丁磊、郑欢、陈晓、陈曼、刘玉 |
| 编辑人：付晶 | |

## 流程图

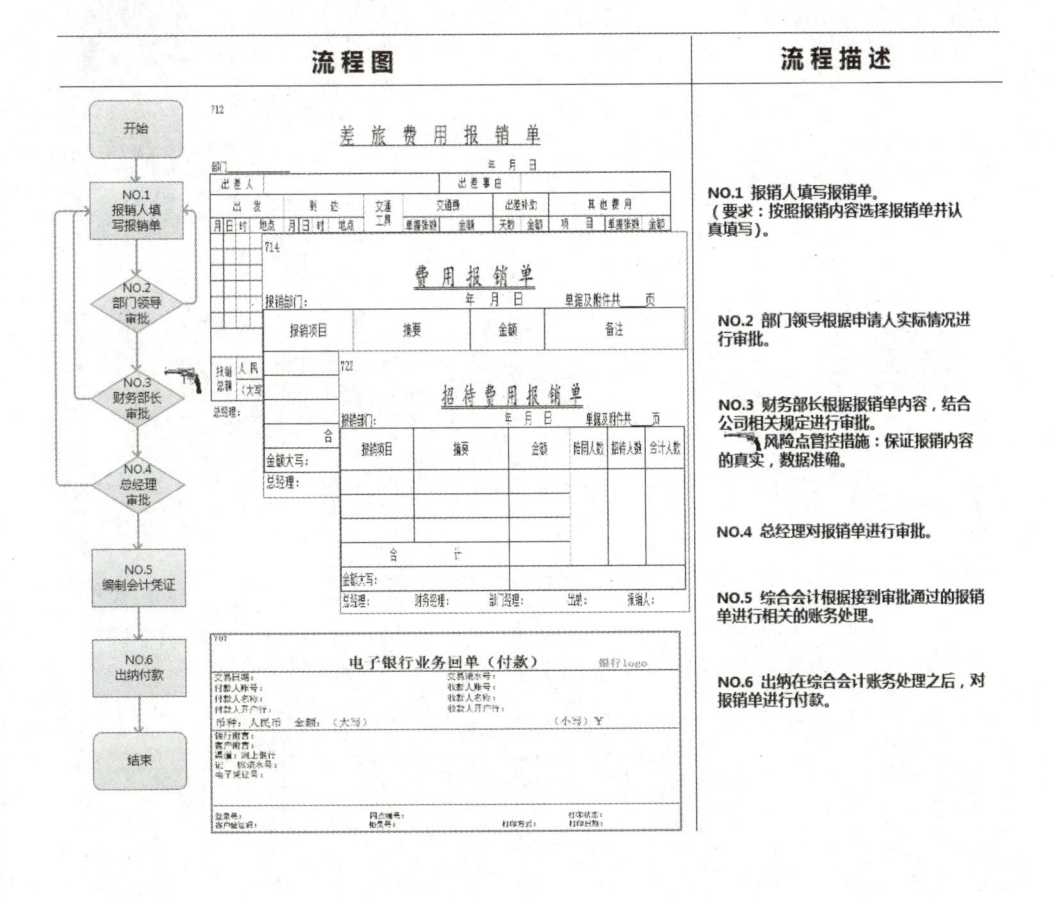

开始 → NO.1 报销人填写报销单 → NO.2 部门领导审批 → NO.3 财务部长审批 → NO.4 总经理审批 → NO.5 编制会计凭证 → NO.6 出纳付款 → 结束

## 流程描述

**NO.1** 报销人填写报销单。
（要求：按照报销内容选择报销单并认真填写）。

**NO.2** 部门领导根据申请人实际情况进行审批。

**NO.3** 财务部长根据报销单内容，结合公司相关规定进行审批。
风险点管控措施：保证报销内容的真实，数据准确。

**NO.4** 总经理对报销单进行审批。

**NO.5** 综合会计根据接到审批通过的报销单进行相关的账务处理。

**NO.6** 出纳在综合会计账务处理之后，对报销单进行付款。

## 经济业务证明（外来原始凭证）

```
吉林省国家税务局通用机打发票
              发票联

发票代码：122081571491
发票号码 00942535
         00942535
机器编号  00005214567516
收款单位  食为尚小油饼家常菜坊
税务登记号 22010433314845121
开票日期：2019.1.11    收款人：金田
付款单位：东北发动机有限公司
经营项目：              金额
餐饮                    672.00

手填无效

合计（小写）：672.00
合计（大写）：陆佰柒拾贰元整

税控码：8861 2341 1537 4542
```

（食为尚小油饼家常菜坊 22010423584715 发票专用章）

## 经济业务证明（自制原始凭证）

722

### 招待费用报销单

报销部门：综合部　　　　2019年1月11日　　　　单据及附件共1页

| 报销项目 | 摘要 | 金额 | 陪同人数 | 招待人数 | 合计人数 |
|---|---|---|---|---|---|
| 饭费 | 邀请客户吃饭 | 672.00 | 2 | 4 | 6 |
|  |  |  |  |  |  |
|  |  |  |  |  |  |
| 合　计 |  | 672.00 |  |  |  |

总经理：马实　　财务部长：柴章　　部门经理：张伟　　出纳：初娜　　报销人：张伟

## 20804 综合会计——支付差旅费

| 经济业务 | 支付差旅费 | 更新时间 | | 经济业务摘要 |
|---|---|---|---|---|
| 岗　　位 | 综合会计 | 级　　别 | 中级 | 支付销售部差旅费 |
| 工作方式 | 手工、软件 | | | |

### 经济业务内容

销售部到沈阳培训出差。依据相关原始凭证，支付相关费用。

### 经济业务处理要求

按照报销内容选择报销单并认真填写报销单。财务部长根据报销单内容，结合公司相关规定进行审批，保证报销内容的真实，数据准确。总经理对报销单进行复核审批。综合会计根据接到审批通过的报销单进行相关的账务处理。出纳在综合会计账务处理之后，对报销单进行付款。

## 经济业务流程

**东北发动机有限公司**

流程名称：报销付款审批
流程代码：20803
更新时间：2018年12月
风险点：

| 部门名称：财务部 | 审批人：柴章 |
| --- | --- |
| 主责岗位：综合 | 会签：范嫱、高翔、董芳、丁磊、邓欢、陈晓、陈曼、刘玉 |
| 编辑人：付晶 | |

### 流程图 / 流程描述

NO.1 报销人填写报销单。
（要求：按照报销内容选择报销单并认真填写）。

NO.2 部门领导根据申请人实际情况进行审批。

NO.3 财务部长根据报销单内容，结合公司相关规定进行审批。
风险点管控措施：保证报销内容的真实、数据准确。

NO.4 总经理对报销单进行审批。

NO.5 综合会计根据接到审批通过的报销单进行相关的账务处理。

NO.6 出纳在综合会计账务处理之后，对报销单进行付款。

流程步骤：
- 开始
- NO.1 报销人填写报销单
- NO.2 部门领导审批
- NO.3 财务部长审批
- NO.4 总经理审批
- NO.5 编制会计凭证
- NO.6 出纳付款
- 结束

## 经济业务证明（外来原始凭证）

### 辽宁省沈阳市国家税务局通用机打发票

查 询 码：　　　　　　　　　　　　　　　　发票代码 111000544581
发票代码：　　　　　发票联　　　　　　　　发票号码 26597451
开票日期：2019年1月20日　　　行业分类：商业

| 客户名称：东北发动机有限公司 | 地址、电话： | | | |
|---|---|---|---|---|
| 客户税号： | | | | |
| 货物或劳务名称 | 规格 单位 | 数量 | 单价 | 金额 |
| 住宿费 | | 16 | 400.00 | 3 792.00 |

合计人民币（大写）：叁仟柒佰玖拾贰元整　　　　　　¥ 3 792.00
开票方开户银行及账号：　　　　　　结算方式：
开票方税号：　　　　　备注：
开票人：张菲菲　　收款人：刘涵　　电话：　　开票单位（盖章）

---

### 🏦 中国工商银行　电子银行业务回单（付款）

| 交易日期：2019年1月11日 | 交易流水号：4585345487 |
|---|---|
| 付款人账号：2008 1665 8888 8888 | 收款人账号：6772 2780 3958 147 |
| 付款人名称：东北发动机有限公司 | 收款人名称：沈阳万家乐酒店 |
| 付款人开户行：长春市工商银行东风大街支行 | 收款人开户行：中信银行景阳大路支行 |
| 币种：人民币 | 金额：（大写）肆仟贰佰柒拾贰元整　（小写）¥ 4 272.00 |

银行附言：
客户附言：住宿费
渠道：网上银行
记账流水号：184528824814
电子凭证号：569842759

登录号：　　　　　网点编号：　　　　　打印状态：第一次打印
客户验证码：　　　柜员号：　　　　　　打印方式：　打印日期：2019.1.11

## 经济业务证明（自制原始凭证）

712

### 差旅费用报销单

2019年1月11日

部门　销售部

| 出差人 | | | 蒋平、马达 | | | 出差事由 | | 销售培训 | | |
|---|---|---|---|---|---|---|---|---|---|---|
| 出发 | | | 到达 | | | 交通工具 | 交通费 | | 出差补助 | | 其他费用 | | |

| 月 | 日 | 时 | 地点 | 月 | 日 | 时 | 地点 | 交通工具 | 单据张数 | 金额 | 天数 | 金额 | 项目 | 单据张数 | 金额 |
|---|---|---|---|---|---|---|---|---|---|---|---|---|---|---|---|
| 1 | 2 | | 长春 | 1 | 2 | | 沈阳 | 自驾 | | | 8 | 480 | 住宿费 | 1 | 3 792.00 |
| 1 | 10 | | 沈阳 | 1 | 10 | | 长春 | | | | | | 市内车费 | | |
| | | | | | | | | | | | | | 邮电费 | | |
| | | | | | | | | | | | | | 办公用品费 | | |
| | | | | | | | | | | | | | 不买卧铺补贴 | | |
| | | | | | | | | | | | | | 其他 | | |
| | | 合　计 | | | | | | | | | | | | | |

附件 1 张

| 报销总额 | 人民币　¥ 4 272.00 | 预借差旅费 | ¥ | 补领金额 | ¥ |
|---|---|---|---|---|---|
| | （大写）肆仟贰佰柒拾贰元整 | | | 退还金额 | ¥ |

总经理：马实　　财务部长：柴章　　部门经理：李志文　　出纳：初娜　　报销人：马达、蒋平

## 20602 税务会计——交税

| 经济业务 | 交税 | 更新时间 | | 经济业务摘要 | |
|---|---|---|---|---|---|
| 岗　位 | 税务会计 | 级　别 | 中级 | 交税 |
| 工作方式 | 手工、软件 | | | |

### 经济业务内容

缴纳增值税、城建税、教育费附加、地方教育费附加以及个人所得税和企业所得税，根据相关数据，支付税款。

### 经济业务处理要求

税务会计核对各数据，确认应纳税数据。根据应交税费情况填写纳税申报表。财务部长对纳税申报表进行审批。核对数据，保证数据的准确完整。在财务部长审核通过后，税务会计在网上进行填写数据申报。银行对其进行相应的款项扣除，并出具相应扣款凭证。出纳到银行取回银行转账电子回单，交由税务会计进行账务处理，税务会计对所缴纳的税款填制记账凭证，与本业务相关人员登记入账。

# 经济业务流程

**东北发动机有限公司**

| 流程名称：交税 | 部门名称：财务部 | 审批人：柴章 |
|---|---|---|
| 流程代码：20602 | 主责岗位：税务 | 会签：范婷、高翔、董芳、丁磊 邓欢、钟和、陈曼、刘玉 |
| 更新时间：2019年2月 | 编辑人：陈晓 | |
| 风险点： | | |

## 流程图

开始
NO.1 核对各项数据
NO.2 财务部长审批
NO.3 登录网上申报页面
NO.4 填写纳税申报表
NO.5 开票系统上报汇总
NO.6 银行扣款
NO.7 远程抄报
NO.8 出纳取回单
NO.9 填制凭证
NO.10 税务会计账务处理
结束

## 流程描述

NO.1 税务会计核对各数据，确认应纳税数据。

NO.2 填写付款申请单，交财务部长审批通过后，税务会计在省属国税网站填写申报数据。
风险点管控措施：核对数据，保证数据的准确完整。

NO.3 税务会计登录网上申报系统，账号、密码要正确。

NO.4 在财务部长审核通过后，税务会计在网上进行填写数据申报。

NO.5 开票系统的远程税务信息上报汇总。

NO.6 银行对其进行相应的款项扣除，并出具相应扣款凭证。

NO.7 缴税成功后，到税控软件进行抄报比对，通过则报税缴税成功。

NO.8 出纳到银行取回银行转账电子回单，交由税务会计进行账务处理。

NO.9 税务会计对所缴纳的税款填写记账凭证。

NO.10 税务会计根据记账凭证进行登记相关账簿。

## 经济业务证明（外来原始凭证）

718

**中国工商银行 工商银行 电子缴税付款凭证**

转账日期：2019.1.12
纳税人全称及识别号：东北电力发动机有限公司 220117709854834
付款人全称：东北电力发动机有限公司
付款人账号：2008 1665 8888 8888　　征收机关名称：长春市绿园区地税局
付款人开户银行：工商银行东风大街支行　　收款国库名称：中国人民银行长春市支行国库处
小写（合计）金额：154 800.00　　缴款书交易流水号：3467 5135 5874 6576
大写（合计）金额：壹拾伍万肆仟捌佰元整

| 税（费）种名称 | 所属时期 | 实缴金额 |
|---|---|---|
| 城建税 | 2018.12.1-2019.12.31 | 90 300.00 |
| 教育费附加 | 2018.12.1-2019.12.31 | 38 700.00 |
| 地方教育费附加 | 2018.12.1-2019.12.31 | 25 800.00 |

第二联　作付款回单（无银行收讫章无效）　　复核：王丽　　记账：张欣

---

718

**中国工商银行 工商银行 电子缴税付款凭证**

转账日期：2019.1.12
纳税人全称及识别号：东北电力发动机有限公司 220117709854834
付款人全称：东北电力发动机有限公司
付款人账号：2008 1665 8888 8888　　征收机关名称：长春市绿园区地税局
付款人开户银行：工商银行东风大街支行　　收款国库名称：中国人民银行长春市支行国库处
小写（合计）金额：22 844.00　　缴款书交易流水号：3467 5135 4874 6578
大写（合计）金额：贰万贰仟捌佰肆拾肆元整

| 税（费）种名称 | 所属时期 | 实缴金额 |
|---|---|---|
| 第四季度所得税 | 2018.12.1-2019.12.31 | 22 844.00 |

第二联　作付款回单（无银行收讫章无效）　　复核：王丽　　记账：张欣

718

## 中国工商银行 工商银行 电子缴税付款凭证

转账日期：2019.1.12
纳税人全称及识别号：东北发动机有限公司 220117709854834
付款人全称：东北发动机有限公司
付款人账号：2008 1665 8888 8888　　征收机关名称：长春市绿园区地税局
付款人开户银行：工商银行东风大街支行　　收款国库名称：中国人民银行长春市支行国库处
小写（合计）金额：32 378.00　　缴款书交易流水号：3467 5135 5874 6580
大写（合计）金额：叁万贰仟叁佰柒拾捌元整整

| 税（费）种名称 | 所属时期 | 实缴金额 |
|---|---|---|
| 个人所得税 | 2018.12.1–2019.12.31 | 32 378.00 |

第二联　作付款回单（无银行收讫章无效）　　复核：王丽　　记账：张欣

---

718

## 中国工商银行 工商银行 电子缴税付款凭证

转账日期：2019.1.12
纳税人全称及识别号：东北发动机有限公司 220117709854834
付款人全称：东北发动机有限公司
付款人账号：2008 1665 8888 8888　　征收机关名称：长春市绿园区地税局
付款人开户银行：工商银行东风大街支行　　收款国库名称：中国人民银行长春市支行国库处
小写（合计）金额：1 290 000.00　　缴款书交易流水号：3467 5135 4874 6574
大写（合计）金额：壹佰贰拾玖万元整

| 税（费）种名称 | 所属时期 | 实缴金额 |
|---|---|---|
| 增值税 | 2018.12.1–2019.12.31 | 1 290 000.00 |

第二联　作付款回单（无银行收讫章无效）　　复核：王丽　　记账：张欣

## 20806 综合会计——支付邮寄费

| 经济业务 | 支付邮寄费 | 更新时间 | | 经济业务摘要 |
|---|---|---|---|---|
| 岗　　位 | 综合会计 | 级　　别 | 中级 | 支付邮寄发票的邮寄费 |
| 工作方式 | 手工、软件 | | | |

### 经济业务内容

财务部申请支付给客户公司邮寄发票的邮寄费。依据相关原始凭证，支付相关费用。

### 经济业务处理要求

按照报销内容选择报销单并认真填写报销单。财务部长根据报销单内容，结合公司相关规定进行审批，保证报销内容的真实，数据准确。总经理对报销单进行复核审批。综合会计根据接到审批通过的报销单进行相关的账务处理。出纳在综合会计账务处理之后，对报销单进行付款。

## 经济业务流程

**东北发动机有限公司**

流程名称：报销付款审批
流程代码：20804
更新时间：2018年12月
风险点：

| 部门名称 | 财务部 | 审批人 | 柴章 |
|---|---|---|---|
| 主责岗位 | 综合 | 会签 | 范婷、高羽、董芳、丁磊 |
| 编辑人 | 付晶 | | 邓欢、陈晓、陈曼、刘玉 |

### 流程图

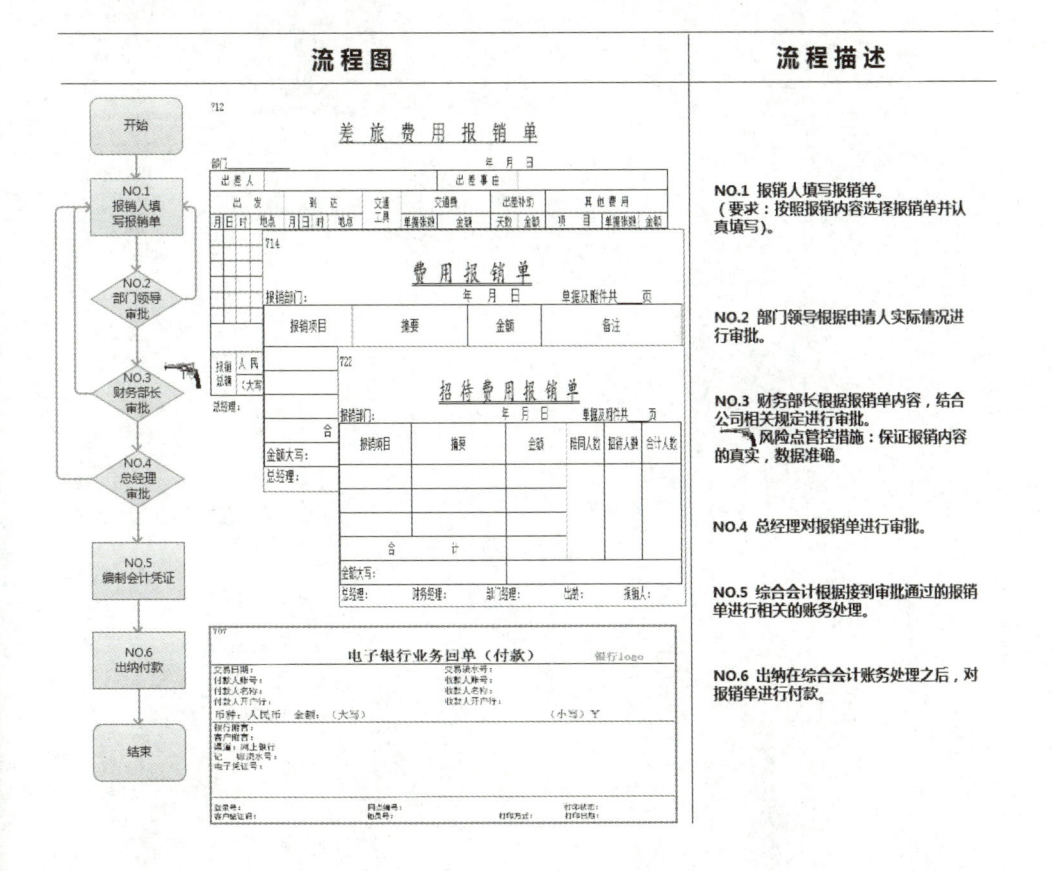

开始 → NO.1 报销人填写报销单 → NO.2 部门领导审批 → NO.3 财务部长审批 → NO.4 总经理审批 → NO.5 编制会计凭证 → NO.6 出纳付款 → 结束

（差旅费用报销单、费用报销单、招待费用报销单、电子银行业务回单（付款）样式）

### 流程描述

**NO.1** 报销人填写报销单。
（要求：按照报销内容选择报销单并认真填写）。

**NO.2** 部门领导根据申请人实际情况进行审批。

**NO.3** 财务部长根据报销单内容，结合公司相关规定进行审批。
风险点管控措施：保证报销内容的真实，数据准确。

**NO.4** 总经理对报销单进行审批。

**NO.5** 综合会计根据接到审批通过的报销单进行相关的账务处理。

**NO.6** 出纳在综合会计账务处理之后，对报销单进行付款。

## 经济业务证明（外来原始凭证）

**吉林省长春市国家税务局通用机打发票**

查询码：　　　　　　　　　　　　　　　　发票代码 111000543010
发票代码：　　　发票联　　　　　　　　　发票号码 10010010

开票日期：2019年1月12日　　　行业分类：商业

| 客户名称：东北发动机有限公司 | 地址、电话： | | | | |
|---|---|---|---|---|---|
| 客户税号： | | | | | |
| 货物或劳务名称 | 规格 单位 | 数量 | 单价 | 金额 | 第一联 |
| 邮费 | | 1 | 583.00 | 583.00 | 发票联 |
| | | | | | （手开无效） |
| 合计人民币（大写）：伍佰捌拾叁元整 | | | | ¥ 583.00 | |
| 开票方开户银行及账号： | | | 结算方式：现金 | | |
| 开票方税号： | 备注： | | | | |
| 开票人：王雯雯　　收款人：于彦 | 电话： | | 开票单位（盖章） | | |

（顺丰快递公司长春分公司 发票专用章 220101082716973413）

## 经济业务证明（自制原始凭证）

### 费用报销单

报销部门：财务部　　　　2019年1月12日　　　　单据及附件共 1 页

| 报销项目 | 摘要 | 金额 | 备注 |
|---|---|---|---|
| 邮寄费 | 邮寄各客户公司发票的邮寄费用 | 583.00 | 现金支付 |
| | | | |
| | 合　　计 | 583.00 | |

金额大写：伍佰捌拾叁元整

总经理：马实　　财务部长：柴章　　部门经理：　　出纳：初娜　　报销人：钟和

## 20807 综合会计——采购办公用品

| 经济业务 | 采购办公用品 | 更新时间 | | 经济业务摘要 |
|---|---|---|---|---|
| 岗　　位 | 综合会计 | 级　　别 | 中级 | 采购办公用品 |
| 工作方式 | 手工、软件 | | | |

### 经济业务内容

综合部门申请采购办公用品。依据相关原始凭证，支付相关费用。

### 经济业务处理要求

按照报销内容选择报销单并认真填写报销单。财务部长根据报销单内容，结合公司相关规定进行审批，保证报销内容的真实，数据准确。总经理对报销单进行复核审批。综合会计根据接到审批通过的报销单进行相关的账务处理。出纳在综合会计账务处理之后，对报销单进行付款。

# 经济业务流程

**东北发动机有限公司**

流程名称：报销付款审批
流程代码：20804
更新时间：2018年12月
风险点：

| 部门名称：财务部 | 审批人：签章 | |
|---|---|---|
| 主责岗位：综合 | 会签 | 范婷、高翔、董芳、丁磊 邓欢、陈晓、陈曼、刘玉 |
| 编辑人：付晶 | | |

## 流程图 / 流程描述

**流程图：**
开始 → NO.1 报销人填写报销单 → NO.2 部门领导审批 → NO.3 财务部长审批 → NO.4 总经理审批 → NO.5 编制会计凭证 → NO.6 出纳付款 → 结束

**流程描述：**

NO.1 报销人填写报销单。
（要求：按照报销内容选择报销单并认真填写）。

NO.2 部门领导根据申请人实际情况进行审批。

NO.3 财务部长根据报销单内容，结合公司相关规定进行审批。
风险点管控措施：保证报销内容的真实，数据准确。

NO.4 总经理对报销单进行审批。

NO.5 综合会计根据接到审批通过的报销单进行相关的账务处理。

NO.6 出纳在综合会计账务处理之后，对报销单进行付款。

## 经济业务证明（外来原始凭证）

### 吉林省长春市国家税务局通用机打发票

查询码：　　　　　　　　　　　　　　　　　　发票代码 111000543010
发票代码：　　　　　　　　　　　　　　　　　发票号码 10201721

开票日期：2019年1月15日　　　行业分类：商业

| 客户名称：东北发动机有限公司 | | | | | |
|---|---|---|---|---|---|
| 客户税号： | | 地址、电话： | | | |
| 货物或劳务名称 | 规格 | 单位 | 数量 | 单价 | 金额 |
| 办公用品 | | | 1 | 176.00 | 176.00 |
| 合计人民币（大写）：壹佰柒拾陆元整 | | | | | ￥176.00 |
| 开票方开银行及账号： | | | 结算方式：现金 | | |
| 开票方税号： | | 备注： | | | |

开票人：李可　　收款人：王明　　电话：　　开票单位（盖章）

（第一联 发票联 手开无效）

长春铭扬文化用品经销处
22010124567 8157387
发票专用章

---

## 经济业务证明（自制原始凭证）

### 费 用 报 销 单

报销部门：综合部　　　　2019年1月15日　　　　单据及附件共 1 页

| 报销项目 | 摘要 | 金额 | 备注 |
|---|---|---|---|
| 办公用品 | 采购办公用品 | 176.00 | 现金支付 |
| | | | |
| | | | |
| 合　　计 | | 176.00 | |

金额大写：壹佰柒拾陆元整

总经理：马实　　财务部长：柴章　　部门经理：张伟　　出纳：初娜　　报销人：刘鹤

## 20704 资金会计——商业汇票到期付款

| 经济业务 | 商业汇票到期付款 | 更新时间 | | 经济业务摘要 | |
|---|---|---|---|---|---|
| 岗　位 | 资金会计 | 级　别 | 中级 | 开出的银行承兑汇票到期付款 |
| 工作方式 | 手工、软件 | | | |

### 经济业务内容

东北发动机有限公司于2018年7月15日开具给苏州连杆公司的一张银行承兑汇票本月到期，到期日为2019年1月15日。

### 经济业务处理要求

了解期票兑付业务处理流程。检查应付票据备查簿，提出兑付申请，分析经济业务。依据相关原始凭证，参照银行承兑汇票兑付业务处理流程，运用借贷记账法编制记账凭证，登记相关账簿。注意银行承兑汇票业务特点及其会计处理规则，正确运用会计科目。

## 经济业务流程

**东北发动机有限公司**

流程名称：应付票据兑付
流程代码：20704
更新时间：2018年12月
风险点：

| 部门名称：财务部 | 审批人：盖章 |
| --- | --- |
| 主责岗位：薪酬 | 会签：范婷 高翔 董芳 邓欢 陈晓 陈曼 刘玉 付晶 |
| 编辑人：丁磊 | |

### 流程图

- 开始
- NO.1 资金会计提出兑付
- NO.2 收到银行兑付凭证
- NO.3 资金会计审批
- NO.4 财务部长审批
- NO.5 资金会计编制凭证
- NO.6 资金会计登记明细账
- 结束

### 流程描述

**NO.1** 资金会计根据应付票据备查簿，对公司开具的银行承兑汇票到期日提前10个工作日，提出对付申请。

**NO.2** 到期日，收到银行到期兑付凭证。

**NO.3** 风险点控制措施，资金会计根据银行承兑汇票开具日期及金额进行审核。

**NO.4** 财务部长进行再次审核。

**NO.5** 资金会计根据审核后的凭证制作记账凭证。

**NO.6** 资金会计根据业务进行相关明细账登记处理同时登记应付票据备查簿。

## 经济业务证明

东北发动机有限公司会计部：

请核对以下电子银行票承兑汇票业务要素（系统合同号：0003179799），并办理放款手续。

### 电子银行承兑汇票承兑业务放款通知书

出票人名称：东北发动机有限公司　　我行结算账号：2008166588888888

| 汇票号码 | 汇票金额 | 签发日期 | 汇票到期日 | 手续费费率 | 手续费金额 | 保证金账号 | 保证金币种 | 保证金额 | 质押信息 开户机构 | 账户类别 | 账号 | 币种 | 金额 |
|---|---|---|---|---|---|---|---|---|---|---|---|---|---|
| 03093123 | 3 200 000.00 | 2018.07.15 | 2019.01.15 | 0 | 0 | 2008166588888888 | 人民币 | 1 600 000.00 | | | | | |
| 合计 | | | | | | | | | | | | | |

若汇票数多于以上空格，可另制附表记载。

工商银行长春分行放款中心（盖章）

有权签字人签字：初娜

日期：2019年01月15日

707

## 中国工商银行 电子银行业务回单（付款）

| | | | |
|---|---|---|---|
| 交易日期：2019年1月15日 | | 交易流水号：00079711 | |
| 付款人账号：2008166588888888 | | 收款人账号：6831030004013 | |
| 付款人名称：东北发电机有限公司 | | 收款人名称：苏州连杆集团有限公司 | |
| 付款人开户行：工商银行东风大街支行 | | 收款人开户行：中国银行苏州工作园林支行 | |
| 币种：人民币 | 金额：（大写）叁佰贰拾万元整 | | （小写）¥ 3 200 000.00 |

银行附言：
客户附言：贷款
渠道：网上银行
记账流水号：00032
电子凭证号：1911

（印章：工商银行东风大街支行）

登录号：3199　　网点编号：155012955130　　打印状态：1
客户验证码：369481　　柜员号：003　　打印方式：　　打印日期：2019年1月15日

## 20903 出纳——承兑汇票拆分，支付欠款

| 经济业务 | 承兑汇票拆分，支付欠款 | 更新时间 | | 经济业务摘要 |
|---|---|---|---|---|
| 岗　位 | 出纳 | 级　别 | 中级 | 将以前收到的银行承兑汇票进行拆分，支付欠供应商款。 |
| 工作方式 | 手工、软件 | | | |

### 经济业务内容

将2019年1月6日收到的在银行保存的银行承兑汇票进行拆分，以支付企业以前欠鑫凯兴润滑油有限公司和晟嘉物资贸易有限公司货款。

### 经济业务处理要求

要求掌握办理银行承兑汇票拆分支付业务处理过程。分析经济业务，办理银行承兑汇票拆分手续，填制银行质押合同；根据有关原始单据，办理银行承兑汇票支付货款业务；依据原始凭证，运用借贷记账法，编制记账凭证，登记相关账簿。注意银行承兑汇票的使用条件以及其使用特点，正确运用会计科目。

## 经济业务流程

**东北发动机有限公司**

| 流程名称：承兑汇票拆分，支付欠款 | 部门名称：财务部 | 审批人：柴章 |
|---|---|---|
| 流程代码：20903 | 主责岗位：出纳 | 会签：范婷 高翔 董芳 丁磊 |
| 更新时间：2018年12月 | 编辑人：刘玉 | 邓欢 陈晓 陈曼 付晶 |

风险点：

### 流程图

- 开始
- NO.1 经办人填写付款审批单
- NO.2 部门经理审批
- NO.3 财务部长审批
- NO.4 总经理审批
- NO.5 会计编制记账凭证
- NO.6 出纳提取银行承兑汇票
- NO.7 银行审核
- NO.8 出纳填报质押合同
- NO.9 银行审核
- NO.10 银行开具汇票
- NO.11 出纳将汇票交经办人
- NO.12 出纳向会计报账
- 结束

### 流程描述

**NO.1** 风险点管控措施
经办人填写付款审批单（要求：按照单据规定内容填写）。

**NO.2** 部门经理根据部门业务情况对付款审批单进行审批。

**NO.3** 财务部长根据公司资金情况对审批单进行审批。

**NO.4** 总经理结合公司财务情况对审批单进行综合审批。

**NO.5** 会计审核无误后，进行相应的会计处理。

**NO.6** 出纳员根据银行承兑汇票明细清单到相关银行提取银行承兑汇票。

**NO.7** 银行经办人员对出纳员携带的银行承兑汇票明细清单的真实性进行审核。

**NO.8** 风险点管控措施
出纳员按照银行规定填写质押合同，提交申请材料（要求：对公司名称，开户行，账号，金额等认真核对）。

**NO.9** 银行经办人员对提交的材料进行审核，审核无误后开始办理业务。

**NO.10** 银行经办人员将拆分后的汇票交给出纳员。

**NO.11** 出纳员对开具的汇票进行审核，审核无误后交给公司经办人员，对方公司对汇票无异议，需开具与汇票金额一致的票据收据。

**NO.12** 出纳员将收到的票据收据传递给会计。

# 经济业务证明（自制原始凭证）

002

## 付 款 审 批 单

部门：采购部　　　　　　　　2019 年 1 月 15 日

| 收款单位 | 鑫凯兴润滑油有限公司 | 付款理由： | 支付购买润滑油货款 |
|---|---|---|---|
| 开户银行 | 建行开发区支行 | 付款方式： | 银行承兑汇票 |
| 银行账号 | 62108144789366667 | 说明： | |
| 金额 | 人民币（大写） | 贰万叁仟伍佰零拾零元零角零分 | ¥ 23 500.00 |
| 总经理审批 | 财务部长 | 部门经理 | 经办人 |
| 马实 | 柴章 | 韩波 | 温立明 |

002

## 付 款 审 批 单

部门：采购部　　　　　　　　2019 年 1 月 15 日

| 收款单位 | 晟嘉物资贸易有限公司 | 付款理由： | 支付购买材料款 |
|---|---|---|---|
| 开户银行 | 农商行洋浦大街支行 | 付款方式： | 银行承兑汇票 |
| 银行账号 | 62318177960844469 | 说明： | |
| 金额 | 人民币（大写） | 肆万陆仟伍佰零拾零元零角零分 | ¥ 46 500.00 |
| 总经理审批 | 财务部长 | 部门经理 | 经办人 |
| 马实 | 柴章 | 韩波 | 温立明 |

## 质押合同

编号：工商 押〔2019〕0018号

质权人：工商银行股份有限公司 <u>东风大街支行</u>  ，（以下简称甲方）
主要负责人：

出质人：（为法人或其他组织）<u>东北发动机有限公司</u>  ，（以下简称乙方）
法定代表人/主要负责人：马实

鉴于：

1. 乙方向甲方申请办理借款/银行汇票承兑/票据贴现，金额总计人民币（大写）____柒万元整____，甲方同意向乙方提供此项借款/承兑/贴现，甲乙双方为此签订了编号为 __9900__ 号的《质押合同》（以下简称主合同）。

2. <u>东北发动机有限公司</u>（即债务人）向甲方申请办理借款/银行汇票承兑/票据贴现，金额总计人民币____柒万元整____甲方同意向债务人提供此项借款/承兑/贴现，甲方和债务人为此签订了编号9900的《质押合同》（以下简称主合同）。

为担保主合同项下债务本息及其他一切相关费用得到按时足额偿还，乙方愿意以其所有的或依法有权处分的财产（或权利）作为质物。甲方经审查，同意接受乙方所有的或依法有权处分的财产（或权利）作为质物。现甲乙双方依照有关法律规定，经平等协商，就下列条款达成一致，特订立本合同：

甲方：（盖章）
主要负责人或授权代理人（签字/盖名章）：

乙方为法人或其他组织是签署此栏
乙方：（盖章）
法定代表人主要负责人或授权代表人（签字/盖名章）

签署日期：2019年1月15日

## 银行承兑汇票明细清单

收票单：东北发动机有限公司　　2019-1-6　　　　单位：元　共一页　第一页

| 序号 | 代管票号 | 出票人 | 出票日 | 到期日 | 出票行 | 汇票金额 | 备注 |
|---|---|---|---|---|---|---|---|
| 1 | 03093377 | 比亚迪股份有限公司 | 2019-1-6 | 2019-7-6 | 光大银行玉林分行 | 70 000.00 | |
| | | 合计 | | | | 70 000.00 | |

稽核：章力宏　　　　银行代收人：杜涛　　　　收票人：

## 银行承兑汇票

出票日期（大写）：贰零壹玖年零壹月壹拾陆日　　　03093377

| 出票人 | 全称 | 比亚迪股份有限公司 | 收款人 | 全称 | 东北发动机有限公司 |
|---|---|---|---|---|---|
| | 出票人账号 | 5589896231122890 | | 账号 | 2008166588888888 |
| | 付款行全称 | 光大银行玉林分行 | | 开户银行 | 工商银行东风大街支行 |

出票金额　人民币（大写）柒佰万元整　　￥70000000.00（亿千百十万千百十元角分）

汇票到期日（大写）：贰零壹玖年零柒月壹拾陆日

承兑协议编号：

本汇票请银行承兑，到期后无条件付款。　　本汇票已经承兑，到期日由本行付款。

承兑日期：5122.06.09（06）

## 汇票申请书（存根）

申请日期2019年1月5日　　　　XX0025876

| 申请人 | 东北发动机有限公司 | 收款人 | 鑫凯兴润滑油有限公司 |
|---|---|---|---|
| 账号或住址 | 长春市东风大街1888号 | 账号或住址 | 经济技术开发区1999号 |
| 用途 | 支付货款 | 代理付款行 | 工商银行东风大街支行 |
| 汇票金额 | 人民币（大写）贰万叁仟伍佰元整 | | ￥23500.00 |
| 备注 | | 科目（借）　　对方科目（贷）　　转账日期　年　月　日　　复核　　记账 | |

## 承兑汇票申请书（存根）

申请日期2019年1月5日　　　　　　　　　　　　XX0025877

| 申请人 | 东北发动机有限公司 | 收款人 | 晟嘉物资贸易有限公司 |
|---|---|---|---|
| 账号或住址 | 长春市东风大街1888号 | 账号或住址 | 南关区洋浦大街3696号 |
| 用途 | 支付货款 | 代理付款行 | 工商银行东风大街支行 |
| 汇票金额 | 人民币（大写）肆万陆仟伍佰元整 | | 千百十万千百十元角分　¥4 6 5 0 0 0 0 |
| 备注 | （东北发动机有限公司 财务专用章） | 科目（借） | |
| | | 对方科目（贷） | |
| | | 转账日期 | 年　月　日 |
| | | 复核 | 记账 |

## 经济业务证明（外来原始凭证）

## 银行承兑汇票

出票日期（大写）贰零壹玖年零壹月壹拾伍日　　　　　　　03093138

| 出票人全称 | 东北发动机有限公司 | 收款人 全称 | 鑫凯兴润滑油有限公司 |
|---|---|---|---|
| 出票人账号 | 2008 1665 8888 8888 | 账号 | 62108144789366667 |
| 付款行全称 | 工商银行东风大街支行 | 开户银行 | 建行开发区支行 |
| 出票金额 | 人民币（大写）贰万叁仟伍佰元整 | | 亿千百十万千百十元角分　¥2 3 5 0 0 0 0 |
| 汇票到期日（大写） | 贰万叁仟伍佰元整 | 付款行 行号 | 301241000256 |
| 承兑协议编号 | 55020310800000455 | 地址 | 经济技术开发区1999号 |
| 本汇票请你行承兑，到期后无条件付款。 | | 本汇票已签承兑，到期日由本行付款。 | |
| 出票人签章（东北发动机有限公司 财务专用章）（马实 印） | | 承兑行签章（工商银行东风大街支行）承兑日期 年 月 日 | |
| | | 备注 | 复核　记账 |

## 票 据 收 据　　　　NO.000026

日期：2019年01月15日

| 今收到交来 | 东北发动机有限公司 银行承兑汇票1张 | | |
|---|---|---|---|
| 人民币（大写）： | 贰万叁仟伍佰元整 | | ￥23 500.00 |
| 票据到期日： | 贰零壹玖年零柒月壹拾伍日 | 票号： | 03093138 |
| 票据种类： | 银行承兑汇票 | 收款单位公章： | |

总经理：王沫　　财务部长：李然　　部门经理：闻宇　　经办人：刘浩然

---

## 银 行 承 兑 汇 票

出票日期（大写）：贰零壹玖年零壹月壹拾伍日　　　　03093139

| 出票人全称 | 东北发动机有限公司 | 收款人 | 全称 | 晟嘉物资贸易有限公司 |
|---|---|---|---|---|
| 出票人账号 | 2008 1665 8888 8888 | | 账号 | 62318177960844469 |
| 付款行全称 | 工商银行东风大街支行 | | 开户银行 | 农商行洋浦大街支行 |
| 出票金额 | 人民币（大写） 肆万陆仟伍佰元整 | | 亿千百十万千百十元角分 | ￥4 6 5 0 0 0 |
| 汇票到期日（大写） | 贰零壹玖年零柒月壹拾伍日 | 付款行 | 行号 | 301241000256 |
| 承兑协议编号 | 55930310800000400 | | 地址 | 南关区洋浦大街3696号 |
| 本汇票请贵行承兑，到期后无条件付款。 出票人签章 | | | 本汇票已经承兑，到期日由本行付款。 承兑日 年 月 日 承兑银行签章 | |
| | | 备注： | 复核　　记账 | |

此联收款人开户行随托收凭证寄付款行做借方凭证附件

---

## 票 据 收 据　　　　NO.000018

日期：2019年01月15日

| 今收到交来 | 东北发动机有限公司 银行承兑汇票1张 | | |
|---|---|---|---|
| 人民币（大写）： | 肆万陆仟伍佰元整 | | ￥46 500.00 |
| 票据到期日： | 贰零壹玖年零柒月壹拾伍日 | 票号： | 03093139 |
| 票据种类： | 银行承兑汇票 | 收款单位公章： | |

总经理：刘驰　　财务部长：俞雷　　部门经理：邵荣　　经办人：周游

# 20400 薪酬会计——上岗交接

| 工作名称 | 上岗交接 | 更新时间 | | 工作内容摘要 |
|---|---|---|---|---|
| 岗　　位 | 薪酬会计 | 级　　别 | 中级 | 薪酬会计上岗交接 |
| 工作方式 | 手工、软件 | | | |

### 工作内容

新到岗的薪酬会计与离岗的前任薪酬会计交接。

### 工作要求

向离岗的前任薪酬会计接收薪酬会计岗位的相关政策文件，包括：工资核算制度、各项保险及公积金计提缴纳比例、上缴方式、福利费核算管理制度、奖金提取制度、员工午餐管理办法等，了解与职工薪酬相关的其他应收款、其他应付款核算方法。并熟悉薪酬会计的工作内容。

## 经济业务流程

**东北发动机有限公司**

流程名称：薪酬会计上岗交接
流程代码：20400
更新时间：2018年12月
风险点：

| 部门名称：财务部 | 审批人：柴章 |
|---|---|
| 主责岗位：薪酬 | 会签：范婷 高翔 董芳 邓欢 |
| 编辑人：丁磊 | 陈晓 陈曼 刘玉 付晶 |

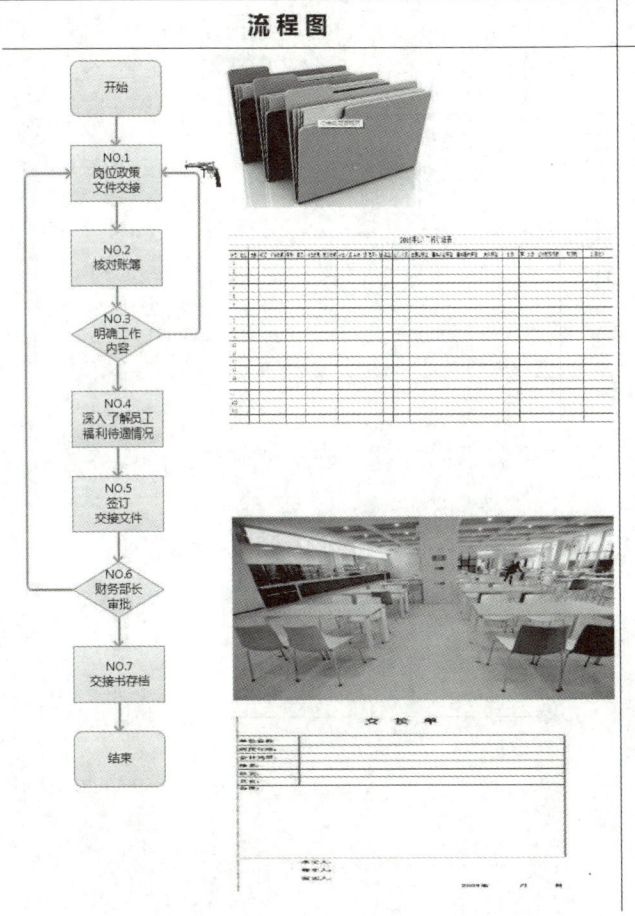

### 流程图

开始 → NO.1 岗位政策文件交接 → NO.2 核对账簿 → NO.3 明确工作内容 → NO.4 深入了解员工福利待遇情况 → NO.5 签订交接文件 → NO.6 财务部长审批 → NO.7 交接书存档 → 结束

### 流程描述

**NO.1** 风险点管控措施
向离岗的前任薪酬会计接收薪酬会计岗位的相关政策文件（包括：公司工资发放政策，工资分配原则，福利费核算管理制度等文件）。

**NO.2** 确认相关账簿的各项余额是否准确、清晰。

**NO.3** 明确工作内容，岗位职责，工作流程等。

**NO.4** 了解公司奖金发放政策，员工福利，采购报销规定。以及中午员工午餐管理办法。

**NO.5** 双方签订交接书，填写清楚交接内容。

**NO.6** 财务部长对交接文件进行审批。

**NO.7** 交接书存档，可以上岗工作。

经济业务证明（自制原始凭证）

## 年　月工资明细表

| 序号 | 姓名 | 性别 | 部门 | 工作时间 | 职称 | 学历 | 岗位类别 | 发放时间 | 岗位工资 | 年功工资 | 通信补贴 | 奖金 | 应计工资 | 住房公积金 | 基本养老保险 | 基本医疗保险 | 失业保险 | 扣款 | 职工欠款 | 所得税 | 实得收入 |
|---|---|---|---|---|---|---|---|---|---|---|---|---|---|---|---|---|---|---|---|---|---|
| 1 | | | | | | | | | | | | | | | | | | | | | |
| 2 | | | | | | | | | | | | | | | | | | | | | |
| 3 | | | | | | | | | | | | | | | | | | | | | |
| 4 | | | | | | | | | | | | | | | | | | | | | |
| 5 | | | | | | | | | | | | | | | | | | | | | |
| 6 | | | | | | | | | | | | | | | | | | | | | |
| 7 | | | | | | | | | | | | | | | | | | | | | |
| 8 | | | | | | | | | | | | | | | | | | | | | |
| 9 | | | | | | | | | | | | | | | | | | | | | |
| 10 | | | | | | | | | | | | | | | | | | | | | |
| 11 | | | | | | | | | | | | | | | | | | | | | |
| 12 | | | | | | | | | | | | | | | | | | | | | |
| 13 | | | | | | | | | | | | | | | | | | | | | |
| 14 | | | | | | | | | | | | | | | | | | | | | |
| 15 | | | | | | | | | | | | | | | | | | | | | |
| 16 | | | | | | | | | | | | | | | | | | | | | |
| 17 | | | | | | | | | | | | | | | | | | | | | |
| 18 | | | | | | | | | | | | | | | | | | | | | |
| 19 | | | | | | | | | | | | | | | | | | | | | |
| 20 | | | | | | | | | | | | | | | | | | | | | |
| 21 | | | | | | | | | | | | | | | | | | | | | |

## 明细账

会计科目：2211 应付职工薪酬    共　页第　页

| 年 | | 凭证号 | 摘要 | 借方 | 贷方 | 借或贷 | 余额 |
|---|---|---|---|---|---|---|---|
| 月 | 日 | | | | | | |
| | | | | | | | |
| | | | | | | | |
| | | | | | | | |
| | | | | | | | |

单位：　　　　　　　　　　　　　　　　　会计员：

# 20401 薪酬会计——工资计提与发放

| 经济业务 | 工资计提与发放 | 更新时间 | | 经济业务摘要 |
|---|---|---|---|---|
| 岗　　位 | 薪酬会计 | 级　别 | 中级 | 计提工资、结转个人所得税、收取员工欠款并发放工资 |
| 工作方式 | 手工、软件 | | | |

### 经济业务内容

根据工资分配表计提各部门员工工资并发放工资，结转个人所得税至应交税费科目。

### 经济业务要求

了解工资的计提与发放流程。薪酬会计根据工资汇总表编制工资分配表，将其作为将工资计入相应成本费用的依据，并根据计提金额发放职工工资，编制记账凭证。将工资系统中计算出的全体员工应纳个人所得税金额从工资转入"应交税费"科目进行核算。业务完成后登记应付职工薪酬明细账。

## 经济业务流程

**东北发动机有限公司**

| 流程名称：工资的计提与发放 | 部门名称：财务部 | 审批人：柴章 |
|---|---|---|
| 流程代码：20401 | 主责岗位：薪酬 | 会签：范婷 高翔 董芳 邓欢 陈晓 陈曼 刘玉 付晶 |
| 更新时间：2018年12月 | 编辑人：丁磊 | |
| 风险点： 🔫 | | |

### 流程图

- 开始
- NO.1 编制工资汇总表
- NO.2 编制计提工资凭证
- NO.3 编制支付工资凭证
- NO.4 编制个人所得税转出凭证
- NO.5 编制收取职工扣款凭证
- NO.6 出纳员付款
- NO.7 登记账簿
- 结束

### 流程描述

**NO.1** 🔫 薪酬会计根据人力资源部编制的工资汇总表，将职工工资按列支渠道汇总编制工资分配表，作为计提工资的依据。

**NO.2** 薪酬会计根据审核无误的工资分配表编制计提工资的会计凭证，将工资计入成本及各项费用中。

**NO.3** 薪酬会计根据审核无误的工资分配表编制支付工资的会计凭证，然后交由出纳员在网银系统中付款。

**NO.4** 薪酬会计根据工资系统计算出的应交个人所得税金额编制个税转出凭证，将应交个人所得税转入"应交税费——个人所得税"科目核算。

**NO.5** 薪酬会计根据工资明细表中的职工扣款金额编制收取职工扣款的凭证。

**NO.6** 出纳员根据薪酬会计编制的工资支付凭证在网银系统中维护付款金额，复核人员和财务部长执行两次复核后，出纳员付款。（详见出纳员付款流程）。

**NO.7** 薪酬会计根据工资计提及工资发放的凭证登记应付职工薪酬明细账。

## 经济业务证明（自制原始凭证）

### 2019年1月工资汇总表

| 部门 | 发放时间 | 岗位工资 | 年功工资 | 通信补贴 | 奖金 | 应计工资 | 住房公积金 | 基本养老保险 |
|---|---|---|---|---|---|---|---|---|
| 装配车间 | 2019-1 | 382 500.00 | 15 800.00 | 2 000.00 | 508 938.35 | 909 238.35 | 118 747.00 | 118 745.60 |
| 财务管理部 | 2019-1 | 20 500.00 | 630.00 | 300.00 | 34 431.84 | 55 861.84 | 6 984.00 | 6 983.05 |
| 人力资源部 | 2019-1 | 12 300.00 | 420.00 | 300.00 | 17 450.10 | 30 470.10 | 3 809.00 | 3 809.23 |
| 质量保证部 | 2019-1 | 36 900.00 | 1 260.00 | 300.00 | 51 520.80 | 89 980.80 | 11 999.00 | 11 999.07 |
| 采购部 | 2019-1 | 28 700.00 | 980.00 | 300.00 | 34 007.20 | 63 987.20 | 7 999.00 | 7 999.38 |
| 技术部 | 2019-1 | 96 980.00 | 3 010.00 | 800.00 | 47 441.09 | 148 231.09 | 18 531.00 | 18 531.00 |
| 产品部 | 2019-1 | 32 800.00 | 1 120.00 | 600.00 | 50 796.27 | 85 316.27 | 10 666.00 | 10 665.84 |
| 生产物流部 | 2019-1 | 45 100.00 | 1 540.00 | 600.00 | 61 499.35 | 108 739.35 | 14 094.00 | 14 094.14 |
| 销售部 | 2019-1 | 61 500.00 | 1 050.00 | 800.00 | 45 805.75 | 109 155.75 | 14 266.00 | 14 265.04 |
| 综合部 | 2019-1 | 30 750.00 | 2 100.00 | 300.00 | 45 107.72 | 78 257.72 | 8 571.00 | 8 570.76 |
| 合计 |  | 748 030.00 | 27 910.00 | 6 300.00 | 896 998.48 | 1 679 238.48 | 215 666.00 | 215 663.10 |

财务部部长：柴章　　　　　人力资源部部长：李杰　　　　　制表人：任敏辛稠

### 2019年1月工资分配表

| 列支渠道 | 应计工资 | 税前实发工资 | 基本养老保险（8%） | 基本医疗保险（2%） | 失业保险（1%） | 公积金（8%） | 职工欠款 | 个人所得税 | 实得收入 |
|---|---|---|---|---|---|---|---|---|---|
| 生产成本 | 806 086.22 | 555 687.75 | 105 304.35 | 26 326.09 | 13 163.04 | 105 305.00 | 200.00 | 3 271.73 | 552 416.02 |
| 制造费用 | 102 852.13 | 70 928.40 | 13 441.25 | 3 360.31 | 1 680.16 | 13 442.00 | 100.00 | 3 636.50 | 67 291.90 |
| 管理费用 | 512 913.29 | 360 624.29 | 64 121.46 | 16 030.36 | 8 015.18 | 64 122.00 |  | 6 023.92 | 354 600.37 |
| 研发支出 | 148 231.09 | 104 219.97 | 18 531.00 | 4 632.75 | 2 316.37 | 18 531.00 |  | 1 365.21 | 102 854.76 |
| 销售费用 | 109 155.75 | 75 275.32 | 14 265.04 | 3 566.26 | 1 783.13 | 14 266.00 |  | 986.05 | 74 289.27 |
| 合计 | 1 679 238.48 | 1 166 735.72 | 215 663.10 | 53 915.77 | 26 957.89 | 215 666.00 | 300.00 | 15 283.41 | 1 151 452.31 |

## 2019年1月个人所得税计算表

| 序号 | 姓名 | 性别 | 部门 | 发放时间 | 应计工资 | 住房公积金 | 基本养老保险 | 基本医疗保险 | 失业保险 | 应纳税所得额 | 税率 | 速算扣除数 | 个人所得税 |
|---|---|---|---|---|---|---|---|---|---|---|---|---|---|
| 1 | 杨光 | 男 | 装配车间办公室 | 2019-1 | 7 360 | 419 | 418.4 | 104.6 | 52.3 | 2 865.70 | 10% | 105 | 181.57 |
| 2 | 黄伟 | 男 | 装配车间办公室 | 2019-1 | 5 210 | 332 | 331.2 | 82.8 | 41.4 | 922.60 | 3% | | 27.68 |
| 3 | 李冰 | 女 | 装配车间办公室 | 2019-1 | 5 490 | 410 | 409.6 | 102.4 | 51.2 | 1 016.80 | 3% | | 30.50 |
| 4 | 张峰 | 男 | 装配车间一组 | 2019-1 | 4 120 | 438 | 437.6 | 109.4 | 54.7 | | | | |
| 5 | 鲁平 | 男 | 装配车间一组 | 2019-1 | 4 340 | 412 | 412 | 103 | 51.5 | | | | |
| 6 | 葛辉 | 女 | 装配车间一组 | 2019-1 | 3 780 | 392 | 391.2 | 97.8 | 48.9 | | | | 16.28 |
| 7 | 姜宇 | 男 | 装配车间一组 | 2019-1 | 5 130 | 458 | 457.6 | 114.4 | 57.2 | 542.80 | 3% | | 9.92 |
| 8 | 孔亮 | 男 | 装配车间一组 | 2019-1 | 4 600 | 324 | 324 | 81 | 40.5 | 330.50 | 3% | | 26.06 |
| 9 | 李刚 | 男 | 装配车间一组 | 2019-1 | 5 420 | 443 | 442.4 | 110.6 | 55.3 | 868.70 | 3% | | 48.05 |
| 10 | 李明 | 男 | 装配车间一组 | 2019-1 | 6 180 | 484 | 484 | 121 | 60.5 | 1 530.50 | 10% | 105 | — |
| 11 | 刘芳 | 女 | 装配车间一组 | 2019-1 | 4 100 | 407 | 406.4 | 101.6 | 50.8 | | | | — |
| 12 | 刘波 | 男 | 装配车间一组 | 2019-1 | 3 990 | 520 | 520 | 130 | 65 | | | | 27.25 |
| 13 | 林琳 | 女 | 装配车间一组 | 2019-1 | 5 450 | 439 | 438.4 | 109.6 | 54.8 | 908.20 | 3% | | 96.05 |
| 14 | 张艳 | 女 | 装配车间一组 | 2019-1 | 4 880 | 484 | 484 | 121 | 60.5 | 230.50 | 3% | | — |
| … | … | | … | | | | | | | | | | |
| 409 | | | | 2019-1 | | | | | | | | | |
| 410 | | | | 2019-1 | | | | | | | | | |
| 合计 | | | | | 1 679 238.48 | 215 666.00 | 215 663.10 | 53 915.77 | 26 957.89 | | | | 15 283.41 |

## 中国工商银行 电子银行业务回单（付款）

交易日期：2019年1月18日　　　　　交易流水号：5278956185
付款人账号：2008 1665 8888 8888　　收款人账号：
付款人名称：东北发动机有限公司　　收款人名称：
付款人开户行：长春市工商银行东风大街支行　　收款人开户行：
币种：人民币　金额：（大写）壹佰壹拾伍万壹仟肆佰伍拾贰元叁角壹分（小写）¥ 1 151 452.31

银行附言：
客户附言：支付工资
渠道：网上银行
记账流水号：1147521357000
电子凭证号：2131245185

登录号：　　　　　网点编号：　　　　打印状态：第一次打印
客户验证码：　　　柜员号：　　　　　打印方式：　　打印日期：2019.1.18

---

### 收据　　　　　　　　　　　　　　NO.000015
日期：2019年1月15日

今收到：机加车间姜宇
交　来：违规操作罚款
人民币（大写）：贰佰元整
收款方式：工资扣款　　票号：

| 收款人 | 交款人 |
|---|---|
| 初娜 | 姜宇 |

收款单位公章：

第三联财务

---

### 收据　　　　　　　　　　　　　　NO.000016
日期：2019年1月15日

今收到：装配车间刘波
交　来：违规操作罚款
人民币（大写）：贰佰元整
收款方式：工资扣款　　票号：

| 收款人 | 交款人 |
|---|---|
| 初娜 | 刘波 |

收款单位公章：

第三联财务

## 20402 薪酬会计——工会经费的计提与支出

| 经济业务 | 工会经费的计提与支出 | 更新时间 | | 经济业务摘要 |
|---|---|---|---|---|
| 岗　　位 | 薪酬会计 | 级　　别 | 中级 | 计提工会经费、结转、上缴并支付工会经费 |
| 工作方式 | 手工、软件 | | | |

### 经济业务内容

计算当月应计提的工会经费金额，并按规定结转、上缴和支出。

### 经济业务要求

了解工会经费的计提、结转、上缴和支出的流程。薪酬会计根据工资汇总表中职工应计工资金额的2%计算应提取工会经费金额，编制工会经费分配表，将其作为将工会经费计入相应成本费用的依据，并将计提金额转入"其他应付款"科目进行后续核算。按省总工会的要求将当月计提工会经费金额的40%上缴至各级地方工会组织指定的银行账户，60%留给企业自用，作为工会活动的经费。业务完成后登记应付职工薪酬明细账。

# 经济业务流程

**东北发动机有限公司**

| 流程名称：工会经费的计提与支出 | 部门名称：财务部 | 审批人：柴章 |
|---|---|---|
| 流程代码：20402 | 主责岗位：薪酬 | 会签：范婷 高翔 董芳 邓欢 |
| 更新时间：2018年12月 | 编 辑 人：丁磊 | 陈晓 陈曼 刘玉 付晶 |
| 风险点： | | |

## 流程图

开始

**NO.1** 编制工会经费分配表

**NO.2** 编制计提工会经费的凭证

**NO.3** 编制结转工会经费的凭证

**NO.4** 编制上解工会经费的凭证

**NO.5** 出纳员付款

**NO.6** 编制工会经费支出的凭证

**NO.7** 出纳员付款

**NO.8** 登记账簿

结束

### 2018年12月工会经费分配表

| 列支渠道 | 当月税前实发工资 | 工会经费(2%) |
|---|---|---|
| 生产成本 | | |
| 制造费用 | | |
| 管理费用 | | |
| 研发支出 | | |
| 销售费用 | | |
| 合计 | | |

制表人：

### 电子银行业务回单（付款） 银行logo

支票日期：  交易流水号：
付款人账号：  收款人账号：
付款人名称：  收款人名称：
付款人开户行：  收款人开户行：
币种：人民币  金额：（大写） （小写）¥

摘要：
附言：网上转账
记 账：  复核：
电子回单号：

账户号：  账户名称：  打印日期：  打印次数：

## 流程描述

**NO.1** 薪酬会计根据本年各月职工的应纳税所得额计算本年度各月应计提工会经费金额。

**NO.2** 薪酬会计根据审核无误的工会经费分配表编制计提工会经费的会计凭证，并分配到成本及各项费用中。

**NO.3** 薪酬会计将本月计提的工会经费结转到其他应付款相应科目进行后续核算。

**NO.4** 薪酬会计将本月计提的工会经费按省总工会要求的比例上交至各级地方工会组织指定的银行账户。

**NO.5** 出纳员根据薪酬会计编制的上解工会经费凭证在网银系统中维护付款金额，复核人员和财务部长执行两次复核后，出纳员付款。

**NO.6** 当工会有业务发生时，由薪酬会计对相关业务的原始凭证进行合法性、合规性审核后编制工会经费支出的凭证。

**NO.7** 出纳员根据薪酬会计编制的工会经费支出凭证在网银系统中维护付款金额，复核人员和财务部长执行两次复核后，出纳员付款。

**NO.8** 薪酬会计根据工会经费的相关凭证登记明细账。

## 经济业务证明（自制原始凭证）

### 2019年1月工会经费分配表

| 列支渠道 | 当月税前实发工资 | 工会经费（2%） |
| --- | --- | --- |
| 生产成本 | 555 687.75 | 11 113.76 |
| 制造费用 | 70 928.40 | 1 418.57 |
| 管理费用 | 360 624.28 | 7 212.48 |
| 研发支出 | 104 219.97 | 2 084.40 |
| 销售费用 | 75 275.32 | 1 505.51 |
| 合计 | 1 166 735.72 | 23 334.72 |

制表人：辛稠

---

**中国工商银行 电子银行业务回单（付款）**

交易日期：2019年1月18日　　交易流水号：5278956203
付款人账号：2008 1665 8888 8888　　收款人账号：2008 2885 3213 6548
付款人名称：东北发动机有限公司　　收款人名称：长春市工会
付款人开户行：长春市工商银行东风大街支行　　收款人开户行：长春市工商银行建设街支行
币种：人民币　　金额：（大写）玖仟叁佰叁拾叁元捌角玖分　　（小写）￥9 333.89

银行附言：
客户附言：上交工会经费
渠道：网上银行
记账流水号：1147521357586
电子凭证号：2131245203

登录号：　　网点编号：　　打印状态：第一次打印
客户验证码：　　柜员号：　　打印方式：　　打印日期：2019.1.18

---

**中国工商银行 电子银行业务回单（付款）**

交易日期：2019年1月18日　　交易流水号：5278956232
付款人账号：2008 1665 8888 8888　　收款人账号：4208 3525 4386 2119
付款人名称：东北发动机有限公司　　收款人名称：张瑛
付款人开户行：长春市工商银行东风大街支行　　收款人开户行：长春市工商银行东风大街支行
币种：人民币　　金额：（大写）壹仟伍佰元整　　（小写）￥1 500.00

银行附言：
客户附言：支付工会会员活动费
渠道：网上银行
记账流水号：1147521357598
电子凭证号：2131245232

登录号：　　网点编号：　　打印状态：第一次打印
客户验证码：　　柜员号：　　打印方式：　　打印日期：2019.1.18

## 20403 薪酬会计——各项保险、公积金的计提与缴纳

| 经济业务 | 各项保险、公积金的计提与缴纳 | 更新时间 | | 经济业务摘要 | |
|---|---|---|---|---|---|
| 岗　　位 | 薪酬会计 | 级　　别 | 中级 | 计算企业应缴纳的各项保险、公积金金额并上缴 |
| 工作方式 | 手工、软件 | | | |

**经济业务内容**

提取本月企业应缴纳的各项保险、公积金并按规定上缴至指定的保险、公积金账户。

**经济业务要求**

了解各项保险、公积金的计提与缴纳流程。薪酬会计根据职工上年各月平均工资总额计算本月应由企业缴纳的各项保险、公积金金额，编制企业保险、公积金分配表，并按规定上缴至指定的保险、公积金账户。同时编制会计凭证，并在业务完成后登记应付职工薪酬明细账。

## 经济业务流程

### 东北发动机有限公司

流程名称：各项保险、公积金的计提与缴纳
流程代码：20403
更新时间：2018年12月
风险点：

| 部门名称：财务部 | 审批人：柴章 | 会签 | 范婷 高翔 董芳 邓欢 |
|---|---|---|---|
| 主责岗位：薪酬 | | | 陈晓 陈曼 刘玉 付晶 |
| 编辑人：丁磊 | | | |

### 流程图

- 开始
- NO.1 编制各项保险、公积金分配表
- NO.2 编制计提各项保险、公积金的凭证
- NO.3 编制缴纳各项保险、公积金的凭证
- NO.4 出纳员付款
- NO.5 登记账簿
- 结束

### 流程描述

**NO.1** 薪酬会计根据上年职工月平均工资计算本年度各月各项保险、公积金应缴金额。

**NO.2** 薪酬会计分别根据审核无误的企业保险、公积金分配表和工资分配表编制计提企业和个人应缴纳各项保险、公积金的会计凭证，并分配到成本及各项费用中。

**NO.3** 薪酬会计根据审核无误的企业保险、公积金分配表和工资分配表编制缴纳各项保险和公积金的会计凭证，然后交由出纳员在网银系统中付款（各项保险上缴社保机构、公积金上交公积金管理中心）。

**NO.4** 出纳员根据薪酬会计编制的缴纳各项保险和公积金的凭证在网银系统中维护付款金额，复核人员和财务部长执行两次复核后出纳员付款。（详见出纳员付款流程）。

**NO.5** 薪酬会计根据各项保险和公积金的计提及缴纳的凭证登记应付职工薪酬明细账。

## 经济业务证明(自制原始凭证)

### 2018年平均工资计算表

| 列支渠道 | 2018年总工资 | 2018年平均月薪酬 |
|---|---|---|
| 生产成本 | 15 795 652.17 | 1 316 304.35 |
| 制造费用 | 2 016 187.83 | 168 015.65 |
| 管理费用 | 9 618 218.54 | 801 518.21 |
| 研发费用 | 2 779 649.29 | 231 637.44 |
| 销售费用 | 2 139 756.48 | 178 313.04 |
| 合计 | 32 349 464.31 | 2 695 788.69 |

制表人:辛稠

### 2019年1月企业保险、公积金分配表

| 列支渠道 | 上年平均月工资 | 基本养老保险(20%) | 基本医疗保险(6%) | 失业保险(2%) | 工伤保险(1%) | 生育保险(0.5%) | 补充养老保险(5%) | 补充医疗保险(5%) | 公积金(12%) | 合计 |
|---|---|---|---|---|---|---|---|---|---|---|
| 生产成本 | 1 316 304.35 | 263 260.87 | 78 978.26 | 26 326.09 | 13 163.05 | 6 581.52 | 65 815.22 | 65 815.22 | 157 957.00 | 677 897.23 |
| 制造费用 | 168 015.65 | 33 603.13 | 10 080.94 | 3 360.32 | 1 680.16 | 840.08 | 8 400.78 | 8 400.78 | 20 162.00 | 86 528.19 |
| 管理费用 | 801 518.21 | 160 303.64 | 48 091.09 | 16 030.35 | 8 015.18 | 4 007.58 | 40 075.91 | 40 075.91 | 96 182.00 | 412 781.66 |
| 研发费用 | 231 637.44 | 46 327.49 | 13 898.25 | 4 632.75 | 2 316.37 | 1 158.19 | 11 581.87 | 11 581.87 | 27 796.00 | 119 292.79 |
| 销售费用 | 178 313.04 | 35 662.61 | 10 698.78 | 3 566.27 | 1 783.13 | 891.57 | 8 915.65 | 8 915.65 | 21 398.00 | 91 831.66 |
| 合计 | 2 695 788.69 | 539 157.74 | 161 747.32 | 53 915.78 | 26 957.89 | 13 478.94 | 134 789.43 | 134 789.43 | 323 495.00 | 1 388 331.53 |

制表人:辛稠

### 2019年1月职工个人保险、公积金分配表

| 列支渠道 | 上年平均月工资 | 基本养老保险(8%) | 基本医疗保险(2%) | 失业保险(1%) | 公积金(8%) | 合计 |
|---|---|---|---|---|---|---|
| 生产成本 | 1 316 304.35 | 105 304.35 | 26 326.09 | 13 163.04 | 105 305.00 | 250 098.48 |
| 制造费用 | 168 015.65 | 13 441.25 | 3 360.31 | 1 680.16 | 13 442.00 | 31 923.72 |
| 管理费用 | 801 518.21 | 64 121.46 | 16 030.36 | 8 015.18 | 64 122.00 | 152 289.00 |
| 研发支出 | 231 637.44 | 18 531.00 | 4 632.75 | 2 316.37 | 18 531.00 | 44 011.12 |
| 销售费用 | 178 313.04 | 14 265.04 | 3 566.26 | 1 783.13 | 14 266.00 | 33 880.43 |
| 合计 | 2 695 788.69 | 215 663.10 | 53 915.77 | 26 957.89 | 215 666.00 | 512 202.76 |

制表人:辛稠

## 中国工商银行 电子银行业务回单（付款）

交易日期：2019年1月18日　　　交易流水号：5278956258
付款人账号：2008 1665 8888 8888　　收款人账号：2200 1480 3243 1588
付款人名称：东北发动机有限公司　　收款人名称：长春市社会保险事业管理局
付款人开户行：长春市工商银行东风大街支行　　收款人开户行：中国建设银行股份有限公司桂林路支行
币种：人民币　金额：（大写）壹佰叁拾陆万壹仟叁佰柒拾叁元贰角捌分　（小写）¥ 1 361 373.28

银行附言：
客户附言：上缴各项保险
渠道：网上银行
记账流水号：1147521357633
电子凭证号：2131245258

登录号：　　　　网点编号：　　　　　　　打印状态：第一次打印
客户验证码：　　柜员号：　　　打印方式：　　打印日期：2019.1.18

### 行政事业缴费专用票据

No.0068079

经济类型：国有企业　　2019年1月18日

| 缴款单位 | 东北发动机有限公司 | | | | 结算方式：柜台收款 |
| --- | --- | --- | --- | --- | --- |
| 缴款金额 | 壹佰叁拾陆万壹仟叁佰柒拾叁元贰角捌分 | | | | ¥ 1 361 373.28 |
| 缴费项目 | 其中 | | | | 零星缴款 |
| | 统筹金 | 个人账户 | 单位缴纳 | 个人缴纳 | |
| 基本养老保险 | | | 539 157.74 | 215 663.10 | |
| 补充养老保险 | | | 134 789.43 | | |
| 基本医疗保险 | | | 161 747.32 | 53 915.77 | |
| 补充医疗保险 | | | 134 789.43 | | |
| 失业保险 | | | 53 915.78 | 26 957.89 | |
| 生育保险 | | | 13 478.94 | | |
| 工伤保险 | | | 26 957.89 | | |
| 合计 | | | 1 064 836.53 | 296 536.76 | |

## 中国工商银行 电子银行业务回单（付款）

交易日期：2019年1月18日　　　交易流水号：5278956262
付款人账号：2008 1665 8888 8888　　收款人账号：2200 1480 0100 0550
付款人名称：东北发动机有限公司　　收款人名称：长春市住房公积金管理中心
付款人开户行：长春市工商银行东风大街支行　　收款人开户行：中国建设银行股份有限公司草街支行
币种：人民币　金额：（大写）伍拾叁万玖仟壹佰陆拾壹元整　（小写）¥ 539 161.00

银行附言：
客户附言：上缴公积金
渠道：网上银行
记账流水号：1147521357739
电子凭证号：2131245262

登录号：　　　　网点编号：　　　　　　　打印状态：第一次打印
客户验证码：　　柜员号：　　　打印方式：　　打印日期：2019.1.18

## 20404 薪酬会计——福利费支出

| 经济业务 | 福利费支出 | 更新时间 | | 经济业务摘要 |
|---|---|---|---|---|
| 岗　　位 | 薪酬会计 | 级　　别 | 中级 | 职工福利费报销的账务处理 |
| 工作方式 | 手工、软件 | | | |

### 经济业务内容

2019年1月15日，综合部报销午餐费。

### 经济业务要求

了解职工福利费的审批报销流程，薪酬会计审核福利费项目的原始凭证，审核无误后编制福利费支出凭证，并按列支渠道编制福利费汇总表，将福利费计入各项成本费用中。业务完成后登记应付职工薪酬明细账。

## 经济业务流程

**东北发动机有限公司**

流程名称：福利费支出
流程代码：20404
更新时间：2018年12月
风险点：

| 部门名称：财务部 | 审批人：柴章 |
|---|---|
| 主责岗位：薪酬 | 会签：范婷 高翔 董芳 邓欢 陈晓 陈曼 刘玉 付晶 |
| 编辑人：丁磊 | |

### 流程图

- 开始
- NO.1 审核原始凭证
- NO.2 编制福利费支出的凭证
- NO.3 出纳员付款
- NO.4 编制福利费汇总表
- NO.5 编制福利费提取的凭证
- NO.6 登记账簿
- 结束

电子银行业务回单（付款）

2018年12月午餐费汇总表

| 列支渠道 \ 项目 | 午餐费 | 合计 |
|---|---|---|
| | | |
| | | |
| | | |
| 合计 | — | |

### 流程描述

**NO.1** 由薪酬会计对实际发生的各项福利支出所涉及的原始凭证进行合法性、合规性的审核。

**NO.2** 薪酬会计根据审核无误的原始凭证（包括午餐费、水费、班车费、体检费及其他非货币性福利）编制福利费支出的会计凭证，并交由出纳员在网银系统中付款。

**NO.3** 出纳员根据薪酬会计编制的福利费支出凭证在网银系统中维护付款金额，复核人员和财务部长执行两次复核后出纳员付款。（详见出纳员付款流程）。

**NO.4** 薪酬会计将实际发生的福利费按列支渠道编制福利费汇总表。

**NO.5** 薪酬会计根据审核无误的福利费汇总表编制提取福利费的会计凭证。

**NO.6** 薪酬会计根据福利费的计提及支出凭证登记应付职工薪酬明细账。

## 经济业务证明（自制原始凭证）

### 2019年1月餐费结算明细表

| 姓名 | 部门 | 岗位类别 | 出勤天数 | 消费金额 |
|---|---|---|---|---|
| 杨光 | 装配车间办公室 | 车间管理人员 | 23 | 230.00 |
| 黄伟 | 装配车间办公室 | 车间管理人员 | 23 | 230.00 |
| 李冰 | 装配车间办公室 | 车间管理人员 | 23 | 230.00 |
| 张峰 | 装配车间一组 | 辅助生产工人 | 22 | 220.00 |
| 鲁平 | 装配车间一组 | 辅助生产工人 | 23 | 230.00 |
| 葛辉 | 装配车间一组 | 辅助生产工人 | 16 | 160.00 |
| 姜宇 | 装配车间一组 | 基本生产工人 | 23 | 230.00 |
| 孔亮 | 装配车间一组 | 基本生产工人 | 23 | 230.00 |
| 李刚 | 装配车间一组 | 基本生产工人 | 23 | 230.00 |
| 李明 | 装配车间一组 | 基本生产工人 | 23 | 230.00 |
| 刘芳 | 装配车间一组 | 基本生产工人 | 23 | 230.00 |
| 刘波 | 装配车间一组 | 基本生产工人 | 16 | 160.00 |
| 林琳 | 装配车间一组 | 基本生产工人 | 22 | 220.00 |
| 张艳 | 装配车间一组 | 基本生产工人 | 15 | 150.00 |
| … | | | | — |
| 合计 | | | | 82 000.00 |

### 2019年1月餐费结算汇总表

| 部门 | 岗位类别 | 人数 | 消费金额 |
|---|---|---|---|
| 装配车间 | 基本生产工人 | 187 | 39 740.00 |
| 装配车间 | 辅助生产工人 | 38 | 7 780.00 |
| 装配车间 | 管理人员 | 11 | 2 420.00 |
| 财务管理部 | 管理人员 | 10 | 2 200.00 |
| 人力资源部 | 管理人员 | 6 | 1 320.00 |
| 质量保证部 | 管理人员 | 18 | 3 240.00 |
| 采购部 | 管理人员 | 14 | 2 660.00 |
| 技术部 | 管理人员 | 43 | 8 600.00 |
| 产品部 | 管理人员 | 16 | 3 200.00 |
| 生产物流部 | 管理人员 | 22 | 4 840.00 |
| 综合部 | 管理人员 | 15 | 3 000.00 |
| 销售部 | 销售人员 | 30 | 3 000.00 |
| 合计 | | | 82 000.00 |

### 2019年1月午餐费汇总表

| 列支渠道 | 午餐费 | 合计 |
|---|---|---|
| 生产成本 | 39 740.00 | 39 740.00 |
| 制造费用 | 7 780.00 | 7 780.00 |
| 管理费用 | 22 880.00 | 22 880.00 |
| 研发费用 | 8 600.00 | 8 600.00 |
| 销售费用 | 3 000.00 | 3 000.00 |
| 合计 | 82 000.00 | 82 000.00 |

制表人：辛稠

## 中国工商银行 电子银行业务回单（付款）

交易日期：2019年1月18日　　　交易流水号：5278956375
付款人账号：2008 1665 8888 8888　　收款人账号：5309 4212 8313 2046
付款人名称：东北发动机有限公司　　收款人名称：长春艺福堂餐饮管理有限公司
付款人开户行：长春市工商银行东风大街支行　　收款人开户行：中国建设银行股份有限公司同志街分行
币种：人民币　　金额：（大写）捌万贰仟元整　　（小写）￥82 000.00

银行附言：
客户附言：支付午餐费
渠道：网上银行
记账流水号：1147521357381
电子凭证号：2131246375

登录号：　　网点编号：　　打印状态：第一次打印
客户验证码：　　柜员号：　　打印方式：　　打印日期：2019.1.18

## 增值税专用发票

1100180091　　发票联　　No.93120980　　1100180091
　　　　　　　　　　　　　　　　　　　　93120980

开票日期：2019年1月4日

| 名 称 | 东北发动机有限公司 | 密码区 | 6554+55+38998954513301/<5>/*6036<br>0+>6*>/>839>>/8<80+83267<>>22303<br>0828+26*1/3*>>70484*/1<01**5268/<br>/<5>0+>6*>/>831>49+834*14<625870 |
|---|---|---|---|
| 税 号 | 220117709854834 |  |  |
| 地址、电话 | 长春市东风大街1888号 |  |  |
| 开户行及账号 | 工商银行东风大街支行 2008 1665 8888 8888 |  |  |

| 货物或应税劳务、服务名 | 规格型号 | 单位 | 数量 | 单价 | 金额 | 税率 | 税额 |
|---|---|---|---|---|---|---|---|
| 午餐费 |  | 次 | 1 | 77 358.4900 | 77 358.49 | 6% | 4 641.51 |
| 合　　计 |  |  |  |  | ￥77 358.49 |  | ￥4 641.51 |
| 价税合计（大写） | 捌万贰仟元整 |  |  | （小写） | ￥82 000.00 |  |  |

| 名 称 | 长春艺福堂餐饮管理有限公司 | 备注 |  |
|---|---|---|---|
| 税 号 | 220102409935315 |  |  |
| 地址、电话 | 长春市牡丹街26号 |  |  |
| 开户行及账号 | 建行同志街分行5309 4212 8313 2046 |  |  |

收款人：李艳　　复核人：　　开票人：李丽　　销售单位（章）

## 20708 资金会计——收到银行承兑汇票

| 经济业务 | 收到期票 | 更新时间 | | 经济业务摘要 |
|---|---|---|---|---|
| 岗 位 | 资金会计 | 级 别 | 中级 | 收到期票冲抵应收账款 |
| 工作方式 | 手工、软件 | | | |

### 经济业务内容

2019年1月16日,收到比亚迪股份有限公司银行承兑汇票2张,收到吉林市松航船舶修造有限公司银行承兑汇票1张。

以上期票均用作冲抵应收账款。

### 经济业务处理要求

了解银行承兑汇票的处理流程。审核银行承兑汇票,分析经济业务,确认应收账款。依据相关原始凭证,参照收期票业务处理流程,运用借贷记账法编制记账凭证,登记相关账簿。注意银行承兑汇票业务特点及其会计处理规则,正确运用会计科目。

## 经济业务流程

**东北发动机有限公司**

流程名称：收到银行承兑汇票
流程代码：20701
更新时间：2018年12月
风险点：

| 部门名称：财务部 | 审批人：柴章 | 会签 | 范婷 高翔 董芳 邓欢 |
|---|---|---|---|
| 主责岗位：薪酬 | | | 陈晓 陈曼 刘玉 付晶 |
| 编辑人：丁磊 | | | |

### 流程图

开始 → NO.1 公司收到汇票 → NO.2 出纳员核实汇票 → NO.3 资金会计审核 → NO.4 财务部长审批 → NO.5 出纳送交银行保管 → NO.6 资金会计编制凭证 → NO.7 资金会计登记明细账 → 结束

### 流程描述

**NO.1** 公司出纳员收到银行承兑汇票。

**NO.2** 出纳员到银行核实汇票真实性，并向对方经办人开出银行承兑汇票收据。

**NO.3** 风险点管控措施，资金会计根据相关规定对收到的银行承兑汇票进行专业的、系统的审核，防止汇票出现纰漏。

**NO.4** 财务部长对银行承兑汇票进行再次审核(审核通过后，同意持票人办理其他业务往来)。

**NO.5** 资金会计在接到审批通过的银行汇票后，编制记账凭证。

**NO.6** 资金会计登记相关明细账簿同时登记应收票据备查簿。

**NO.7** 资金会计根据记账凭证登记明细账簿。

## 经济业务证明

### 银行承兑汇票

出票日期（大写）：贰零壹玖年零壹月壹拾陆日　　06397729

| 出票人全称 | 比亚迪股份有限公司 | 收款人 | 全　称 | 东北发动机有限公司 |
|---|---|---|---|---|
| 出票人账号 | 5589896231122890 | | 账　号 | 2008166588888888 |
| 付款行全称 | 光大银行玉林分行 | | 开户银行 | 工商银行东风大街支行 |
| 出票金额 | 人民币（大写）　捌拾万元整 | | | 亿千百十万千百十元角分<br>¥ 8 0 0 0 0 0 0 0 |
| 汇票到期日（大写） | 贰零壹玖年零柒月壹拾陆日 | 付款行 | 行　号<br>地　址 | |
| 承兑协议编号 | | | | |

本汇票请银行承兑，到期后无条件付款。
出票人签章

本汇票已经承兑，到期由本行付款。
承兑日期　年　月　日

复核　　记账

---

### 票据收据

NO.000003
日期：2019年01月16日

| 今收到交来 | 比亚迪股份有限公司<br>购货款 | | |
|---|---|---|---|
| 人民币（大写）： | 捌拾万元整 | | ¥ 800 000.00 |
| 票据到期日： | 贰零壹玖年零柒月壹拾陆日 | 票号： | 06397729 |
| 票据种类： | 银行承兑汇票 | 收款单位公章： | |

总经理：马实　　财务部长：柴章　　部门经理：　　经办人：初娜

## 银行承兑汇票

| | | | | | |
|---|---|---|---|---|---|
| 出票日期（大写） | 贰零壹玖年零壹月壹拾陆日 | | | | 06397730 |
| 出票人全称 | 比亚迪股份有限公司 | 收款人 | 全 称 | 东北发动机有限公司 | |
| 出票人账号 | 5589896231122890 | | 账 号 | 2008166588888888 | |
| 付款行全称 | 光大银行玉林分行 | | 开户银行 | 工商银行东风大街支行 | |
| 出票金额 | 人民币（大写）柒拾万元整 | | | 亿千百十万千百十元角分 ￥70000000 | |
| 汇票到期日（大写） | 贰零壹玖年零柒月壹拾陆日 | | 付款行 | 行 号 / 地 址 | |
| 承兑协议编号 | | | | | |
| 本汇票请你行承兑，到期后无条件付款。 | | 本汇票已经承兑，到期由本行付款。 | | | |
| 出票人签章 | | 承兑日期 承兑日 | | 复核 记账 | |

此联收款人开户行随托收凭证寄付款行做借方凭证附件

---

## 票据收据  NO.000004

日期：2019年01月16日

| | | | |
|---|---|---|---|
| 今收到 交 来 | 比亚迪股份有限公司 购货款 | | |
| 人民币（大写）： | 柒拾万元整 | ￥700 000.00 | |
| 票据到期日： | 贰零壹玖年零柒月壹拾陆日 | 票号： | 06397730 |
| 票据种类： | 银行承兑汇票 | 收款单位公章： | |

总经理：马实　　财务部长：柴章　　部门经理：闻宇　　经办人：初娜

第二联 客户留存

---

## 银行承兑汇票

| | | | | | |
|---|---|---|---|---|---|
| 出票日期（大写） | 贰零壹玖年零柒月壹拾陆日 | | | | 03092561 |
| 出票人全称 | 吉林市松航船舶修造有限公司 | 收款人 | 全 称 | 东北发动机有限公司 | |
| 出票人账号 | 675522336699 | | 账 号 | 2008166588888888 | |
| 付款行全称 | 建设银行松江区支行 | | 开户银行 | 工商银行东风大街支行 | |
| 出票金额 | 人民币（大写）壹佰万元整 | | | 亿千百十万千百十元角分 ￥100000000 | |
| 汇票到期日（大写） | 贰零壹玖年零柒月壹拾陆日 | | 付款行 | 行 号 / 地 址 | |
| 承兑协议编号 | | | | | |
| 本汇票请你行承兑，到期后无条件付款。 | | 本汇票已经承兑，到期由本行付款。 | | | |
| 出票人签章 | | 承兑日期 | | 复核 记账 | |

此联收款人开户行随托收凭证寄付款行做借方凭证附件

## 票 据 收 据

NO.000005
日期：2019年01月16日

| | | |
|---|---|---|
| 今收到 交 来 | 吉林市松航船舶修造有限公司 购货款 | |
| 人民币（大写）： | 壹佰万元整 | ￥1 000 000.00 |
| 票据到期日： | 贰零壹玖年零柒月壹拾陆日 | 票号：03092561 |
| 票据种类： | 银行承兑汇票 | 收款单位公章： |

总经理：马实　　财务部长：柴章　　部门经理：　　经办人：初娜

## 银行承兑汇票明细清单

收票单：东北发动机有限公司　　2019-1-16　　单位：元　共一页　第一页

| 序号 | 代管票号 | 出票人 | 出票日 | 到期日 | 出票行 | 汇票金额 | 备注 |
|---|---|---|---|---|---|---|---|
| 1 | 06397729 | 比亚迪股份有限公司 | 2019-1-16 | 2019-7-16 | 光大银行玉林分行 | 800 000.00 | |
| 2 | 06397730 | 比亚迪股份有限公司 | 2019-1-16 | 2019-7-16 | 光大银行玉林分行 | 700 000.00 | |
| 3 | 06397731 | 吉林市松航船舶修造有限公司 | 2019-1-16 | 2019-7-16 | 建设银行松江区支行 | 1 000 000.00 | |
| | | | | | | | |
| 合计 | | | | | | 2 500 000.00 | |

稽核：章力宏　　　　银行代收人：杜涛　　　　收票人：

# 银行承兑汇票代保管代收托协议

甲方：东北发动机有限公司
乙方：工商银行东风大街支行

甲、乙双方根据国家法律、法规的规定，经过平等协商，达成银行承兑汇票保管协议如下：

第一条：甲方将其现有的承兑汇票寄托乙方保管，而乙方愿依约受托保管，本协议成立日由甲方乙方当面交接清楚，并形成文字清单。
第二条：甲方可随时请求退还承兑汇票，乙方不得拒绝。
第三条：承兑汇票如有假冒情况，概由甲方负责。
第四条：承兑汇票到期由乙方负责托收，并转入甲方在乙方开设的账户。
第五条：承兑汇票应保存在乙方上级单位金库内，以确保安全。
第六条：交接当天产生的文字清单由甲乙双方各持一份。
第七条：本协议试两份，甲、乙双方各持一份。各份文本均具同等法律效力。

甲方（公章）：
法定代表人：
或委托代理人（签字或盖章）：

乙方（公章）：
法定代表人：
或委托代理人（签字或盖章）：

签约时间：2019 年 1 月 16 日
签约地点：工商银行东风大街支行

## 20905 出纳——银行承兑汇票背书，支付欠款

| 经济业务 | 银行承兑汇票背书，支付欠款 | 更新时间 |  | 经济业务摘要 |
|---|---|---|---|---|
| 岗　　位 | 出纳 | 级　　别 | 中级 | 将收到的银行承兑汇票背书转让，支付供应商欠款 |
| 工作方式 | 手工、软件 |  |  |  |

### 经济业务内容

2019年1月16日将收到比亚迪有限公司的银行承兑汇票背书转让给苏州连杆集团公司，用以支付货款。

### 经济业务处理要求

要求掌握办理银行承兑汇票背书转让业务处理过程。分析经济业务，办理银行承兑汇票背书转让手续。根据有关原始单据，办理银行承兑汇票支付货款业务；依据原始凭证，运用借贷记账法，编制记账凭证，登记相关账簿。注意银行承兑汇票的适用条件以及其使用特点，正确运用会计科目。

# 经济业务流程

**东北发动机有限公司**

流程名称：银行承兑汇票背书转让
流程代码：20905
更新时间：2018年12月
风险点：

| 部门名称：财务部 | 审批人：柴章 |
|---|---|
| 主责岗位：出纳 | 会签：范婷 高翔 董芳 丁磊 |
| 编 辑 人：刘玉 | 邓欢 陈晓 陈曼 付晶 |

## 流程图

开始
↓
NO.1 经办人填写付款申请单
↓
NO.2 部门经理审批
↓
NO.3 财务部长审批
↓
NO.4 总经理审批
↓
NO.5 材料会计编制记账凭证
↓
NO.6 出纳员进行背书
↓
NO.7 出纳将汇票交经办人
↓
NO.8 出纳向资金会计报账
↓
NO.9 资金会计审核
↓
结束

## 流程描述

**NO.1** 风险点管控措施
经办人填写付款审批单（要求：按照单据规定内容填写）。

**NO.2** 部门经理根据部门业务情况对审批单进行审批。

**NO.3** 财务部长根据公司资金情况对审批单进行审批。

**NO.4** 总经理结合公司情况对审批单进行综合审批。

**NO.5** 风险点管控措施
材料会计对审批单的正确性进行审核，审核无误后，进行相应的会计处理。

**NO.6** 出纳在承兑汇票背书粘贴单上找相关人员盖财务专用章、法人章。

**NO.7** 出纳对收到的汇票进行审核，审核无误后交给公司经办人员，经办人员将承兑汇票送达对方公司，对方公司对汇票无异议，需开具与背书承兑汇票金额一致的票据收据。

**NO.8** 出纳员将收到的票据收据传递给资金会计。

**NO.9** 资金会计对相关票据进行审核，审核无误后编制记账凭证，登记账目。

## 经济业务证明

002

### 付款审批单

| 部门：采购部 | | 2019 年 1 月 16 日 | |
|---|---|---|---|
| 收款单位 | 苏州连杆集团公司 | 付款理由： | 支付购买材料款 |
| 开户银行 | 苏州市工业园区1305号 | 付款方式： | 银行承兑汇票 |
| 银行账号 | 6831030004013 | 说明： | 赊购 |
| 金额 | 人民币（大写） 柒拾万元整 | | ¥ 700 00.00 |
| 总经理审批 | 财务经理 | 部门经理 | 经办人 |
| 马实 | 柴章 | 韩波 | 温立明 |

702

### 银行承兑汇票

出票日期（大写）：贰零壹玖年零壹月壹拾陆日　　　03093988

| 出票人全称 | 比亚迪股份有限公司 | 收款人 | 全　称 | 东北发动机有限公司 |
|---|---|---|---|---|
| 出票人账号 | 5589896231122890 | | 账　号 | 2008166588888888 |
| 付款行全称 | 光大银行玉林分行 | | 开户银行 | 工商银行东风大街支行 |
| 出票金额 | 人民币（大写） 柒拾万元整 | | | 亿千百十万千百十元角分 ¥ 7 0 0 0 0 0 0 0 |
| 汇票到期日（大写） | 贰零壹玖年零柒月壹拾陆日 | 付款行 | 行　号 | |
| 承兑协议编号 | | | 地　址 | |
| 本汇票请你行承兑，到期后无条件付款。 出票人签章 | | 本汇票已经承兑，到期日由本行付款。 承兑日期 备注：（06） | | 复核　记账 |

此联收款人开户行随托收凭证寄付款行做借方凭证附件

901

### 粘贴单

| 被背书人：苏州连杆集团公司 | 被背书人： |
|---|---|
| 背书人签章 2019年1月16日 | 背书人签章 年　月　日 |

902

**票 据 收 据**　　　　　　　NO.000022

日期：2019年01月16日

| | | | |
|---|---|---|---|
| 今收到交来 | 东北发动机有限公司 | | |
| | 银行汇票1张 | | |
| 人民币（大写）： | 柒拾万元整 | ￥700 000.00 | |
| 票据到期日： | 贰零壹玖年零柒月壹拾陆日 | 票号： | NO01870556 |
| 票据种类： | 银行承兑汇票 | 收款单位公章： | |

总经理：冯宇　　财务部长：杨乐　　部门经理：胡浩洋　　经办人：王一

（苏州连杆集团公司 财务专用章）

第二联客户留存

## 20405 薪酬会计——教育经费支出

| 经济业务 | 教育经费支出 | 更新时间 | | 经济业务摘要 |
|---|---|---|---|---|
| 岗　　位 | 薪酬会计 | 级　　别 | 中级 | 职工教育经费报销的账务处理 |
| 工作方式 | 手工、软件 | | | |

**经济业务内容**

2019年1月17日质保部王艳报销培训费。

**经济业务要求**

了解职工教育经费的审批报销流程，薪酬会计根据经人力资源部门审核无误的培训申请、培训费发票编制职工教育经费报销凭证。业务完成后登记应付职工薪酬明细账。

# 经济业务流程

**东北发动机有限公司**

流程名称：职工教育经费支出
流程代码：20405
更新时间：2018年12月
风险点：

| 部门名称：财务部 | 审批人：柴章 | |
|---|---|---|
| 主责岗位：薪酬 | 会签 | 范婷 高翔 董芳 邓欢 |
| 编辑人：丁磊 | | 陈晓 陈曼 刘玉 付晶 |

## 流程图

- 开始
- NO.1 人力资源部审核教育经费发票
- NO.2 财务部审核原始凭证
- NO.3 编制职工教育经费支出的凭证
- NO.4 出纳员付款
- NO.5 编制提取职工教育经费的凭证
- NO.6 登记账簿
- 结束

## 流程描述

**NO.1** 人力资源部门根据培训申请审核培训费发票的有效性。

**NO.2** 由薪酬会计对实际发生的教育经费支出所涉及的原始凭证进行合法性、合规性的审核。

**NO.3** 薪酬会计根据审核无误的原始凭证编制职工教育经费支出的会计凭证，并交由出纳员在网银系统中付款。

**NO.4** 出纳员根据薪酬会计编制的教育经费支出凭证在网银系统中维护付款金额，复核人员和财务部长执行两次复核后，出纳员付款。

**NO.5** 薪酬会计根据教育经费的实际发生金额按人员性质计入到成本及相关费用科目，编制会计凭证。（详见出纳员付款流程）。

**NO.6** 薪酬会计根据职工教育经费的提取及支出凭证登记应付职工薪酬明细账。

## 经济业务证明（自制原始凭证）

### 培训申请表

| 申报单位 | 质保部 |
|---|---|
| 项目名称 | 质量成本管理培训 |
| 主要内容：质量成本的背景介绍及企业如何通过对质量成本的整体控制创建产品质量和服务质量的保证体系，提升企业管理水平。 ||
| 培训人数 | 1人 |
| 实施时间 | 2019年1月5日 至 2019年1月6日 |
| 是否计划内项目 | □是　　　　□否 |
| 费用预算金额：3000元 ||
| 费用预算明细：教材300元，培训费2700元 ||
| 单位意见 | 部门领导：<br>　　　　黄亮（签字）<br>　　　　　　　　　　2019年1月4日<br>主管领导：<br>　　　　马实（签字）<br>　　　　　　　　　　2019年1月4日<br>人力资源部领导：<br>　　　　李杰（签字）<br>　　　　　　　　　　2019年1月4日 |

**增值税普通发票**

1100180091　　发票联　　No.93120980　　1100180091　93120980

开票日期：2019年1月5日

| 名　称 | 东北发动机有限公司 | 密码区 | 6554+55+38998954513301/<5>/*6036<br>0+>6*>/>839>>/8<80+83267<>>22303<br>0828+26*1/3+>>70484*/1<01**5268/<br>/<5>0+>6*>/>831>49+834*14<625870 |
|---|---|---|---|
| 税　号 | 220117709854834 |||
| 地址、电话 | 长春市东风大街1888号 |||
| 开户行及账号 | 工商银行东风大街支行2008 1665 8888 8888 |||

| 货物或应税劳务、服务名称 | 规格型号 | 单位 | 数量 | 单价 | 金额 | 税率 | 税额 |
|---|---|---|---|---|---|---|---|
| 培训费 | | 次 | 1 | 2 830.1900 | 2 830.19 | 6% | 169.81 |
| 合　计 | | | | | ￥2 830.19 | | ￥169.81 |
| 价税合计（大写） | 叁仟元整 | | | | （小写）￥3 000.00 | | |

| 名　称 | 光华管理培训中心 | 备注 | |
|---|---|---|---|
| 税　号 | 220104356265971 |||
| 地址、电话 | 长春市东风大街901号 |||
| 开户行及账号 | 建行东风大街分行5309 4831 7739 3537 |||

收款人：李娜　　复核人：　　开票人：张丽　　销货单位（章）：

## 中国工商银行 电子银行业务回单（付款）

交易日期：2019年1月18日　　交易流水号：5278956793
付款人账号：2008 1665 8888 8888　　收款人账号：
付款人名称：东北发动机有限公司　　收款人名称：
付款人开户行：长春市工商银行东风大街支行　　收款人开户行：
币种：人民币　　金额：（大写）叁仟元整　　（小写）¥ 3 000.00

银行附言：
客户附言：培训费
渠道：网上银行
记账流水号：1147521357462
电子凭证号：2131245793

登录号：　　网点编号：　　打印状态：第一次打印
客户验证码：　　柜员号：　　打印方式：　　打印日期：2019.1.18

## 20808 综合会计——购买银行支票

| 经济业务 | 购买银行支票 | 更新时间 | | 经济业务摘要 |
|---|---|---|---|---|
| 岗　　位 | 综合会计 | 级　　别 | 中级 | 购买银行支票 |
| 工作方式 | 手工、软件 | | | |

### 经济业务内容

财务部申请购买银行支票。依据相关原始凭证，支付相关费用。

### 经济业务处理要求

按照报销内容选择报销单并认真填写报销单。财务部长根据报销单内容，结合公司相关规定进行审批，保证报销内容的真实，数据准确。总经理对报销单进行复核审批。综合会计根据接到审批通过的报销单进行相关的账务处理。出纳在综合会计账务处理之后，对报销单进行付款。

## 经济业务流程

**东北发动机有限公司**

流程名称：报销付款审批
流程代码：20804
更新时间：2018年12月
风险点：

| 部门名称：财务部 | 审批人：柴壹 |
| --- | --- |
| 主责岗位：综合 | 会签 |
| 编辑人：付晶 | 范娜、高翔、董芳、丁磊<br>邓欢、陈晓、陈曼、刘玉 |

### 流程图

- 开始
- NO.1 报销人填写报销单
- NO.2 部门领导审批
- NO.3 财务部长审批
- NO.4 总经理审批
- NO.5 编制会计凭证
- NO.6 出纳付款
- 结束

### 流程描述

**NO.1** 报销人填写报销单。
（要求：按照报销内容选择报销单并认真填写）。

**NO.2** 部门领导根据申请人实际情况进行审批。

**NO.3** 财务部长根据报销内容，结合公司相关规定进行审批。
风险点管控措施：保证报销内容的真实，数据准确。

**NO.4** 总经理对报销单进行审批。

**NO.5** 综合会计根据接到审批通过的报销单进行相关的账务处理。

**NO.6** 出纳在综合会计账务处理之后，对报销单进行付款。

## 经济业务证明（外来原始凭证）

707

**中国工商银行** 电子银行业务回单（付款）

| | |
|---|---|
| 交易日期：2019年1月17日 | 交易流水号：4589431582 |
| 付款人账号：2008 1665 8888 8888 | 收款人账号：2008 1665 0000 0101 |
| 付款人名称：东北发动机有限公司 | 收款人名称：长春市工商银行东风大街支行 |
| 付款人开户行：长春市工商银行东风大街支行 | 收款人开户行：长春市工商银行东风大街支行 |
| 币种：人民币　　金额：（大写）壹拾元整 | （小写）¥ 10.00 |

银行附言：
客户附言：购买支票
渠道：银行自动扣款
记账流水号：184528969584
电子凭证号：652741284

登录号：　　　　　　网点编号：　　　　　　打印状态：第一次打印
客户验证码：　　　　柜员号：　　　打印方式：　　打印日期：2019.1.17

（盖章：工商银行东风大街支行）

## 经济业务证明（自制原始凭证）

001

### 付 款 审 批 单

部门：财务部　　　　　2019年1月 17日

| 收款单位 | 长春市工商银行东风大街支行 | 付款理由：支付支票购买款 |
|---|---|---|
| 开户银行 | 长春市工商银行东风大街支行 | 付款方式：银行转账 |
| 银行账号 | 2008 1665 8888 8888 | 说明： |
| 金额 | 人民币（大写）　壹拾元整 | ¥ 10.00 |
| 总经理审批 | 财务部长 | 部门经理 | 经办人 |
| 马实 | 柴章 | | 钟和 |

## 20203 资产会计——购入固定资产

| 经济业务 | 购入固定资产 | 更新时间 |  | 经济业务摘要 |
|---|---|---|---|---|
| 岗 位 | 资产会计 | 级 别 | 中级 | 购入缸盖螺栓拧紧机 |
| 工作方式 | 手工、软件 |  |  |  |

### 经济业务内容

2019年1月19日支付从大连智云自动化装备有限公司购入的一台不需要安装的缸盖螺栓拧紧机货款,该设备已于1月15日验收入库。

### 经济业务处理要求

固定资产购入业务处理。审核设备购置增值税专用发票、固定资产验收单等,并据此分析经济业务,办理有关付款手续,根据有关原始单据确定固定资产入账价值,参照固定资产业务核算流程,运用借贷记账法,编制记账凭证,登记相关账簿。注意固定资产购入原始价值计量方法的选择及运用,正确进行固定资产价值计量。

## 经济业务流程

**东北发动机有限公司**

流程名称：购买固定资产
流程代码：20203
更新时间：2018年12月
风险点：

| 部门名称：财务部 | 审批人：柴章 |
| --- | --- |
| 主责岗位：资产会计 | 会签：范婷 高翔 董芳 丁磊 |
| 编辑人：刘玉 | 邓欢 陈晓 陈曼 付晶 |

### 流程图

开始 → NO.1 申请人填写申请单 → NO.2 部门领导审批 → NO.3 财务经理审批 → NO.4 总经理审批 → NO.5 资产会计填制凭证 → NO.6 出纳根据凭证付款 → NO.7 固定资产验收 → NO.8 资产会计填制凭证 → NO.9 资产会计登记入账 → 结束

### 流程描述

**NO.1** 申请人对计划内的固定资产购入提出书面申请（填写固定资产购入申请单）。

**NO.2** 申请人部门领导根据本部门实际情况进行审批。

**NO.3** 风险点管控措施
财务经理根据公司固定资产相关情况进行审批。

**NO.4** 总经理根据公司情况进行审批。

**NO.5** 资产会计根据相关原始凭证填制记账凭证。

**NO.6** 出纳对采购部购入的固定资产进行付款。

**NO.7** 固定资产验收人员对采购的固定资产进行验收，并开具固定资产验收单。

**NO.8** 资产会计根据发票、验收单、银行存款付款凭证等填制记账凭证。

**NO.9** 与本业务相关人员登记账目。

## 经济业务证明（外来原始凭证）

### 增值税专用发票

发票联

303
1100147642

No.70093461　1100147642
70093461

开票日期：2019年4月19日

| 名　称 | 东北发动机有限公司 | 密码区 | 554+55+38998954513301/<5>8653033<br>0+>6*>/>839>>/8<80+8326716665982<br>0828+26*1/3+>>70484*/1<01598*/*0<br>0<5>0+>6*>/>831>49+834*14<<>*538 |
|---|---|---|---|
| 税　号 | 220117709854834 |||
| 地址、电话 | 长春市东风大街1888号 |||
| 开户行及账号 | 工商银行东风大街支行2008 1665 8888 8888 |||

| 货物或应税劳务、服务名称 | 规格型号 | 单位 | 数量 | 单价 | 金额 | 税率 | 税额 |
|---|---|---|---|---|---|---|---|
| 缸盖螺栓拧紧机 |  | 台 | 1 | 800 000.00 | 800 000.00 | 13% | 104 000.00 |
| 合　　计 |  |  |  |  | ¥ 800 000.00 |  | ¥ 104 000.00 |
| 价税合计（大写） | 玖拾万肆仟元整 |  |  |  | （小写）¥ 904 000.00 ||||

| 名　称 | 大连智云自动化装备有限公司 | 备注 | |
|---|---|---|---|
| 税　号 | 320105356645928 |||
| 地址、电话 | 大连保税区信仰路1763号 0411-82567777 |||
| 开户行及账号 | 建设银行大连保税区信仰路支行22759645223 |||

收款人：张晓燕　　复核人：　　开票人：李琦　　销货单位（章）：

第三联：发票联　购货方记账凭证

---

707

**中国工商银行** INDUSTRIAL AND COMMERCIAL BANK OF CHINA　电子银行业务回单（付款）

| 交易日期：2019年4月19日 | 交易流水号：5366985204 |
|---|---|
| 付款人账号：2008 1665 8888 8888 | 收款人账号：2275 9645 223 |
| 付款人名称：东北发动机有限公司 | 收款人名称：大连智云自动化装备有限公司 |
| 付款人开户行：长春市工商银行东风大街支行 | 收款人开户行：建设银行大连保税区信仰路支行 |
| 币种：人民币　　金额：（大写）玖拾万肆仟元整 | （小写）¥ 904 000.00 |

银行附言：
客户附言：采购机械设备款
渠道：网上银行
记账流水号：265976254157
电子凭证：598352659

| 登记号： | 网点编号： | 打印状态：第一次打印 |
|---|---|---|
| 客户验证码： | 柜员号： | 打印方式：　　打印日期：2019.4.19 |

## 经济业务证明（自制原始凭证）

201

### 固定资产验收单

| 采购部门 | | | 装配车间 | | 供货单位及电话 | | 大连智云自动化装备有限公司 13578786777 | |
|---|---|---|---|---|---|---|---|---|
| 到货时间 | | | 2019年1月15日 | | | | | |
| 使用部门 | | | 装配车间 | | 设备所在地点 | | 装配车间 | |
| 设备名称 | 规格 | 数量 | 单价（元） | 总价（元） | | 设备编号（资产部门填写） | 备注 | |
| 缸盖螺栓拧紧机 | 台 | 1 | 904 000.00 | 904 000.00 | | S01000016 | | |
| | | | | | | | | |
| | | | | | | | | |
| 合计数量 | | 1 | | 合计总价 | | | 904 000.00 | |
| 经手人签字 | 顾晓 | | 验收人签字 | 顾晓 | | 使用单位负责人签字 | 刘战功 | |
| 资产管理部门签字 | 顾波 | | | 主管领导签字 | | 马实 | | |

第二联财务处存查

说明：1.采购部门如实填写，设备编号由资产管理部门填写，若未填写，则表格视作无效。
　　　2.本表作为财务报账凭证，手续不齐全者，不予报账。

002

### 付款审批单

部门：装配车间　　　　　　　　　　2019年1月19日

| 收款单位 | 大连智云自动化装备有限公司 | 付款理由： | 采购机械设备 |
|---|---|---|---|
| 开户银行 | 建设银行大连保税区信仰路支行 | 付款方式： | 银行转账 |
| 银行账号 | 2275 9645 223 | 说明：因工作需要，申请购买一台不需要安装的缸盖螺栓拧紧机，用于车间工作使用。 | |
| 金额 | 人民币（大写）　玖拾万零肆千元整 | | ￥904 000.00 |
| 总经理审批 | 财务部长 | 部门经理 | 经办人 |
| 马实 | 柴章 | 刘战功 | 顾晓 |

202

### 固定资产卡片

| 代码 | S01000016 | 名称 | 缸盖螺栓拧紧机 | | | |
|---|---|---|---|---|---|---|
| 类别 | 机械设备类 | 型号 | G50-AS110 | | | |
| 存储地点 | 装配车间装配线 | 使用情况 | 在用 | 使用部门 | 装配车间 | |
| 折旧费用科目 | 累计折旧 | 科目名称 | 固定资产 | | | |
| 减值准备对方科目 | | 科目名称 | | | | |
| 折旧方法 | 平均年限法 | 使用年限 | 10 | 月折旧率 | 0.8083 | |
| 原币原值 | 800 000.00 | 币别 | 人民币 | 汇率 | | |
| 本位币原值 | | 累计折旧 | | 累计减值准备 | | |
| 净值 | 800 000.00 | 预计净残值 | 24 000.00 | | | |
| 入账日期 | 2019年1月19日 | 增加方式 | 采购 | 入账情况 | 已入账 | |

注备：

## 20302 销售会计——销售退货

| 经济业务 | 销售退货 | 更新时间 | | 经济业务摘要 |
|---|---|---|---|---|
| 岗　　位 | 销售会计 | 级　　别 | 中级 | 销售退货 |
| 工作方式 | 手工、软件 | | | |

**经济业务内容**

比亚迪股份有限公司2018年12月5日购买的20台M2发动机由于型号错误，现申请退回。

**经济业务处理要求**

掌握销售退回过程是否在三包期内，保证库存商品完好，库管员是否验收入库。根据税务相关要求开具负数发票，销售会计审核相关凭证、填制记账凭证、登记账簿。

# 经济业务流程

## 东北发动机有限公司

| | |
|---|---|
| 流程名称：销售退回 | 部门名称：财务部　审批人：柴章 |
| 流程代码：20302 | 主责岗位：销售会计　会签：范婷 高翔 董芳 丁磊 |
| 更新时间：2018年12月 | 编辑人：刘玉　　　　邓欢 陈晓 陈曼 付晶 |
| 风险点： | |

### 流程图

- 开始
- NO.1 销售员开具退货申请书
- NO.2 领导审批
- NO.3 质检部检验
- NO.4 退库
- NO.5 开具红字销售出库单
- NO.6 退回发票
- NO.7 发票作废
- NO.8 开红字发票
- NO.9 财务部长审批
- NO.10 编制记账凭证
- NO.11 审核记账凭证
- NO.12 登记账簿
- 结束

附单据：退货审批单、销售出库单、增值税专用发票

### 流程描述

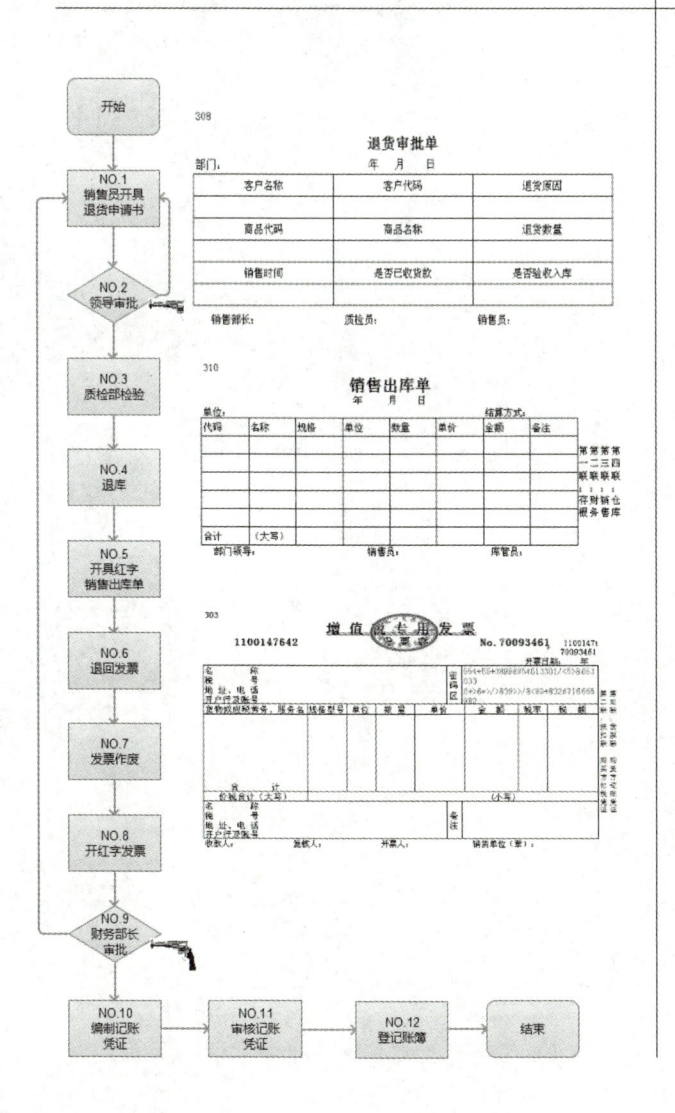

NO.1 销售人员根据退货真实情况填退货申请书。

NO.2 风险点管控措施
由销售部门领导审批退货理由是否充分，是否符合公司相关退货政策。

NO.3 质检部对退回货物进行检验，查验发动机号，是否与客户购买时一致。

NO.4 库管员按实际收到货物验收退库。

NO.5 库管员货物验收退库后，根据收到货品型号开具销售出库单红字。

NO.6 办理完商品退库手续，如当月发生将已开具的增值税发票退回财务。如之前月份业务将红字通知单交至财务。

NO.7 如果为当月销售收回已开具的二联发票直接将此发票作废处理。

NO.8 以前月份开具发票，根据对方开具红字通知单开具红字发票交退货方。

NO.9 风险点管控措施
财务部长审批，退货单据是否齐全，货物是否入库，发票是否退回作废或开具红字发票。

NO.10 销售会计根据完整的原始凭证填制记账凭证，登记相关账薄。

NO.11 审核借贷方金额正否正确，会计科目是否准确。

NO.12 根据记账凭证登记账簿。

# 经济业务证明（自制原始凭证）

退货审批单、负数销售出库单、负数销售发票

308

## 退货审批单

部门：销售部　　　　　　　　2019 年 1 月 19 日

| 客户名称 | 客户代码 | 退货原因 |
|---|---|---|
| 比亚迪股份有限公司 | 202 | 采购型号错误 |
| 商品代码 | 商品名称 | 退货数量 |
| FDJ1000M2 | 发动机 M2 | 20 |
| 销售时间 | 是否已收货款 | 是否验收入库 |
| 2018.12.5 | 未收款 | 是 |

销售部长：韩波　　　　　　质检员：刘美华　　　　　　销售员：温立明

310

## 销售出库单

2019年1月19日

客户：比亚迪股份有限公司　　　　　　　　　结算方式：　汇票

| 代码 | 名称 | 规格 | 单位 | 数量 | 单价 | 金额 | 备注 |
|---|---|---|---|---|---|---|---|
| FDJ1000M2 | 发动机 | M2型 | 台 | -20 | 11 000.00 | -220 000.00 | 退货 |
|  |  |  |  |  |  |  |  |
|  |  |  |  |  |  |  |  |
|  |  |  |  |  |  |  |  |
| 合计 | （大写） | 负贰拾贰万元整 |  |  |  | ¥ -220 000.00 |  |

第一联：存根
第二联：财务
第三联：销售
第四联：仓库

部门领导：韩波　　　　　销售员：温立明　　　　　库管员：马龙

## 增值税专用发票

发票联　No.70093494

开票日期：2019年4月19日

| 名称 | 比亚迪股份有限公司 | 密码区 | 554+55+38998954513301/<5>86530330+>6*>/>839>>/8<80+83267166659820828+26*1/3+>>70484*/1<01598*/*0/<5>0+>6*>/>831>49+834*14<<>*852 |
|---|---|---|---|
| 税号 | 451569852415257 | | |
| 地址、电话 | 西安市钟鼓路8号 029-56217859 | | |
| 开户行及账号 | 工商银行钟鼓路支行 692369232536 | | |

| 货物或应税劳务、服务名称 | 规格型号 | 单位 | 数量 | 单价 | 金额 | 税率 | 税额 |
|---|---|---|---|---|---|---|---|
| 发动机 | M2 | 台 | -20 | 11 000.00 | -220 000.00 | 13% | -28 600.00 |
| 合　　　计 | | | | | -220 000.00 | | -28 600.00 |

| 价税合计（大写） | 负贰拾肆万捌仟陆佰元整 | （小写）¥-248 600.00 |
|---|---|---|

| 名称 | 东北发动机有限公司 | 备注 | |
|---|---|---|---|
| 税号 | 220117709854834 | | |
| 地址、电话 | 长春市东风大街1888号 | | |
| 开户行及账号 | 工商银行东风大街支行 2008 1665 8888 8888 | | |

收款人：初娜　　复核人：　　开票人：杨思思　　销货单位（章）

# 20102 材料会计——应付款采购外购半成品

| 经济业务内容 | 应付款采购外购半成品 | 更新时间 | | 经济业务内容摘要 | |
|---|---|---|---|---|---|
| 岗位 | 材料会计 | 级别 | 中级 | 赊购半成品 | |
| 工作方式 | 手工、软件 | | | | |

## 经济业务内容

2019年1月20日，东北发动机有限公司向苏州连杆集团公司采购12 000套活塞连杆总成，收到对方开具的增值税专用发票，以后支付货款。

## 经济业务处理要求

了解企业材料采购过程，掌握在计划价格方法下计划成本和实际成本之间产生的差异计算和会计处理，掌握材料入库、发票、赊账等业务的处理方式。并依据实际经济业务，审核相关的原始凭证，审核相关原始凭证的真实性，采用正确的材料成本入账方式确认成本。

## 经济业务流程

**东北发动机有限公司**

流程名称：应付采购
流程代码：20102
更新时间：2018年12月
风险点：

| 部门名称：财务部 | 审批人：柴章 | |
|---|---|---|
| 主责岗位：出纳 | 会 | 范婷 高翔 董芳 丁磊 |
| 编辑人：刘玉 | 签 | 邓欢 陈晓 陈曼 付晶 |

### 流程图

开始
→ NO.1 签订采购合同
→ NO.2 下达采购订单
→ NO.3 供应商送货
→ NO.4 物料验收
→ NO.5 填写入库单
→ NO.6 登记物料明细账
→ NO.7 开具发票
→ NO.8 材料会计审核
→ NO.9 发票入账
→ NO.10 登记明细账
→ 结束

### 流程描述

NO.1 采购部采购员与供应商签订采购合同。

NO.2 生产物流部库管员依据生产计划向供应商下达采购订单。

NO.3 供应商接收采购订单，按指定的物料和数量送货。

NO.4 生产物流部库管员确认收货品种及数量，质量保证部检查确认质量状态。

NO.5 生产物流部库管员开具入库单。

NO.6 材料会计接收并审核入库单后登记物料明细账。

NO.7 供应商依据入库单开具增值税专用发票。

NO.8 （风险点管控措施）材料会计接收并审核采购入库单与增值税专用发票。

NO.9 材料会计填制记账凭证。

NO.10 材料会计登记应付账款、应交税费（应交增值税）、材料成本差异明细账。

## 经济业务证明（外来原始凭证）

采购合同

### 活塞连杆总成价格协议

甲方：东北发动机有限公司　　　　签订时间：2019年1月1日
乙方：苏州连杆集团公司　　　　　签订地点：东北发动机有限公司

经甲乙双方代表充分协商，就乙方为甲方提供材料价格达成如下协议：
一、东北铸造厂价格、数量：

| 货物名称 | 单位 | 数量 | 价格（不含税） | 合计金额 | 增值税率 | 税额 |
| --- | --- | --- | --- | --- | --- | --- |
| 活塞连杆总成 | 套 | 12 000 | 71.56 | 858 720.00 | 13% | 111 633.60 |
| 金额（大写）：玖拾柒万零叁佰伍拾叁元陆角 |  |  |  |  | ￥970 353.60 |  |

二、执行日期：自2019年1月1日起至2019年12月31日止，到期需要重新签订价格协议；

三、计算数量以甲方生产物流部物料管理与乙方销售管理科确认的数量进行结算；

四、结算及付款方式：双方采用现款现货的付款方式；

五、索赔：

由于乙方原因造成的货物与合同不相符或提供货物不及时造成甲方生产停工的，乙方应按甲方同意的下述一种或多种方式解决赔偿事宜。

乙方同意甲方拒绝货物并把拒绝货物的金额以合同规定的同种货币付给甲方，乙方负担发生的一切损失和费用，包括利息、运输和保险费及其他必要费用。

发票

## 增值税专用发票

1100147642　　　　　　　发票联　　　No.70093461　　1100147642
　　　　　　　　　　　　　　　　　　　　　　　　　　　70093461

开票日期：2019年4月20日

| 名　　称 | 东北发动机有限公司 | | | | 密码区 | 554+55+38998954513301/<5>8653033 0+>6*>/>839>>/8<80+8326716665982 0828+26*1/3+>>70484*/1<01598*/*0 /<5>0+>6*>/>831>49+834*14<<>*538 | | |
|---|---|---|---|---|---|---|---|---|
| 税　　号 | 220117709854834 | | | | | | | |
| 地址、电话 | 长春市东风大街1888号 | | | | | | | |
| 开户行及账号 | 工商银行东风大街支行 200816658888888 | | | | | | | |
| 货物或应税劳务、服务名称 | 规格型号 | 单位 | 数量 | 单价 | 金额 | | 税率 | 税额 |
| 活塞连杆总成 | | 套 | 12 000 | 71.56 | 858 720.00 | | 13% | 111 633.60 |
| 合　　计 | | | | | ¥858 720.00 | | | ¥111 633.60 |
| 价税合计（大写） | 玖拾柒万零叁佰伍拾叁元陆角 | | | | （小写） | | ¥970 353.60 | |
| 名　　称 | 苏州连杆集团公司 | | | | 备注 | | | |
| 税　　号 | 420000046465000 | | | | | | | |
| 地址、电话 | 苏州市工业园区1305号 0512-81006481 | | | | | | | |
| 开户行及账号 | 中国银行苏州工业园支行 6831030004013 | | | | | | | |
| 收款人：邓小天 | 复核人：王月 | 开票人：高宇 | | | 销售单位（章）： | | | |

经济业务证明（自制原始凭证）

入库单

## 外购半成品入库单

日期：2019年1月20日

部门：采购部　　　　　　　库别：外购半成品库　　　　供应商：苏州连杆集团公司

| 物料编码 | 物料名称 | 计量单位 | 计划价格 | 数量 | 计划总额 | 备注 |
|---|---|---|---|---|---|---|
| LG10000ZC | 活塞连杆总成 | 套 | 82.36 | 12 000 | 988 320.00 | |
| | 合　　计 | | | 12 000 | 988 320.00 | |

采购员：张秀辉　　　　　质检员：姜治鹏　　　　　库管员：张绍

## 20906 出纳——支付网上银行服务费

| 经济业务 | 支付网上银行服务费 | 更新时间 | | 经济业务摘要 |
|---|---|---|---|---|
| 岗　　位 | 出纳 | 级　　别 | 中级 | 银行转1月份网上银行服务费 |
| 工作方式 | 手工、软件 | | | |

### 经济业务内容

2019年1月20日银行自动转1月份网上银行服务费。

### 经济业务处理要求

费用支付业务处理。审核银行转来的"电子银行业务回单（收费）"，据此分析经济业务，根据有关原始单据及费用构成和确认原则，确定费用性质，运用借贷记账法，编制记账凭证，登记相关账簿。注意企业财务费用的构成及特征，正确运用会计科目。

## 经济业务流程

### 东北发动机有限公司

流程名称：支付网上银行服务费
流程代码：20906
更新时间：2018年12月
风险点：

| 部门名称：财务部 | 审批人：柴章 | 会 | 范婷 高翔 董芳 丁磊 |
|---|---|---|---|
| 主责岗位：出纳 | | | |
| 编辑人：刘玉 | | 签 | 邓欢 陈晓 陈曼 付晶 |

### 流程图

开始 → NO.1 银行扣取费用 → NO.2 出纳审核上报 → NO.3 财务部长审批 → NO.4 综合会计账务处理 → NO.5 综合会计记账 → 结束

电子银行业务回单（收费）

费用报销单

### 流程描述

NO.1 出纳收到银行收费电子业务回单。

NO.2 风险点管控措施
出纳对收到的银行业务回单进行上报处理。

NO.3 财务部长审批扣款回单。

NO.4 综合会计对银行业务回单进行账务处理。

NO.5 出纳员会计分别登记相关账目。

## 经济业务证明（外来原始凭证）

706

### 电子银行业务回单（收费） 中国工商银行

| | | |
|---|---|---|
| 交易日期：2019年01月20日 | 业务类型：企业银行扣费 | 交易流水号：3135520150626205967864 1436578512 |
| 付款人账号：20081665888888888 | | |
| 付款人名称：东北发电机有限公司 | | |
| 付款人开户行：工商银行东风大街支行 | | |
| 币种：人民币 金额：（大写）陆拾元整 | | （小写）￥60.00 |

摘要：网上银行服务费
收费时段：20190101-20190131
记账流水号：55800256053410DAOEI100B5002058
电子凭证号：98000000001620

（工商银行东风大街支行 印章）

| | | |
|---|---|---|
| 登录号：15246800 | 网点编号：1234 | 打印状态：正常 |
| 客户验证码：80002433703762008a | 柜员号：12341012 | 打印方式：自助 打印日期：2019年01月20日 |

### 费 用 报 销 单

报销部门：财务部　　　　　　2019 年 01 月 20 日　　　　　　单据及附件共 _1_ 页

| 报销项目 | 摘要 | 金额 | 备注 |
|---|---|---|---|
| 网上银行服务费 | 1月份网上银行服务费 | 60.00 | |
| | | | |
| 合　　计 | | 60.00 | |

金额大写：陆拾元整

总经理：马实　　财务部长：柴章　　部门经理：柴章　　出纳：初娜　　报销人：初娜

## 20706 资金会计——银行承兑汇票贴现

| 经济业务 | 期票贴现 | 更新时间 | | 经济业务摘要 |
|---|---|---|---|---|
| 岗　　位 | 资金会计 | 级　　别 | 中级 | 未到期的银行承兑汇票贴现 |
| 工作方式 | 手工、软件 | | | |

### 经济业务内容

2019年1月20日将一张由吉林市松航船舶修造有限公司开具的未到期的银行承兑汇票贴现，贴现利息为不带息票据贴现利息，按日计算（其中2月份按28天计算）。

### 经济业务处理要求

了解银行承兑汇票贴现业务处理流程。公司资金计划情况，对未到期的承兑汇票贴现。依据相关原始凭证，参照期票贴现业务处理流程，填写相关表单，运用借贷记账法编制记账凭证，登记相关账簿。注意银行被动受理业务特点及其会计处理规则，正确运用会计科目。

## 经济业务流程

**东北发动机有限公司**

流程名称：银行承兑汇票贴现
流程代码：20706
更新时间：2018年12月
风险点：

| 部门名称：财务部 | | 审批人：柴章 |
|---|---|---|
| 主责岗位：薪酬 | 会签 | 范婷 高翔 董芳 邓欢 |
| 编辑人：丁磊 | | 陈晓 陈曼 刘玉 付晶 |

### 流程图

开始 → NO.1 资金会计提出申请 → NO.2 财务部长审批 → NO.3 总经理审批 → NO.4 办理银行贴现手续 → NO.5 收到贴现资金 → NO.6 资金会计编制凭证 → NO.7 资金会计登记明细账 → 结束

### 流程描述

**NO.1** 资金会计根据应收票据备查簿及公司资金计划情况对未到期的承兑汇票贴现提出书面申请。

**NO.2** 风险点控制措施，财务部长对申请进行复核，审核申请是否符合公司资金计划，同时对用途、金额及贴现利率审核。

**NO.3** 总经理对申请进行审批。

**NO.4** 根据银行相关规定，办理相关手续。

**NO.5** 收到银行发放的贴现资金。

**NO.6** 资金会计根据贴现凭证制作记账凭证。

**NO.7** 资金会计根据相关业务登记相关明细账同时登记应收票据备查簿。

经济业务证明

## 应收票据备查簿

| 收票日期 | 票据基本情况 ||||| 承兑人名称 | 背书人名称 | 送票人(签章) | 贴现 || 承兑 || 转让 || 经办人(签章) | 备注 |
|---|---|---|---|---|---|---|---|---|---|---|---|---|---|---|---|---|
| ^ | 票据号 | 出票人名称 | 出票日期 | 到期日 | 票面金额 | 收款人名称 | ^ | ^ | ^ | 日期 | 净额 | 日期 | 净额 | 日期 | 背书人名称 | ^ | ^ |
| 2018.07.31 | 03258761 | 长春市机械厂 | 2018.07.31 | 2019.01.31 | 3 000 000.00 | 东北发动机有限公司 | 长春市机械厂 | | 李磊 | | | | | | | 初娜 | |
| 2019.01.05 | 03092559 | 吉林市松航船舶修造有限公司 | 2019.01.05 | 2019.07.05 | 8 390 250.00 | 东北发动机有限公司 | | | 高海 | | | | | | | 初娜 | |
| 2019.01.06 | 06397726 | 比亚迪股份有限公司 | 2019.01.06 | 2019.07.06 | 70 000.00 | 东北发动机有限公司 | 比亚迪股份有限公司 | | 李姝 | | | | | | | 初娜 | |
| 2019.01.16 | 06397729 | 比亚迪股份有限公司 | 2019.01.16 | 2019.07.16 | 800 000.00 | 东北发动机有限公司 | 比亚迪股份有限公司 | | 李姝 | | | | | | | 初娜 | 质押 |
| 2019.01.16 | 06397730 | 比亚迪股份有限公司 | 2019.01.16 | 2019.07.16 | 700 000.00 | 东北发动机有限公司 | 比亚迪股份有限公司 | | 李姝 | | | | | 2019.01.16 | 苏州连杆集团公司 | 初娜 | 转让 |
| 2016.01.16 | 03092561 | 吉林市松航船舶修造有限公司 | 2016.01.16 | 2019.07.16 | 1 000 000.00 | 东北发动机有限公司 | 吉林市松航船舶修造有限公司 | | 高海 | | | | | | | 初娜 | |

## 银行承兑汇票

出票日期（大写）：贰零壹玖年零壹月壹拾陆日　　　03092561

| 出票人全称 | 吉林市松航船舶修造有限公司 | 收款人 | 全称 | 东北发动机有限公司 |
|---|---|---|---|---|
| 出票人账号 | 675522336699 | | 账号 | 2008166588888888 |
| 付款行全称 | 建设银行松江区支行 | | 开户银行 | 工商银行东风大街支行 |

出票金额：人民币（大写）壹佰万元整　　￥1 000 000 00

汇票到期日（大写）：贰零壹玖年零柒月壹拾陆日

承兑协议编号：

本汇票请依约承兑，到期后无条件付款。

出票人签章：吉林市松航船舶修造有限公司 财务专用章　　李凯印

本汇票已经承兑，到期日由本行付款。

承兑行签章：中国建设银行 汇票专用章　　承兑日期

备注：　　复核　　记账

---

731

## 期票贴现审批单

日期：2019年01月20日　　　编号：00113

| 贴现汇票 | 种类 | 银行承兑汇票 | 号码 | | 承兑人 | 名称 | 吉林市松航船舶修造有限公司 |
|---|---|---|---|---|---|---|---|
| | 出票日 | 2019.01.16 | 到期日 | | | 账号 | 675522336699 |
| | 用途 | 贷款 | | | | 开户行 | 建设银行松江区支行 |

票面金额：大写（人民币）壹佰万元整　　小写（rmb）1 000 000.00元

贴现率（年）：3.34%　　贴现利息：17 060.83　　实收贴现金额：982 939.17

总经理：马实　　财务部长：柴章　　申请人：金酷

---

## 票据贴现申请书

授信/贸易融资协议编号（如有）：　　业务编号：

| 申请单位名称：东北发动机有限公司 | 法本代表人：马实 |
|---|---|
| 承兑行名称：工商银行东风大街支行 | |
| 票据号码：03092561 | 承兑日期：2019年01月20日　到期日：2019年07月16日 |
| 出票人：吉林市松航船舶修造有限公司 | 付款人：建设银行松江区支行 |
| 票据金额：1 000 000.00 | 申请贴现金额：1 000 000.00 |
| 申请理由及还款计划：支付货款 | |
| 工商银行东风大街支行：<br>我司在此确认：<br>1.遵守已与贵行签订的《授信协议》/《国际贸易融资协议》（如有）。<br>2.我司为票据的正当持票人。 | |

3. 我司同意贵行在办理本申请书项下票据贴现时，贴现利率按下列标准执行3.47%/年。票据到期贵行未获足额付款的，贵行有权就应付未付金额以贴现利率上浮1.5%的标准向我司计收逾期利息和复利。

4. 上述票据一经贴现，贵行有权按贵行认为事宜的方式处理票据。但不论票据因何种原因遭付款人拒付或付款人未正常付款，贵行均有对我司的追索权。若我司不能按要求归还全部本息，贵行有权采用各种方式进行追讨，包括但不限于主动从我司任何账户内或委托其他金融机构从我司在该机构开设的账户内扣收本息及逾期利息、复利，及采取其他贵行认为必要的追偿措施。贵行因采取追偿措施而支付的律师费、诉讼费、差旅费等所有费用，均由我司承担，贵行可主动从我司的任何账户内扣除。

5. 我司承诺按照下述规定向贵行提供本申请书项下票据贴现本息、逾期利息、复息及其他费用偿还的担保，担保期间为自本申请书签署之日起至该票据贴现债权诉讼时效届满的期间（以下根据实际情况在（　）中打"√"选择）：

（　）5.1 向我司在贵行开立的保证金账户（保证金账户账号：＿＿＿＿，下同）中存入　币　元的保证金（贵行亦有权从我司在贵行开立的结算账户中直接扣收本申请书约定我司应缴存的保证金），该资金自进入该账户之日起视为特定化和移交贵行占有，未经贵行许可我司不得动用；

（　）5.2 以我司拥有合法所有权的国债作为质物（名称：　编号：　金额：　期限/到期日：　），并按照贵行要求办妥质押手续，及/或；

（　）5.3 以我司有合法处分权的银行承兑汇票（编号：　出票人：　承兑行：　到期日：　收款人：　）作为物质，并办妥背书及移交贵行保管等质押手续，及/或；

（　）5.4 以我公司合法所有的存单（编号：　户名：　账号：　金额：　期限/到期日：　）作为物质，并按照贵行要求办妥质押手续，及/或；

（　）5.5 贵行认可的银行提供的保函/备用信用证作为保证担保。

如作为质物的国债/存单/银行承兑汇票的到期日早于本申请书项下债务到期日，贵行有权于国债/存单/银行承兑汇票到期时兑现，并以所收回的款项提前清偿我司在本申请书项下票据贴现本息及其他费用，或直接将有关款项全额存入我司在贵行开立的保证金账户。该资金自进入保证金账户之日起视为特定化和移交贵行占有，未经贵行许可我司不得动用，继续作为我司在本申请书项下票据贴现本息、逾期利息、复息及其他费用偿还的担保。

上述担保手续未办妥的前提下，我公司确认贵行有权拒绝向我司发放押汇款。

（注：本申请书代主合同时，应选择适用于本条并在本条前（　）中打√选择，在5.1/5.2/5.3/5.4情况下，本申请书还同事构成申请人与银行之间所签署的质押合同，双方可不另行签署专门的质押合同；本申请书非代主合同使用时，该条不适用，相应担保适用《授信协议》/《国际贸易融资协议》项下担保）

6. 该票据项下款项一经收妥，立即用于归还贵行贴现本息及相关费用。

7. 我司确认该票据贸易背景真实、要素完整且不存在权利瑕疵；并随时向贵行提供我司的经营、财务状况及贵行所需要的其他材料，配合贵行的调查、审查和监督。发生影响我司偿债能力的重大事项时，立即书面通知贵行，并积极配合贵行落实本申请书项下有关贴现本息、逾期利息、复息及其他一切费用安全偿还的保障措施。否则视为我司违约，贵行有权要求我司提前偿还贴现款项、相应利息及费用。在此情形下，贵行有权直接从我司账上扣款，或采取其他追偿措施。

8. 如因本申请书项下业务产生纠纷，我司应先与贵行协商解决，协商不成，双方通过以下途径解决（以下三者仅选其一，在（　）中打√选择）：

（√）8.1 向贵行所在地法院起诉；

（　）8.2 向我司所在地法院起诉；

（　）8.3 向＿＿＿＿＿＿＿仲裁委员会申请仲裁，按照仲裁机构届时有效的仲裁规则予以仲裁解决。

（注：本申请书代主合同时，应选择适用本条并在本条前（　）中打√选择）

申请单位：东北发动机有限公司　　　　　银行确认：工商银行东风大街支行
法定代表人或授权代理　　　　　　　　　主要负责人或授权代理
日期：2019年1月20日　　　　　　　　　日期：2019年1月20日

（注：本申请书代主合同时，银行确认栏应签章，本申请书不代主合同时，无须在银行确认栏签章）

附件：票据正本及复印件、贸易合同

## 贴现凭证

申请日期：2019年01月20日　　　　　　　　　　　　　　　　　编号：039966

| 贴现凭证 | 种类 | 银行承兑汇票 | 号码 | 03092561 | | 持票人 | 名称 | 东北发动机有限公司 |
| --- | --- | --- | --- | --- | --- | --- | --- | --- |
| | 出票日 | 2019年1月16日 | 百十万千百十元角分 | | | | 账号 | 20081665888880 |
| | 到期日 | 2019年7月16日 | 1 0 0 0 0 0 0 0 0 | | | | 开户银行 | 工商银行东风大街支行 |
| 汇票承兑人名称 | | 吉林市松航船舶修造有限公司 | 账号 | 675522336699 | | | 开户银行 | 建设银行松花区支行 |
| 汇票金额 | | 人民币（大写）壹佰万元整 | | | | | 千百十万千百十元角分　¥ 1 0 0 0 0 0 0 0 0 | |
| 贴票率（年） | 3.47% | 贴现利息 | 千百十万千百十元角分　1 7 0 6 0 8 3 | | | 实付贴现金额 | 千百十万千百十元角分　¥ 9 8 2 9 3 9 1 7 | |

上述款项已入你单位账户

（小贷公司审核：负责人　经办）

（持票人盖章：东北发动机有限公司财务专用章；印：马实；银行盖章：工商银行东风大街支行）

此联收款人开户行随托收凭证寄付款行做借方凭证附

## 20809 综合会计——车间设备修理费

| 经济业务 | 车间设备修理费 | 更新时间 | | 经济业务摘要 |
| --- | --- | --- | --- | --- |
| 岗　位 | 综合会计 | 级　别 | 中级 | 支付车间设备修理费 |
| 工作方式 | 手工、软件 | | | |

### 经济业务内容

支付装配车间设备修理费。依据相关原始凭证，支付相关费用。

### 经济业务处理要求

按照报销内容选择报销单并认真填写报销单。财务部长根据报销单内容，结合公司相关规定进行审批，保证报销内容的真实，数据准确。总经理对报销单进行复核审批。综合会计根据接到审批通过的报销单进行相关的账务处理。出纳在综合会计账务处理之后，对报销单进行付款。

## 经济业务流程

**东北发动机有限公司**

流程名称：报销付款审批
流程代码：20804
更新时间：2018年12月
风险点：

| 部门名称 | 财务部 | 审批人 | 柴章 | 会签 | 范婷、高翔、董芳、丁磊 邓欢、陈晓、陈曼、刘玉 |
|---|---|---|---|---|---|
| 主责岗位 | 综合 |  |  |  |  |
| 编辑人 | 付晶 |  |  |  |  |

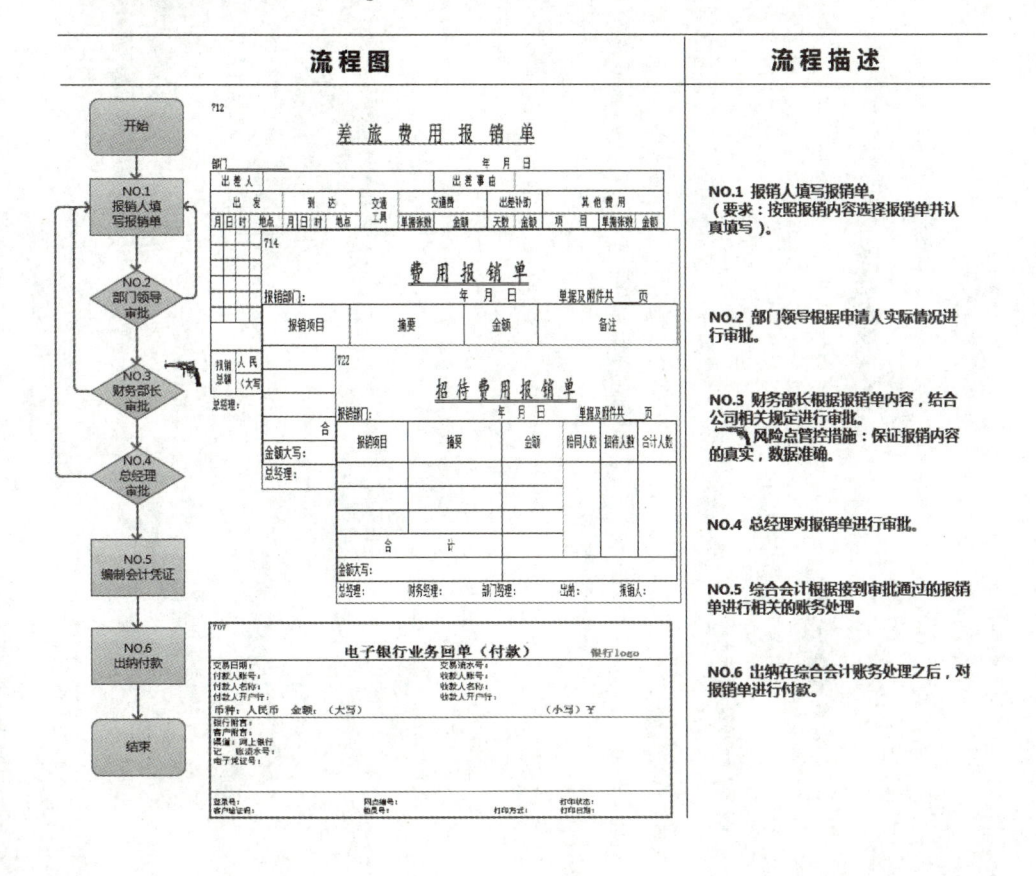

### 流程图

开始 → NO.1 报销人填写报销单 → NO.2 部门领导审批 → NO.3 财务部长审批 → NO.4 总经理审批 → NO.5 编制会计凭证 → NO.6 出纳付款 → 结束

（差旅费用报销单、费用报销单、招待费用报销单、电子银行业务回单（付款））

### 流程描述

**NO.1** 报销人填写报销单。
（要求：按照报销内容选择报销单并认真填写）。

**NO.2** 部门领导根据申请人实际情况进行审批。

**NO.3** 财务部长根据报销单内容，结合公司相关规定进行审批。
风险点管控措施：保证报销内容的真实、数据准确。

**NO.4** 总经理对报销单进行审批。

**NO.5** 综合会计根据接到审批通过的报销单进行相关的账务处理。

**NO.6** 出纳在综合会计账务处理之后，对报销单进行付款。

## 经济业务证明（外来原始凭证）

### 吉林省长春市国家税务局通用机打发票

查询码：　　　　　　　　　　　　　　发票代码 111000543010
发票代码：　　　　　　　　发票联　　　发票号码 10792457

开票日期：2019年1月20日　　　　　行业分类：商业

| 客户名称： | 东北发动机有限公司 | | | | | |
|---|---|---|---|---|---|---|
| 客户税号： | | 地址、电话： | | | | |
| 货物或劳务名称 | | 规格 单位 | 数量 | 单价 | 金额 | |
| 维修费 | | | 1 | 4 800.0 | 4 800.0 | |
| 合计人民币（大写）：肆仟捌佰元整 | | | | | ￥4 800.0 | |
| 开票方开银行及账号： | | | 结算方式：银行转账 | | | |
| 开票方税号： | | 备注： | | | | |
| 开票人：白天 | 收款人：赵瑞 | 电话： | | 开票单位（盖章） | | |

（长春朋社机床设备维修有限公司 发票专用章 2201026456865418885）

707

### 中国工商银行 电子银行业务回单（付款）

| 交易日期：2019年1月20日 | 交易流水号：5369742568 |
|---|---|
| 付款人账号：2008 1665 8888 8888 | 收款人账号：3008 4215 213 |
| 付款人名称：东北发动机有限公司 | 收款人名称：长春朋社机床设备维修有限公司 |
| 付款人开户行：长春市工商银行东风大街支行 | 收款人开户行：兴业银行越野路支行 |
| 币种：人民币　金额：（大写）肆仟捌佰元整 | （小写）￥4 800.00 |

银行附言：
客户附言：维修费
渠道：网上银行
记账流水号：265981357214
电子凭证号：598352167

（工商银行东风大街支行）

| 登录号： | 网点编号： | 打印状态：第一次打印 |
|---|---|---|
| 客户验证码： | 柜员号： | 打印方式：　打印日期：2019.1.20 |

## 经济业务证明（自制原始凭证）

714

### 费用报销单

报销部门：装配车间　　　　　2019年1月20日　　　　　单据及附件共 1 页

| 报销项目 | 摘要 | 金额 | 备注 |
|---|---|---|---|
| 维修费 | 车间设备维修 | 4 800.00 | 银行转账 |
|  |  |  |  |
|  |  |  |  |
|  | 合计 | 4 800.00 |  |

金额大写：肆仟捌佰元整

总经理：马实　　　财务部长：柴章　　　部门经理：刘战功　　　出纳：初娜　　　报销人：周平

# 20103 材料会计——外购半成品暂估冲销

| 经济业务内容 | 外购半成品暂估冲销 | 更新时间 |  | 经济业务内容摘要 |
|---|---|---|---|---|
| 岗　位 | 材料会计 | 级　别 | 中级 | 对发票到达的估价入账红字冲回，重新办理入库。 |
| 工作方式 | 手工、软件 |  |  |  |

## 经济业务内容

2019年1月21日，东北发动机有限公司收到苏州连杆集团公司上年采购14 000个活塞连杆总成的发票，款项未付。

红字冲回按计划单价82.36元暂估入账，暂估入账金额1 153 040.00元。

## 经济业务处理要求

掌握企业发票到达后估价入账冲回及重新入库的过程。

# 经济业务流程

**东北发动机有限公司**

| 流程名称：暂估冲销 | 部门名称：财务部 | 审批人：签章 |
|---|---|---|
| 流程代码：20103 | 主责岗位：出纳 | 会 范婷 高翔 董芳 丁磊 |
| 更新时间：2018年12月 | 编辑人：刘玉 | 签 邓欢 陈晓 陈曼 付晶 |
| 风险点： | | |

## 流程图

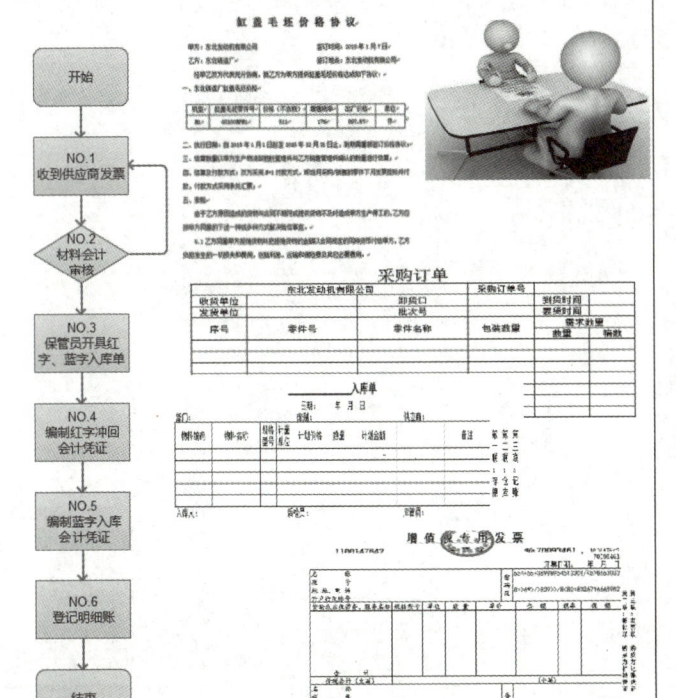

开始 → NO.1 收到供应商发票 → NO.2 材料会计审核 → NO.3 保管员开具红字、蓝字入库单 → NO.4 编制红字冲回会计凭证 → NO.5 编制蓝字入库会计凭证 → NO.6 登记明细账 → 结束

## 流程描述

NO.1 收到供应商开具发票。

NO.2 材料会计审核发票正确性，同时核对该项发票以前估价入账的明细账，确认该笔估价入账是否冲回仍停留应付账款估价入账的贷方余额中，方符合审核条件。

NO.3 保管员按原估价入账的内容在重新按红字填写完全相同内容的红字入库单，同时按照正常的材料入库方法填写蓝字入库单，相关内容与本次收到发票完全一致。

NO.4 材料会计根据保管员开具的红字入库单编制估价入账冲回红字会计凭证。

NO.5 材料会计依据保管员本次开具的正确的蓝字入库单及发票编制材料入库会计凭证。

NO.6 登记相关账簿。

## 经济业务证明（外来原始凭证）

合同

活塞连杆价格协议

甲方：东北发动机有限公司　　　　签订时间：2019年1月1日
乙方：苏州连杆集团公司　　　　　签订地点：东北发动机有限公司

经甲乙双方代表充分协商，就乙方为甲方提供材料价格达成如下协议：

一、价格、数量：

| 货物名称 | 单位 | 数量 | 价格（不含税） | 合计金额 | 增值税率 | 税额 |
| --- | --- | --- | --- | --- | --- | --- |
| 活塞连杆总成 | 套 | 14 000 | 71.56 | 1 001 840.00 | 13% | 130 239.2 |
| 金额（大写）壹佰壹拾叁万贰仟零柒拾玖元贰角 |  |  |  |  | ￥ | 1 132 079.2 |

二、执行日期：自2019年1月1日起至2019年12月31日止，到期需要重新签订价格协议；

三、计算数量以甲方生产物流部物料管理与乙方销售管理科确认的数量进行结算；

四、结算及付款方式：赊账（发票到达后付款）；

五、索赔：

由于乙方原因造成的货物与合同不相符或提供货物不及时造成甲方生产停工的，乙方应按甲方同意的下述一种或多种方式解决赔偿事宜。

乙方同意甲方拒绝货物并把拒绝货物的金额以合同规定的同种货币付给甲方，乙方负担发生的一切损失和费用，包括利息、运输和保险费及其他必要费用。

发票

## 增值税专用发票

1100147642　　　　　　　　发票联　　　　No.70093461　　1111567643
　　　　　　　　　　　　　　　　　　　　　　　　　　　　　80096542

开票日期：2019年4月21日

| 名　　称 | 东北发动机有限公司 | 密码区 | 554+55+38998954513301/<5>8653033<br>0+>6*>/>839>>/8<80+8326716665982<br>0828+26*/1/3+>>70484*/1<01598*/*0<br>/<5>0+>6*>/>831>49+834*14<<>*538 |
|---|---|---|---|
| 税　　号 | 220117709854834 |||
| 地址、电话 | 长春市东风大街1888号 |||
| 开户行及账号 | 工商银行东风大街支行200816658888888 |||

| 货物或应税劳务、服务名称 | 规格型号 | 单位 | 数量 | 单价 | 金额 | 税率 | 税额 |
|---|---|---|---|---|---|---|---|
| 活塞连杆总成 |  | 套 | 14 000 | 71.56 | 1 001 840.00 | 13% | 130 239.20 |
| 合　　计 |||||  ¥ 1 001 840.00 |  | ¥ 130 239.20 |
| 价税合计（大写） | 壹佰壹拾叁万贰仟零柒拾玖元贰角 |||||（小写）| ¥ 1 132 079.00 |

| 名　　称 | 苏州连杆集团公司 | 备注 | |
|---|---|---|---|
| 税　　号 | 420000046465000 |||
| 地址、电话 | 苏州市工业园区1305号 0512-81006481 |||
| 开户行及账号 | 中国银行苏州工业园支行 6831030004013 |||

收款人：邓小天　　复核人：王月　　开票人：高宇　　销货单位（章）

## 经济业务证明（自制原始凭证）

入库单

### 外购半成品入库单

日期：2018年12月30日

部门：采购部　　　　库别：外购半成品库　　　供应商：苏州连杆集团公司

| 物料编码 | 物料名称 | 计量单位 | 计划价格 | 数量 | 计划总额 | 备注 |
|---|---|---|---|---|---|---|
| LG10000ZC | 活塞连杆总成 | 套 | 82.36 | 14 000 | 1 153 040.00 | |
|  |  |  |  |  |  | |
|  |  |  |  |  |  | |
|  |  |  |  |  |  | |

采购员：张秀辉　　　　质检员：姜治鹏　　　　库管员：张绍

## 外购半成品入库单

日期：2019年1月21日

部门：采购部　　　　　库别：外购半成品库　　　供应商：苏州连杆集团公司

| 物料编码 | 物料名称 | 计量单位 | 计划价格 | 数量 | 计划总额 | 备注 |
|---|---|---|---|---|---|---|
| LG10000ZC | 活塞连杆总成 | 套 | 82.36 | 14 000 | 1 153 040.00 | |
| | | | | | | |
| | | | | | | |
| | | | | | | |

第一联：存根　第二联：仓库　第三联：记账

采购员：张秀辉　　　　　质检员：姜治鹏　　　　　库管员：张绍

# 20810 综合会计——支付车间取暖费

| 经济业务 | 支付车间取暖费 | 更新时间 | | 经济业务摘要 | |
|---|---|---|---|---|---|
| 岗　　位 | 综合会计 | 级　　别 | 中级 | 支付装配车间取暖费 | |
| 工作方式 | 手工、软件 | | | | |

## 经济业务内容

支付装配车间取暖费。依据相关原始凭证，支付相关费用。

## 经济业务处理要求

按照报销内容选择报销单并认真填写报销单。财务部长根据报销单内容，结合公司相关规定进行审批，保证报销内容的真实，数据准确。总经理对报销单进行审批。综合会计根据接到审批通过的报销单进行相关的账务处理。出纳在综合会计账务处理之后，对报销单进行付款。

# 经济业务流程

**东北发动机有限公司**

流程名称：报销付款审批
流程代码：20804
更新时间：2018年12月
风险点：

| 部门名称：财务部 | 审批人：盖章 |
| --- | --- |
| 主责岗位：综合 | 会签：范婷、高翔、董芳、丁磊、邓欢、陈晓、陈曼、刘玉 |
| 编辑人：付晶 | |

## 流程图 / 流程描述

**NO.1** 报销人填写报销单。
（要求：按照报销内容选择报销单并认真填写）。

**NO.2** 部门领导根据申请人实际情况进行审批。

**NO.3** 财务部长根据报销单内容，结合公司相关规定进行审批。
风险点管控措施：保证报销内容的真实，数据准确。

**NO.4** 总经理对报销单进行审批。

**NO.5** 综合会计根据接到审批通过的报销单进行相关的账务处理。

**NO.6** 出纳在综合会计账务处理之后，对报销单进行付款。

## 经济业务证明（外来原始凭证）

104

**吉林增值税普通发票**

2200153130　　发票联　　　　　　　　　　　　　　　　　2200153130
No.00458348　　　　　　　　　　　　　　　　　　　　　00459354

开票日期：2019年4月22日

| 名称 | 东北发动机有限公司 | | | | 密码区 | 6554+55+38998954513301/<5>/*6036 0+>6*>/>839>>/8<80+83267<>>22303 0828+26*1/3+>>70484*/1<01**5268/ <5>0+>6*>/>831>49+834*14<62587032 | | |
|---|---|---|---|---|---|---|---|---|
| 税号 | 220117709854834 | | | | | | | |
| 地址、电话 | 长春市东风大街1888号 | | | | | | | |
| 开户行及账号 | 工商银行东风大街支行 2008 1665 8888 8888 | | | | | | | |
| 货物或应税劳务、服务名 | 规格型号 | 单位 | 数量 | 单价 | | 金额 | 税率 | 税额 |
| 取暖费 | | | 1 | 12 606.8400 | | 12 606.84 | 6% | 1 638.89 |
| 合计 | | | | | | ¥ 12 606.84 | | ¥ 1 638.89 |
| 价税合计（大写） | 壹万肆仟贰佰肆拾伍元柒角叁分 | | | | （小写） | ¥ 14 245.73 | | |
| 名称 | 吉林省长春供热集团有限公司 | | | | 备注 | 2019-1-1————2020-1-1 | | |
| 税号 | 22010412399835X | | | | | | | |
| 地址、电话 | 长春市朝阳区人民大街4969号 0431-88521424 | | | | | | | |
| 开户行及账号 | 中国工商银行人民大街支行 4216457533 3142578 | | | | | | | |

收款人：张玉政　　复核人：韩旭　　开票人：张玉政　　销售单位：（章）

---

707

**中国工商银行　电子银行业务回单（付款）**

交易日期：2019年4月22日　　　　　交易流水号：5369742796
付款人账号：2008 1665 8888 8888　　收款人账号：4216 4575 3331 4257 8
付款人名称：东北发动机有限公司　　收款人名称：吉林省长春供热集团有限公司
付款人开户行：长春市工商银行东风大街支行　　收款人开户行：中国工商银行人民大街支行
币种：人民币　　金额：（大写）壹万肆仟贰佰肆拾伍元柒角叁分　　（小写）¥ 14 245.73

银行附言：
客户附言：取暖费
渠道：网上银行
记账流水号：265659874152
电子凭证号：598968425

登录号：　　　　　　　网点编号：　　　　　　打印方式：　　　　打印状态：第一次打印
客户验证码：　　　　　柜员号：　　　　　　　　　　　　　　　　打印日期：2019.4.22

## 经济业务证明（自制原始凭证）

714

### 费用报销单

报销部门：装配车间　　　　2019年4月22日　　　　单据及附件共 _1_ 页

| 报销项目 | 摘要 | 金额 | 备注 |
|---|---|---|---|
| 取暖费 | 装配车间取暖费 | 14 245.73 | |
| | | | |
| | | | |
| 合　　计 | | 14 245.73 | |
| 金额大写：壹万肆仟贰佰肆拾伍元柒角叁分 ||||

总经理：马实　　财务部长：柴章　　部门经理：刘战功　　出纳：初娜　　报销人：王洋

## 关于分期缴纳电费的协议

甲方：吉林省长春供热集团有限公司

乙方：东北发动机有限公司

为保护各方的合法权益，确保按时足额地收缴国家电费，根据《合同法》《电力法》等法律法规的有关规定，经各方充分协商，达成一致意见，以资共同遵守：

1. 电费计算方式采用分期缴费方式。乙方采用分期付费的方式交付电费。每月20日按原计量装置结算电费。对电费进行交纳。

2. 购电方式：乙方将购电款汇入甲方电费账户，凭银行进账单或现金缴款单至甲方营业厅缴费购电，则甲方提供相应电费发票。

3. 乙方按照日常使用的平均电价，分期向甲方先付电费，月底前一次性结算清当月电费，因峰谷电价、利率奖惩电费及国家电价政策和其他不确定因素的影响，预购电价、电量和结算电价、电量不可能完全一致，但电量、电费以甲方正式结算为准。

4. 乙方不得私自迁移、更动和擅自操作预付费装置及相关设备，否则，造成的一切后果由乙方负责，并且甲方按国家对违约用电和窃电的规定予以处罚。

5. 甲方负责预付费装置及其相关电器回路的安装，并向乙方说明装置特征及使用方法。

6. 甲方在上班时间内正常售电，除特殊情况或预约在先，供电方一般不接受用电方夜间购电，用电方不得故意频繁购电以免影响正常的供电秩序。

7. 乙方不得以任何方式、任何理由拒付电费。乙方对用电计量、电费有异议时，先结清电费，然后双方协商解决。协商不成时，可请求电力管理部调解。调解不成时，双方可选择申请仲裁或提起诉讼其中一种方式解决。

8. 供、用电双方如有变更用户名、银行账号，应及时书面通知对方。如因一方变更，未及时通知另一方，造成的一切后果由变更户名或银行账号的一方负责。

9. 遇有上级公司政策调整或其他变化时，以上级公司规定为准。其他未尽事宜，按国家有关法律法规执行。

10. 本协议一式两份，甲、乙双方各执一份，自双方签字，并加盖公章后生效。如需修改，双方商定同意，可重新修改签订本协议。

11. 本协议作为供用电合同的附件。

甲方：吉林省长春供热集团有限公司
签约人：

乙方：东北发动机有限公司
签约人：

签订日期：2019年4月1日

## 20709 资金会计——支付短期借款利息

| 经济业务 | 付利息 | 更新时间 | | 经济业务摘要 |
|---|---|---|---|---|
| 岗　　位 | 资金会计 | 级　　别 | 中级 | 支付短期借款利息 |
| 工作方式 | 手工、软件 | | | |

### 经济业务内容

2019年1月22日,收到银行扣除贷款利息回单。

### 经济业务处理要求

　　了解支付短期借款利息业务处理流程。根据银行回单,分析经济业务。依据相关原始凭证,参照银行自动收付款业务处理流程,填写相关表单,运用借贷记账法编制记账凭证,登记相关账簿。注意自动收付款业务特点及其会计处理规则,正确运用会计科目。

# 经济业务流程

**东北发动机有限公司**

流程名称：支付短期借款利息
流程代码：20709
更新时间：2018年12月
风险点：

| 部门名称：财务部 | 审批人：柴章 | 会签 | 范婷 高翔 董芳 邓欢 陈晓 陈曼 刘玉 付晶 |
|---|---|---|---|
| 主责岗位：薪酬 | | | |
| 编辑人：丁磊 | | | |

## 流程图

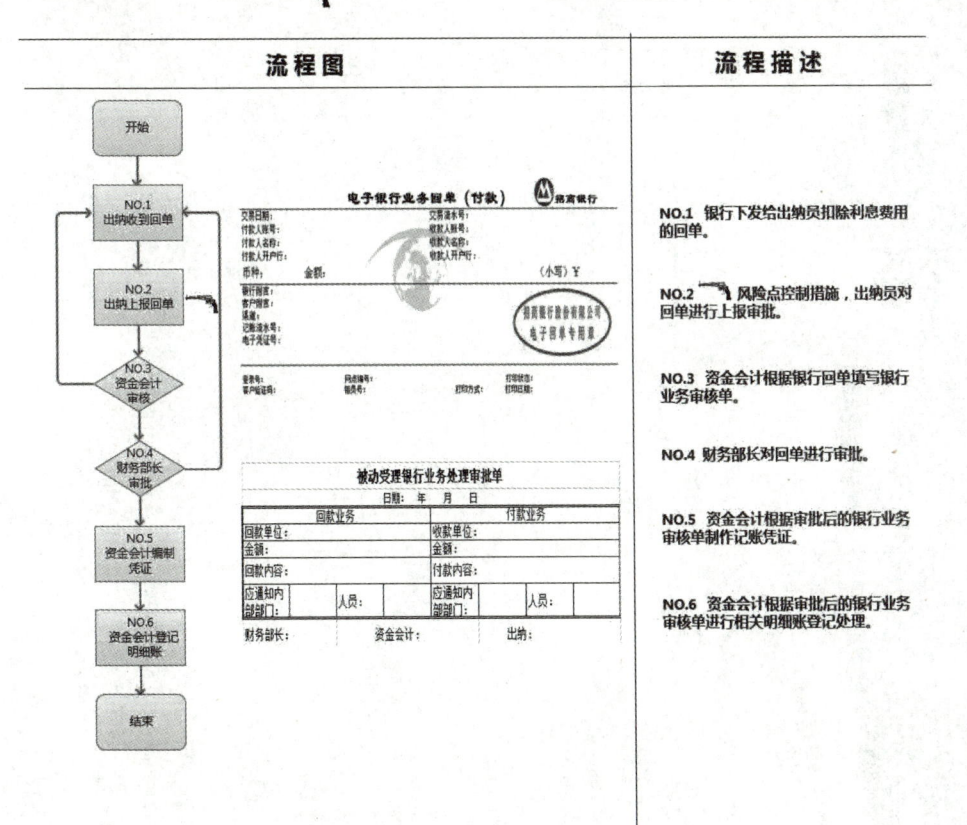

开始 → NO.1 出纳收到回单 → NO.2 出纳上报回单 → NO.3 资金会计审核 → NO.4 财务部长审批 → NO.5 资金会计编制凭证 → NO.6 资金会计登记明细账 → 结束

## 流程描述

NO.1 银行下发给出纳员扣除利息费用的回单。

NO.2 风险点控制措施，出纳员对回单进行上报审批。

NO.3 资金会计根据银行回单填写银行业务审核单。

NO.4 财务部长对回单进行审批。

NO.5 资金会计根据审批后的银行业务审核单制作记账凭证。

NO.6 资金会计根据审批后的银行业务审核单进行相关明细账登记处理。

## 经济业务证明

706

### 电子银行业务回单（收费）　中国工商银行

交易日期：2019年01月22日　　业务类型：贷款付息　　交易流水号：00039797
付款人账号：2008166588888888
付款人名称：东北发电机有限公司
付款人开户行：工商银行东风大街支行
币种：人民币　　金额：（大写）叁万伍仟元整　　　　（小写）￥35 000.00
摘要：贷款付息
收费时段：08：42：51
记账流水号：0003736
电子凭证号：0133

登录号：00881　　　网点编号：1234　　　　　　打印状态：1
客户验证码：877976　柜员号：003　　打印方式：1　打印日期：2019年01月22日

724

### 被动受理银行业务处理审批单

日期：2019年01月22日

| 回款业务 || 付款业务 ||
|---|---|---|---|
| 回款单位： || 收款单位：工商银行东风大街支行 ||
| 金额： || 金额：35 000.00元 ||
| 回款内容： || 付款内容：支付利息 ||
| 应通知内部部门： | 人员： | 应通知内部部门：财务部 | 人员：初娜 |

财务部长：柴章　　　　　资金会计：金酷　　　　　　　　出纳：初娜

# 20811 综合会计——车间人员出差报销

| 经济业务 | 车间人员出差报销 | 更新时间 | | 经济业务摘要 | |
|---|---|---|---|---|---|
| 岗　　位 | 综合会计 | 级　　别 | 中级 | 车间人员出差报销 |
| 工作方式 | 手工、软件 | | | |

## 经济业务内容

装配车间人员出差报销。依据相关原始凭证，支付相关费用。

## 经济业务处理要求

按照报销内容选择报销单并认真填写报销单。财务部长根据报销单内容，结合公司相关规定进行审批，保证报销内容的真实，数据准确。总经理对报销单进行复核审批。综合会计根据接到审批通过的报销单进行相关的账务处理。出纳在综合会计账务处理之后，对报销单进行付款。

## 经济业务流程

**东北发动机有限公司**

流程名称：报销付款审批
流程代码：20804
更新时间：2018年12月
风险点：

| 部门名称 | 财务部 | 审批人 | 盖章 |
|---|---|---|---|
| 主责岗位 | 综合 | 会签 | 范婷、高翔、董芳、丁磊 邓欢、陈晓、陈曼、刘玉 |
| 编辑人 | 付晶 | | |

### 流程图

开始 → NO.1 报销人填写报销单 → NO.2 部门领导审批 → NO.3 财务部长审批 → NO.4 总经理审批 → NO.5 编制会计凭证 → NO.6 出纳付款 → 结束

### 流程描述

NO.1 报销人填写报销单。
（要求：按照报销内容选择报销单并认真填写）。

NO.2 部门领导根据申请人实际情况进行审批。

NO.3 财务部长根据报销单内容，结合公司相关规定进行审批。
风险点管控措施：保证报销内容的真实，数据准确。

NO.4 总经理对报销单进行审批。

NO.5 综合会计根据接到审批通过的报销单进行相关的账务处理。

NO.6 出纳在综合会计账务处理之后，对报销单进行付款。

# 经济业务证明（自制原始凭证）

## 辽宁省沈阳市国家税务局通用机打发票

查询码：　　　　　　　　　　　　　　　　发票代码 111000544581
发票代码：　　　　　　　　　　　　　　　发票号码 26597451

开票日期：2019年1月20日　　　　　行业分类：商业

| 客户名称： | 东北发动机有限公司 | | | | | |
|---|---|---|---|---|---|---|
| 客户税号： | | 地址、电话： | | | | |
| 货物或劳务名称 | 规格 | 单位 | 数量 | 单价 | 金额 | |
| 住宿费 | | | 1 | 400.00 | 400.00 | |

合计人民币（大写）：肆佰元整　　　　　　　　　　　　　¥400.00

开票方开银行及账号：　　　　　　　　　　　结算方式：现金
开票方税号：　　　　　　　　　　　备注：

开票人：张菲菲　　收款人：刘涵　　　电话：　　开票单位（盖章）

（加盖"沈阳君悦酒店发票专用章 4203659186591571541"）

---

**车票1：**
Q054681
长春站 → K7230 → 沈阳站
Changchun　　　　Shenyang
2016年1月20日 8:00开　06车上062号
¥120元　　网　　新空调硬座
限乘当日当次车
2201021982****6215 王志
买票请到12306 发货请到95306
中国铁路祝您旅途愉快
54116300070116Q054681　长春售

**车票2：**
Q075126
沈阳站 → K7235 → 长春站
Changchun　　　　Shenyang
2016年1月21日 13:00开　08车上021号
¥120元　　网　　新空调硬座
限乘当日当次车
2201021982****6215 王志
买票请到12306 发货请到95306
中国铁路祝您旅途愉快
54116300070116Q075126　沈阳售

## 经济业务证明（外来原始凭证）

712

### 差旅费用报销单

2019年1月25日

部门 装配车间

| 出差人 | 王志 | | | | 出差事由 | | | 购买劳保工装 | | | 附件 |
|---|---|---|---|---|---|---|---|---|---|---|---|
| 出发 | | | | 到达 | | | 交通工具 | 交通费 | | 出差补助 | | 其他费用 | | |
| 月 | 日 | 时 | 地点 | 月 | 日 | 时 | 地点 | | 单据张数 | 金额 | 天数 | 金额 | 项目 | 单据张数 | 金额 |
| 1 | 20 | 8 | 长春 | 1 | 20 | 13 | 沈阳 | 火车 | 1 | 120.00 | 1 | 60 | 住宿费 | 1 | 400.00 |
| 1 | 21 | 15 | 沈阳 | 1 | 21 | 20 | 长春 | 火车 | 1 | 120.00 | | | 市内车费 | | |
| | | | | | | | | | | | | | 邮电费 | | |
| | | | | | | | | | | | | | 办公用品费 | | |
| | | | | | | | | | | | | | 不买卧铺补贴 | | |
| | | | | | | | | | | | | | 其他 | | |
| | | | | 合 计 | | | | | | | | | | | |
| 报销总额 | 人民币 ¥700.00 | | | | | 预借差旅费 | ¥ | 补领金额 | ¥ | | |
| | （大写）柒佰元整 | | | | | | | 退还金额 | ¥ | | |

3 张

总经理：马实　　财务部长：柴章　　部门经理：刘战功　　出纳：初娜　　报销人：王志

# 20812 综合会计——支付车间办公用品费用

| 经济业务 | 车间购买办公用品 | 更新时间 | | 经济业务摘要 | |
|---|---|---|---|---|---|
| 岗　位 | 综合会计 | 级　别 | 中级 | 支付车间办公用品费用 | |
| 工作方式 | 手工、软件 | | | | |

## 经济业务内容

支付装配车间购买办公用品。依据相关原始凭证，支付相关费用。

## 经济业务处理要求

按照报销内容选择报销单并认真填写报销单。财务部长根据报销单内容，结合公司相关规定进行审批，保证报销内容的真实，数据准确。总经理对报销单进行复核审批。综合会计根据接到审批通过的报销单进行相关的账务处理。出纳在综合会计账务处理之后，对报销单进行付款。

# 经济业务流程

**东北发动机有限公司**

流程名称：报销付款审批
流程代码：20804
更新时间：2018年12月
风险点：

| 部门名称 | 财务部 | 审批人 | 柴章 |
|---|---|---|---|
| 主责岗位 | 综合 | 会签 | 范婷、高翔、董芳、丁磊 邓欢、陈晓、陈曼、刘玉 |
| 编辑人 | 付晶 | | |

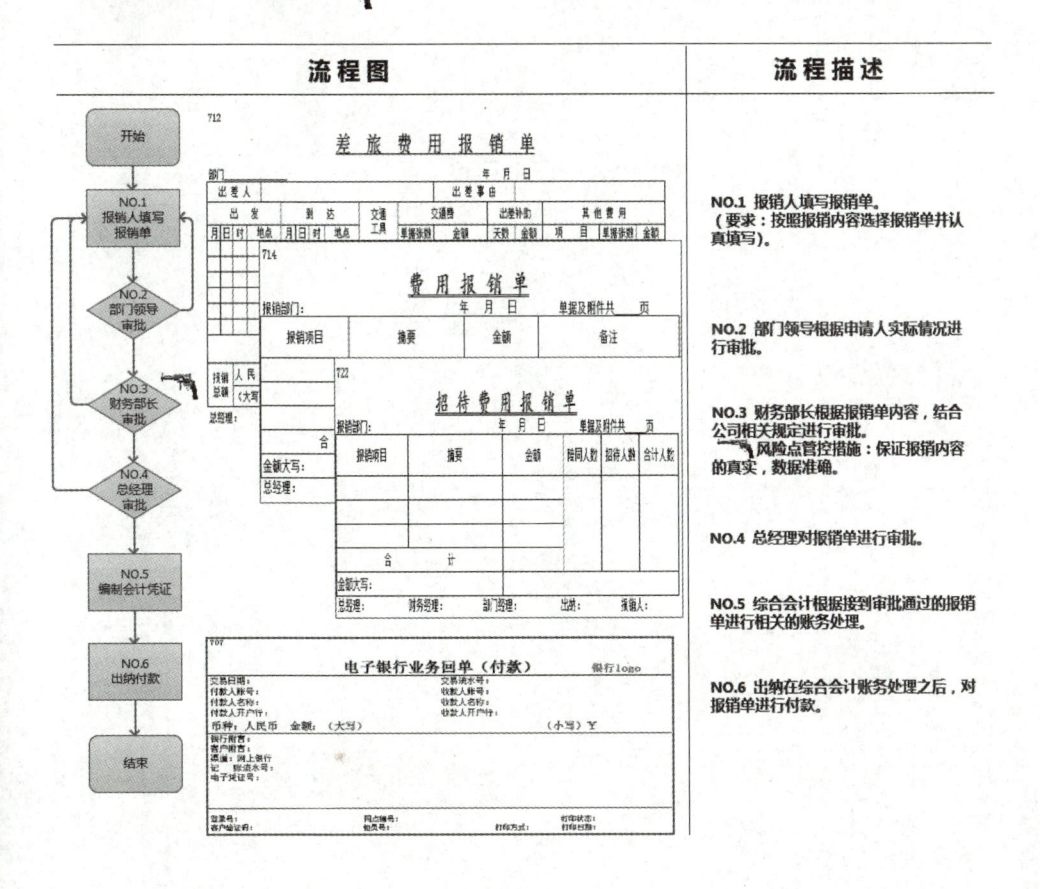

## 流程图

- 开始
- NO.1 报销人填写报销单
- NO.2 部门领导审批
- NO.3 财务部长审批
- NO.4 总经理审批
- NO.5 编制会计凭证
- NO.6 出纳付款
- 结束

## 流程描述

**NO.1** 报销人填写报销单。
（要求：按照报销内容选择报销单并认真填写）。

**NO.2** 部门领导根据申请人实际情况进行审批。

**NO.3** 财务部长根据报销单内容，结合公司相关规定进行审批。
风险点管控措施：保证报销内容的真实、数据准确。

**NO.4** 总经理对报销单进行审批。

**NO.5** 综合会计根据接到审批通过的报销单进行相关的账务处理。

**NO.6** 出纳在综合会计账务处理之后，对报销单进行付款。

## 经济业务证明（外来原始凭证）

**吉林省长春市国家税务局通用机打发票**

查询码：　　　　　　　　　　　　　　　　　　　发票代码 111000543010
发票代码：　　　　　　　　　　　　　　　　　　 发票号码 10201527

开票日期：2019年1月25日　　　　行业分类：商业

| 客户名称：东北发动机有限公司 | | | | | |
|---|---|---|---|---|---|
| 客户税号： | 地址、电话： | | | | |
| 货物或劳务名称 | 规格　单位 | 数量 | 单价 | 金额 | |
| 办公用品 | | 1 | 80.00 | 80.00 | |
| 合计人民币（大写）：捌拾元整 | | | | ￥80.00 | |
| 开票方开户银行及账号： | | | 结算方式：现金 | | |
| 开票方税号： | 备注： | | | | |
| 开票人：李可　　收款人：王明 | 电话： | 开票单位（盖章） | | | |

（加盖"长春铭扬文化用品经销处 220101245678157387 发票专用章"）

## 经济业务证明（自制原始凭证）

### 费用报销单

报销部门：装配车间　　　　2019年1月25日　　　　单据及附件共 _1_ 页

| 报销项目 | 摘要 | 金额 | 备注 |
|---|---|---|---|
| 车间办公用品 | 车间采购办公用品 | 80.00 | 现金支付 |
| | | | |
| | | | |
| 合　　计 | | 80.00 | |

金额大写：捌拾元整

总经理：马实　　财务部长：柴章　　部门经理：肖峰　　出纳：初娜　　报销人：白羽

## 20702 资金会计——短期借款还款

| 经济业务 | 短期借款还款 | 更新时间 | | 经济业务摘要 | |
|---|---|---|---|---|---|
| 岗　位 | 资金会计 | 级　别 | 中级 | 偿还到期短期借款 |
| 工作方式 | 手工、软件 | | | |

### 经济业务内容

2018年1月25日收到的工行东风大街支行到期短期借款。此笔贷款的期限为一年,本金为800万元,月利率5‰。2019年1月25日此笔贷款到期,偿还本金及剩余利息。

### 经济业务处理要求

了解银行贷款还款业务处理流程。审核银行借款合同日期,提出还款申请,分析经济业务,确认短期借款到期。依据相关原始凭证,参照短期借款还款业务处理流程,运用借贷记账法编制记账凭证,登记相关账簿。注意银行贷款还款的业务特点及其会计处理规则,正确运用会计科目。

# 经济业务流程

**东北发动机有限公司**

| 流程名称：短期借款到期还款 | 部门名称：财务部 | 审批人：签章 |
|---|---|---|
| 流程代码：20702 | 主责岗位：薪酬 | 会签：范婷 高翔 董芳 邓欢 陈晓 陈曼 刘玉 付晶 |
| 更新时间：2018年12月 | 编辑人：丁磊 | |

风险点：

## 流程图

```
开始
 ↓
NO.1 资金会计提出申请
 ↓
NO.2 财务部长审批
 ↓
NO.3 总经理审批
 ↓
NO.4 出纳员付款
 ↓
NO.5 资金会计编制凭证
 ↓
NO.6 资金会计登记明细账
 ↓
结束
```

（附：借款还款审批单）

## 流程描述

NO.1 资金会计根据借款合同日期提出短期借款到期还款出书面申请。

NO.2 风险点控制措施，财务部长对申请进行复核，审核短期借款合同，同时对还款日期、金额及当月利息进行审核。

NO.3 总经理对到期还款进行审核。

NO.4 出纳员将需偿还的本金及利息存入指定还款账户。

NO.5 资金会计根据原始凭证制作记账凭证。

NO.6 资金会计根据付款凭证对其进行相关明细账的登记处理同时登记短期借款备查簿。

## 经济业务证明

工商银行贷款（银企协议书）

工商银行东风大街支行（以下简称甲方）
东北发动机有限公司（以下简称乙方）

  为了更好地贯彻国家产业政策，集中资金，保证重点，支持企业健康发展，经甲乙双方友好协商，就乙方东北发动机有限公司企业（或项目），需甲方支持短期贷款事宜达成协议如下：
  一、甲方向乙方提供一年期贷款800万元（捌佰万元整），借款利率（月）为5‰，并委托工商银行东风大街支行（开户行）与乙方签订借款合同，具体内容按借款合同执行。
  二、乙方应根据国家产业、产品发展方向的要求，加强内部管理，优化产品结构，提高产品技术和经济效益，安全有效地使用贷款。
  三、乙方按季度分别向甲方报送财务报表，并接受甲方委托人的监督检查。
  四、甲乙双方应共同努力，加强协作，力争早出效益（或促进资金及早到位，加速周转）。
  五、本协议一式二份，由各方代表人签字后生效并各执一份。

甲方：工商银行东风大街支行    乙方：东北发动机有限公司
代表人：陈曦          代表人：马实

日期：2018年1月25日

729

## 短期借款备查簿

| 短期借款基本情况 ||||||||| 经办人（签章） | 备注 |
|---|---|---|---|---|---|---|---|---|---|
| 借款日期 | 合同编号 | 借款单位名称 | 借款金额 | 到期还款日 | 利率(/月) | 还款方式 | 抵押物 |||
| 2018.01.25 | 0020125 | 工行东风大街支行 | 8 000 000.00 | 2019.01.25 | 5‰ | 每月付息，到期还本 | 无 | 初娜 | |
| 2018.07.01 | 0020719 | 工行东风大街支行 | 7 000 000.00 | 2019.07.01 | 5‰ | 每月付息，到期还本 | 无 | 初娜 | |
| 2018.09.30 | 0020933 | 工行东风大街支行 | 5 000 000.00 | 2019.09.30 | 5‰ | 每月付息，到期还本 | 无 | 初娜 | |

728

## 借款还款审批单

| 申请人 | 金酷 | 部门 || 财务部 | 日期 | 2019年1月20日 ||
|---|---|---|---|---|---|---|---|
| 还款方式 | 等额本金□ || 等额本息□ || 每月付息，到期还款√ |||
| 还款金额 | 大写（人民币）：捌佰零叁万贰仟贰佰伍拾零陆分 ||||| 小写（rmb）：8 032 258.06 |||
| 预计还款日期 | 2019.1.25 | 此前累计偿还本金 || 0.00 | 到期应还本金 || 8 000 000.00 ||
| ^ | ^ | 此前累计偿还利息 || 447 741.94 | 到期应还利息 || 32 258.06 ||
| 还款账户 | 全称：东北发动机有限公司 |||| 付款方式 | 转账√ ||
| ^ | 开户行：工行东风大街支行 |||| ^ | 现金□ ||
| ^ | 账号：2008166588888888 |||| 抵押物 | 无 ||

总经理：马实　　　　　　财务部长：柴章　　　　　　资金会计：金酷

706

## 电子银行业务回单（收费）　　中国工商银行

交易日期：2019年01月25日　　业务类型：自动扣款　　交易流水号：000371266
付款人账号：2008166588888888
付款人名称：东北发动机有限公司
付款人开户行：工商银行东风大街支行

币种：人民币　　金额：（大写）叁万贰仟贰佰伍拾捌元零陆分　　（小写）¥ 32 258.06

摘要：货款付息
收费时段：08：30：52
记账流水号：0002016012233
电子凭证号：00091383

登录号：9799　　　　　网点编号：1234　　　　　打印状态：1
客户验证码：393745　　柜员号：003　　　　　　打印方式：1　　打印日期：2019年01月25日

## 电子银行业务回单（收费） 中国工商银行

交易日期：2019年01月25日　　业务类型：自动扣款　　交易流水号：000371267
付款人账号：2008166588888888
付款人名称：东北发动机有限公司
付款人开户行：工商银行东风大街支行
币种：人民币　　金额：（大写）捌百万元整　　（小写）￥8 000 000.00
摘要：货款付息
收费时段：08：30：55
记账流水号：0002016012234
电子凭证号：00091384

登录号：9799　　网点编号：1234　　　　　　打印状态：1
客户验证码：393745　柜员号：003　　打印方式：1　打印日期：2019年01月25日

## 20303销售会计——销售费用

| 经济业务 | 销售费用 | 更新时间 | | 经济业务摘要 |
|---|---|---|---|---|
| 岗　位 | 销售会计 | 级　别 | 中级 | 报销会议费 |
| 工作方式 | 手工，软件 | | | |

### 经济业务内容

销售部报销在北京参加的发动机营销会议费，会务组统一安排市内交通和住宿。

### 经济业务处理要求

核对是否有借款，审核会议费发票，填制费用报销单，收回借款剩余金额，会计编制记账凭证，登记账簿。

# 经济业务流程

**东北发动机有限公司**

| | | |
|---|---|---|
| 流程名称：销售费用—会议费 | 部门名称：财务部 | 审批人：柴章 |
| 流程代码：20304 | 主责岗位：销售会计 | 会签：范婷 高翔 董芳 丁磊 |
| 更新时间：2018年12月 | 编辑人：刘玉 | 邓欣 陈晓 陈曼 付晶 |
| 风险点： | | |

## 流程图

- 开始
- NO.1 经手人提供报销单据
- NO.2 部门领导审批
- NO.3 销售会计审核
- NO.4 财务部长审批
- NO.5 费用报销冲账
- NO.6 编制记账凭证
- NO.7 审核记账凭证
- NO.8 登记账簿
- 结束

（费用报销单、增值税专用发票、收据样式）

## 流程描述

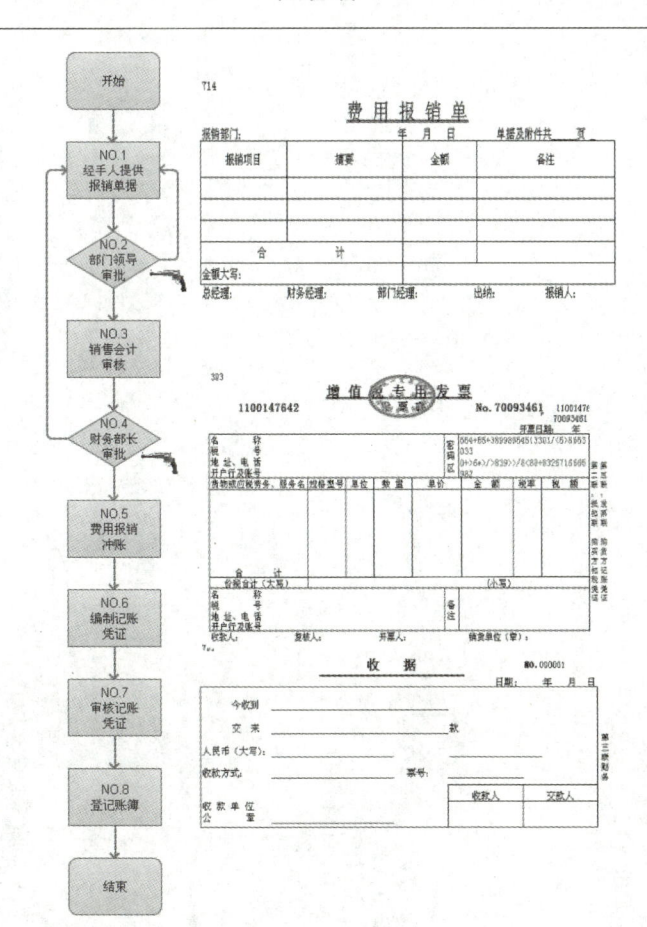

**NO.1** 经手人提供原始报销单据，包括会议费发票、会议记录、会议现场相关证明图片、会议签到表等。填费用报销单。

**NO.2** 风险点管控措施
由销售部门领导审批会议相关费用真实性、是否在计划范围。

**NO.3** 销售会计核对报销金额与票据金额是否一致，核对收到的费用发票是否真实，各项原始凭证是否与本次会议时间地点相符。

**NO.4** 风险点管控措施
财务部长审批费用报销业务发生的真实性，报销票据的完整性。

**NO.5** 根据经手人报销票据的实际金额进行核算，如有个人借款按报销金额冲减掉借款后的差额支付报销人或由报销人补交差额。

**NO.6** 根据已签字完整的报销单编制记账凭证。

**NO.7** 审核已编制的记账凭证，核对记账凭证借贷方是否准确，科目是否合理。

**NO.8** 根据审核过的记账凭证逐项登记账簿。

## 经济业务证明（自制原始凭证）

费用报销单、会议费发票、现金收据

### 费用报销单

报销部门：销售　　　　2019 年 1 月 27 日　　　　单据及附件共 1 页

| 报销项目 | 摘要 | 金额 | 备注 |
|---|---|---|---|
| 会议费 | 北京发动机研讨会 | 32 000.00 | |
| | | | |
| | | | |
| 金额大写：叁万贰仟元整 | | ¥ 32 000.00 | |

总经理：马实　　财务经理：柴章　　部门经理：　　出纳：　　报销人：韩波

---

### 增值税专用发票

发票联　　No.88290520

开票日期：2019 年 4 月 6 日

| 名　称 | 东北发动机有限公司 | 密码区 | 554+55+38998954513301/<5>8653033 0+>6*>/839>>/8<80+8326716665982 0828+26*/1/3+>>70484*/1<01598*/*0 /<5>0+>6*>/831]49+834*14<<>*666 |
|---|---|---|---|
| 税　号 | 220117709854834 | | |
| 地址、电话 | 长春市东风大街1888号 | | |
| 开户行及账号 | 工商银行东风大街支行2008 1665 8888 8888 | | |

| 货物或应税劳务、服务名 | 规格型号 | 单位 | 数量 | 单价 | 金额 | 税率 | 税额 |
|---|---|---|---|---|---|---|---|
| 会议费 | | | | | 30 188.68 | 6% | 1 811.32 |
| 合　　计 | | | | | ¥ 30 188.68 | | ¥ 1 811.32 |

价税合计（大写）　叁万贰仟元整　　　　（小写）¥ 32 000.00

| 名　称 | 北京京天明天大酒店 | 备注 | |
|---|---|---|---|
| 税　号 | 110105590609267 | | |
| 地址、电话 | 北京市丰台区庄子路124号010-56138199 | | |
| 开户行及账号 | 招商银行丰台区支行112569478523 | | |

收款人：　　复核人：　　开票人：徐丽　　销货单位（章）：

```
                        收    据                      NO.000025
                                                   日期:2019年1月27日
   今 收 到    韩波
   交    来   原借款35 000.00元，会议费报销3 2000.00元，返款3 000.00元
   人民币（大写）： 叁仟元整              ￥ 3 000.00
   收款方式：  现金           票号：
                                   收款人        交款人
   收 款 单 位
   公    章                          初娜          韩波
```

（加盖"华北发动机有限公司现金收讫"印章）

## 20901 出纳——现金盘点

| 经济业务 | 现金盘点 | 更新时间 |   | 经济业务摘要 |
|---|---|---|---|---|
| 岗　　位 | 出纳 | 级　　别 | 中级 | 出纳员盘点库存现金 |
| 工作方式 | 手工 |   |   |   |

### 经济业务内容

月末出纳员盘点库存现金。

### 经济业务处理要求

出纳员对库存现金盘点，确定库存现金实有数是否与盘点日现金日记账余额相符，核对库存现金实有数是否超出银行规定限额，超出部分送银行保存。

# 经济业务流程

**东北发动机有限公司**

流程名称：现金盘点
流程代码：20902
更新时间：2018年12月
风险点：

| 部门名称：财务部 | 审批人：柴章 |
| --- | --- |
| 主责岗位：出纳 | 会签：范婷 高翔 董芳 丁磊 |
| 编辑人：刘玉 | 邓欢 陈晓 陈曼 付晶 |

## 流程图

开始 → NO.1 出纳盘点库存现金 → NO.2 资金会计复核 → NO.3 出纳登记库存现金盘点表 → NO.4 财务部长审核 → 结束

库存现金盘点表

库存现金日记账

## 流程描述

**NO.1** 出纳员进行初次的现金盘点，分币种面值列示盘点金额。

**NO.2** 会计进行第二次的现金盘点，核对盘点结果是否与出纳盘点是否一致。

**NO.3** 根据盘点结果，由出纳登记现金盘点表，计算库存现金实存数，并由参加盘点人员签字。

**NO.4** 风险点管控措施
财务部长对盘点日库存现金实存数与现金日记账余额进行核对，如有差异应查明原因，并作出记录或适当调整。

## 20703 资金会计——向银行申请贷款

| 经济业务 | 向银行申请贷款 | 更新时间 | | 经济业务摘要 | |
|---|---|---|---|---|---|
| 岗　　位 | 资金会计 | 级　　别 | 中级 | 根据信用额度向银行申请贷款 |
| 工作方式 | 手工、软件 | | | |

### 经济业务内容

为了扩大公司生产规模，扩充流动资金，根据公司在银行信用额度向工行东风大街支行申请一年期短期借款，该款项于2019年1月27日到账。

### 经济业务处理要求

了解银行借款筹资业务处理流程。根据公司在银行的信用额度提出贷款申请，审核银企协议书及借款借据，并据此分析经济业务，确认银行短期贷款入账价值，参照负债资金筹集业务核算流程，运用借贷记账法，编制记账凭证，登记相关账簿。注意原始单据银行贷款协议书和借款借据的内容及手续的审核和会计科目的运用。

## 经济业务流程

**东北发动机有限公司**

流程名称：申请银行短期借款
流程代码：20703
更新时间：2018年12月
风险点：

| 部门名称：财务部 | 审批人：柴章 |
| --- | --- |
| 主责岗位：薪酬 | 会签：范婷 高翔 董芳 邓欢 陈晓 陈曼 刘玉 付晶 |
| 编辑人：丁磊 | |

### 流程图

开始 → NO.1 资金会计提出申请 → NO.2 财务部长审批 → NO.3 总经理审批 → NO.4 公司向银行提出申请 → NO.5 银行审批 → NO.6 签订银行贷款相关书面材料 → NO.7 银行发放贷款 → NO.8 资金会计编制凭证 → NO.9 资金会计登记明细账 → 结束

### 流程描述

**NO.1** 资金会计根据公司资金管理相关规定及信用额度对计划内的短期借款提出书面申请。

**NO.2** 风险点控制措施，财务部长对申请进行复核，审核申请是否是计划内申请，同时对用途、金额审核。

**NO.3** 总经理对计划内的短期借款进行审批。

**NO.4** 公司根据相关规定提出相关申请。

**NO.5** 银行信贷经理对相关资料、资质进行审批。

**NO.6** 风险点控制措施，企业与银行签订借款借据以及银企协议书（以工行为例）。

**NO.7** 银行根据规定发放贷款。

**NO.8** 资金会计根据借款借据及银企协议书制作记账凭证。

**NO.9** 资金会计收到贷款进行相关明细账登记处理同时登记短期借款备查簿。

## 经济业务证明

### 借款审批单

申请日期：2019年01月25日

| 申请人：金酷 | 申请部门：财务部 | | 短期借款：√计划内　□计划外 |
|---|---|---|---|
| 借款金额：大写人民币捌佰万元整 | | | ￥8 000 000.00 |
| 借款原因：根据公司扩大生产计划，扩充流动资金。 ||||

总经理：马实　　　　　　财务部长：柴章　　　　　　资金会计：金酷

## 借款借据

编号：392133

| 债务人（借款人） | 东北发动机有限公司 | 身份证或法人代码证 | | | | | | | | |
|---|---|---|---|---|---|---|---|---|---|---|
| 债权人（贷款人） | 工行东风大街支行 | | | | | | | | | |
| 借款种类 | 一年期短期借款 | 借款用途 | 备用金 | 借款利率（月） | 5‰ | | | | | |
| 借款账号 | 2008166588888888 | 开户（工行东风大街支行）及账号 | 2008166588888888 | | | | | | | |
| 借款金额（大写）人民币捌佰万元整 | | | | 千 | 百 | 十 | 万 | 千 | 百 | 十 | 元 |
| | | | | ￥ | 8 | 0 | 0 | 0 | 0 | 0 | 0 |
| 借款日起 | 2019年1月27日 | 到期日期 | 2020年1月27日 | 还款方式 | 每月付息，到期还款 |
| 还款计划 | | | | | |
| 年 | 月 | 日 | 金额 | 年 | 月 | 日 | 还本金额 | 还息金额 | 结欠金额 | 记账员 |

| 借款人签名 | 担保人签名（1） | 担保人签名（2） | 担保人签名（3） |
|---|---|---|---|
| | | 经办人 | |
| 2019年1月27日 | 年 月 日 | 年 月 日 | 年 月 日 |

财务主管：李凯　　　　会计：王月　　　　出纳：夏宇　　　　记账：林潭

## 工商银行贷款（银企协议书）

工商银行东风大街支行（以下简称甲方）
东北发动机有限公司（以下简称乙方）

　　为了更好地贯彻国家产业政策，集中资金，保证重点，支持企业健康发展，经甲乙双方友好协商，就乙方东北发动机有限公司企业（或项目），需甲方支持短期贷款事宜达成协议如下：

　　一、甲方向乙方提供一年期贷款800万元（捌佰万元整），借款利率（月）为5‰，并委托工商银行东风大街支行（开户行）与乙方签订借款合同，具体内容按借款合同执行。

　　二、乙方应根据国家产业、产品发展方向的要求，加强内部管理，优化产品结构，提高产品技术和经济效益，安全有效地使用贷款。

　　三、乙方按季度分别向甲方报送财务报表，并接受甲方委托人的监督检查。

　　四、甲乙双方应共同努力，加强协作，力争早出效益（或促进资金及早到位，加速周转）。

　　五、本协议一式二份，由各方代表人签字后生效并各执一份。

甲方：工商银行东风大街支行　　　　乙方：东北发动机有限公司
代表人：陈曦　　　　　　　　　　　代表人：马实

　　　　　　　　　　　　　　　　　　　　　工商银行东风大街支行
　　　　　　　　　　　　　　　　　　　　　日期：2019年1月27日

## 中国工商银行 电子银行业务回单（收费）

交易日期：2019年01月27日　　业务类型：收货款　　交易流水号：000001711
付款人账号：2008166588888888
付款人名称：东北发电机有限公司
付款人开户行：工商银行东风大街支行
币种：人民币　　金额：（大写）捌佰万元整　　（小写）¥ 8 000 000.00
摘要：货款付息
收费时段：09：01：13
记账流水号：00031979
电子凭证号：021977

登录号：393311　　网点编号：1234　　打印状态：1
客户验证码：212762　柜员号：003　　打印方式：1　　打印日期：2019年01月27日

729

### 短期借款备查簿

| 借款日期 | 合同编号 | 借款单位名称 | 短期借款基本情况 |||| 还款方式 | 抵押物 | 经办人（签章） | 备注 |
|---|---|---|---|---|---|---|---|---|---|---|
|  |  |  | 借款金额 | 到期还款日 | 利率(/月) |  |  |  |  |  |
| 2018.01.25 | 0020125 | 工行东风大街支行 | 8 000 000.00 | 2019.01.25 | 5‰ | 每月付息，到期还本 | 无 | 初娜 |  |
| 2018.07.01 | 0020719 | 工行东风大街支行 | 7 000 000.00 | 2019.07.01 | 5‰ | 每月付息，到期还本 | 无 | 初娜 |  |
| 2018.09.30 | 0020933 | 工行东风大街支行 | 5 000 000.00 | 2019.09.30 | 5‰ | 每月付息，到期还本 | 无 | 初娜 |  |
| 2019.01.27 | 0071339 | 工行东风大街支行 | 8 000 000.00 | 2019.01.27 | 5‰ | 每月付息，到期还本 | 无 | 初娜 |  |

## 20104 材料会计——预付款采购半成品

| 经济业务内容 | 预付款采购外购半成品 | 更新时间 |  | 经济业务内容摘要 |
|---|---|---|---|---|
| 岗　　位 | 材料会计 | 级　　别 | 中级 | 核对预付款后提取货物 |
| 工作方式 | 手工、软件 |  |  |  |

### 经济业务内容

2019年1月29日，东北发动机有限公司向成都铸造厂采购3 000套气缸体总体，款项已经支付。

## 经济业务处理要求

了解企业材料采购过程,掌握在计划价格方法下计划成本和实际成本之间产生的差异计算和会计处理,掌握材料入库、发票、预付款等业务的处理方式,并依据实际经济业务,审核相关的原始凭证,审核相关原始凭证的真实性,采用正确的材料成本入账方式确认成本。

## 经济业务流程

**东北发动机有限公司**

| 流程名称:预付采购 | 部门名称:财务部 | 审批人:柴章 |
|---|---|---|
| 流程代码:20104 | 主责岗位:出纳 | 会签:范婷 高翔 董芳 丁磊 |
| 更新时间:2018年12月 | 编辑人:刘玉 | 邓欢 陈晓 陈曼 付晶 |
| 风险点: | | |

### 流程图 / 流程描述

**开始**

**NO.1 签订采购合同** — NO.1 采购部采购员与供应商签订采购合同。

**NO.2 采购员核对预付款** — NO.2 采购员核对预付款金额。

**NO.3 采购员提取货物** — NO.3 采购员依据合同规定提取货物。

**NO.4 物料验收** — NO.4 (风险点管控措施)生产物流部库管员确认收货品种及数量,质量保证部检查员确认质量状态。

**NO.5 开具入库单** — NO.5 库房管理员依据实际到货开具入库单。

**NO.6 材料会计审核** — NO.6 材料会计接收并审核发票及入库单。

**NO.7 材料会计编制记账凭证** — NO.7 材料会计依据发票及入库单编制记账凭证。

**NO.8 登记明细账** — NO.8 材料会计登记往来账等相关明细账簿。

**结束**

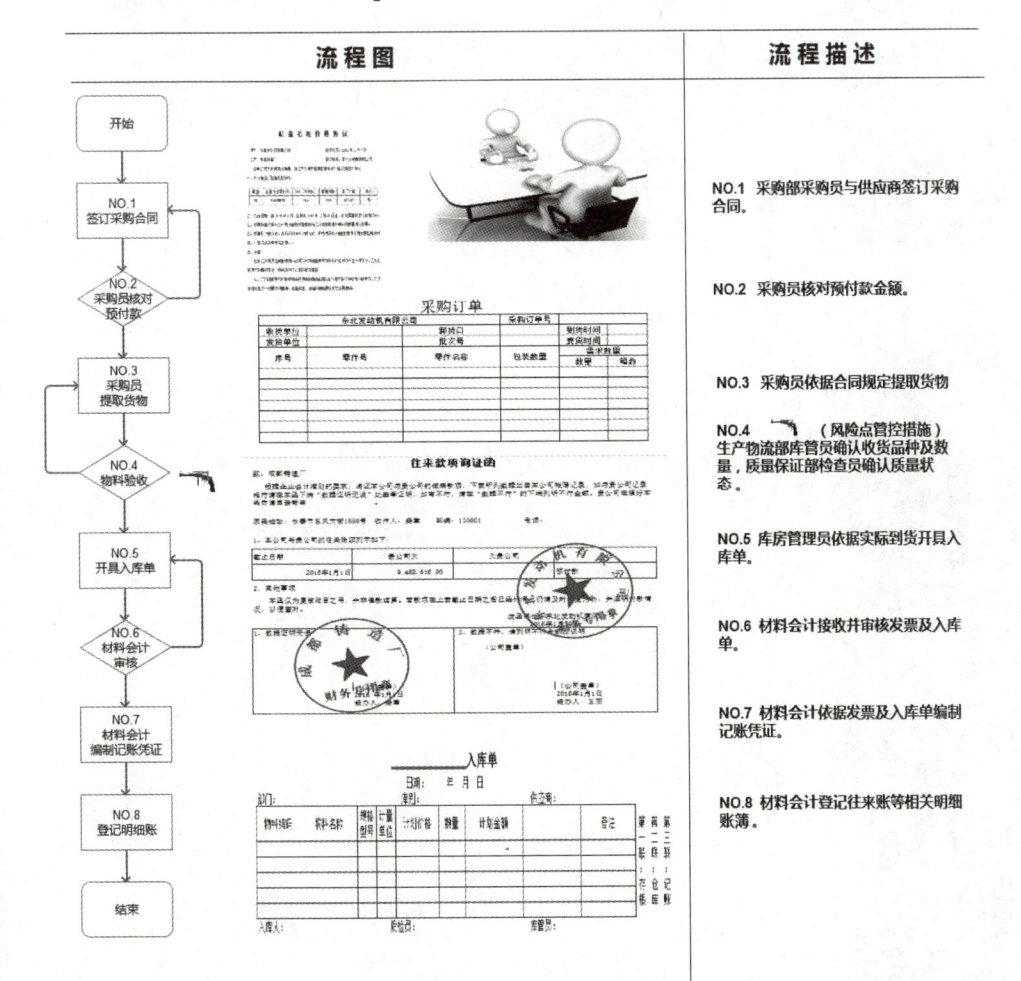

## 经济业务证明（外来原始凭证）

合同

### 气缸连杆价格协议

甲方：东北发动机有限公司　　　　签订时间：2019年1月1日
乙方：成都铸造厂　　　　　　　　签订地点：东北发动机有限公司

经甲乙双方代表充分协商，就乙方为甲方提供材料价格达成如下协议：

一、价格、数量：

| 货物名称 | 单位 | 数量 | 价格（不含税） | 合计金额 | 增值税率 | 税额 |
| --- | --- | --- | --- | --- | --- | --- |
| 活塞连杆总成 | 套 | 3 000 | 2 701.60 | 8 104 800.00 | 13% | 1 053 624.00 |
| 金额（大写）玖佰壹拾伍万捌仟肆佰贰拾肆元整 ||||| ￥ 9 158 424.00 ||

　　二、执行日期：自2019年1月1日起至2019年12月31日止，到期需要重新签订价格协议；

　　三、计算数量以甲方生产物流部物料管理与乙方销售管理科确认的数量进行结算；

　　四、结算及付款方式：赊账（发票到达后付款）；

　　五、索赔：

由于乙方原因造成的货物与合同不相符或提供货物不及时造成甲方生产停工的，乙方应按甲方同意的下述一种或多种方式解决赔偿事宜。

乙方同意甲方拒绝货物并把拒绝货物的金额以合同规定的同种货币付给甲方，乙方负担发生的一切损失和费用，包括利息、运输和保险费及其他必要费用。

发票

## 增值税专用发票

发票联

1100147642          No.70092314    1100147642
                                    70092314

开票日期：2019年4月22日

| 名　　称 | 东北发动机有限公司 | 密码区 | 554+55+38998954513301/<5>8653033 0+>6*>/>839>>/8<80+8326716665982 0828+26*1/3+>>70484*/1<01598*/*0 /<5>0+>6*>/>831>49+834*14<<>*538 |
|---|---|---|---|
| 税　　号 | 220117709854834 | | |
| 地址、电话 | 长春市东风大街1888号 | | |
| 开户行及账号 | 工商银行东风大街支行 200816658888888 | | |

| 货物或应税劳务、服务名 | 规格型号 | 单位 | 数量 | 单价 | 金额 | 税率 | 税额 |
|---|---|---|---|---|---|---|---|
| 气体缸总成 | | 套 | 3 000 | 2 701.60 | 8 104 800.00 | 13% | 1 053 624.00 |
| 合　　　　计 | | | | | ¥ 8 104 800.00 | | ¥ 1 053 624.00 |

价税合计（大写）　玖佰壹拾伍万捌仟肆佰贰拾肆元整　（小写）¥ 9 158 424.00

| 名　　称 | 成都铸造厂 | 备注 |
|---|---|---|
| 税　　号 | 210000546463138 | |
| 地址、电话 | 成都市大东区上海路1006号 028-64813455 | |
| 开户行及账号 | 建设银行成都市大东区支行 1546054000461 | |

收款人：季赢　　复核人：王丽　　开票人：林晓琪　　销货单位（章）：

---

询证函

### 往来款项询证函

致：成都铸造厂

　　根据企业会计准则的要求，询证本公司与贵公司的往来款项，下表所列数据出自本公司账簿纪录，如与贵公司记录相符请在本函下端"数据证明无误"处签章证明，如有不符，请在"数据不符"的下端列明不符金额，贵公司在填好本函后请直接寄至

回函地址：长春市东风大街1888号　　收件人：柴章　　邮编：130001
电话：

1. 本公司与贵公司的往来账项列示如下：
根据我公司财务制度规定，现与贵公司核对往来款项，感谢配合。

| 截止日期 | 贵公司欠 | 欠贵公司 | 备注 |
|---|---|---|---|
| 2019年1月1日 | 9 158 424.00 | | 预付款 |

2. 其他事项。

本函仅为复核账目之用，并非催款结算。若款项在上表截止日期之后已经付清，仍请及时回复为盼，并注明付款情况，以便查对。

请及时复函为盼！

发函单位：东北发动机有限公司<br>2019年1月1日

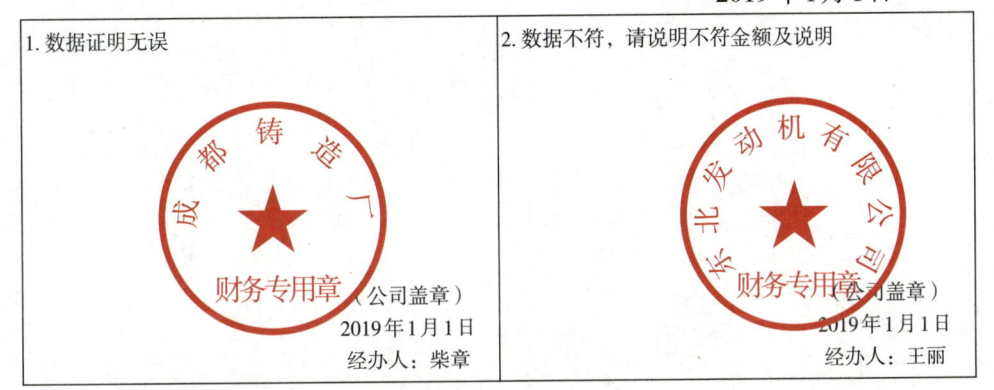

| 1. 数据证明无误 | 2. 数据不符，请说明不符金额及说明 |
|---|---|
| （公司盖章）<br>2019年1月1日<br>经办人：柴章 | （公司盖章）<br>2019年1月1日<br>经办人：王丽 |

## 经济业务证明（自制原始凭证）

入库单

### 外购半成品入库单

日期：2019年4月29日

部门：采购部　　　　库别：外购半成品库　　　　供应商：成都铸造厂

| 物料编码 | 物料名称 | 计量单位 | 计划价格 | 数量 | 计划总额 | 备注 |
|---|---|---|---|---|---|---|
| GT10000ZC | 气缸体总成 | 套 | 2 978.40 | 3 000 | 8 935 200.00 | |
| | | | | | | |
| | | | | | | |
| 合　　　计 | | | | 3 000 | 8 935 200.00 | |

第一联：存根　第二联：仓库　第三联：记账

采购员：张秀辉　　　　质检员：姜治鹏　　　　库管员：张绍

## 20105 材料会计——外购半成品暂估

| 经济业务内容 | 外购半成品暂估 | 更新时间 | | 经济业务内容摘要 |
|---|---|---|---|---|
| 岗　位 | 材料会计 | 级　别 | 中级 | 货到发票未到 |
| 工作方式 | 手工、软件 | | | |

## 经济业务内容

2019年1月30日,东北发动机有限公司向东北铸造厂采购3 000个曲轴总成,当日验收入库,当月末仍未收到对方发票,月底进行估价入账。

## 经济业务处理要求

了解企业在材料货物已到,但发票未到进行估价入账的过程,根据估价入账审批单、入库单办理估价入账。

## 经济业务流程

**东北发动机有限公司**

| 流程名称:材料暂估 | 部门名称:财务部 | 审批人:盖章 |
| --- | --- | --- |
| 流程代码:20105 | 主责岗位:出纳 | 会 范婷 高翔 董芳 丁磊 |
| 更新时间:2018年12月 | 编辑人:刘玉 | 签 邓欢 陈晓 陈曼 付晶 |
| 风险点: | | |

### 流程图

开始 → NO.1 签订采购合同 → NO.2 下达采购订单 → NO.3 供应商送货 → NO.4 物料验收 → NO.5 填写入库单 → NO.6 登记物料明细账 → NO.7 月末暂估 → NO.8 登记明细账 → 结束

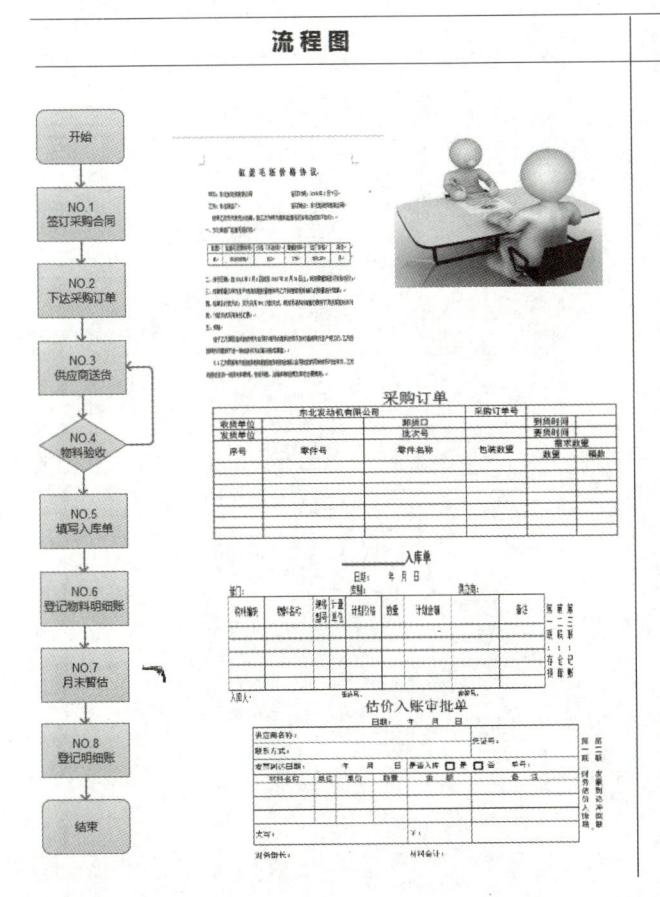

### 流程描述

NO.1 采购部采购员与供应商签订采购合同。

NO.2 生产物流部库管员依据生产计划向供应商下达采购订单。

NO.3 供应商接收采购订单,按指定的物料和数量送货。

NO.4 生产物流部库管员确认收货品种及数量,质量保证部检员确认质量状态。

NO.5 生产物流部库管员开具入库单。

NO.6 材料会计接收并审核入库单后登记物料明细账。

NO.7 (风险点管控措施)月末未收到供应商开具的发票,并按规定填写估价审批单,材料会计按物料标准价格入账。

NO.8 材料会计登记原材料及应付账款明细账。

## 经济业务证明（自制原始凭证）

合同

曲轴总成价格协议

甲方：东北发动机有限公司　　　　签订时间：2019年1月1日
乙方：东北铸造厂　　　　　　　　签订地点：东北发动机有限公司

经甲乙双方代表充分协商，就乙方为甲方提供材料价格达成如下协议：

一、价格、数量：

| 货物名称 | 单位 | 数量 | 价格（不含税） | 合计金额 | 增值税率 | 税额 |
|---|---|---|---|---|---|---|
| 曲轴总成 | 套 | 3000 | | | 13% | |
| 金额（大写） | | | | ¥ | | |

二、执行日期：自2019年1月1日起至2019年12月31日止，到期需要重新签订价格协议；

三、计算数量以甲方生产物流部物料管理与乙方销售管理科确认的数量进行结算；

四、结算及付款方式：赊账（发票到达后付款）；

五、索赔：

由于乙方原因造成的货物与合同不相符或提供货物不及时造成甲方生产停工的，乙方应按甲方同意的下述一种或多种方式解决赔偿事宜。

乙方同意甲方拒绝货物并把拒绝货物的金额以合同规定的同种货币付给甲方，乙方负担发生的一切损失和费用，包括利息、运输和保险费及其他必要费用。

## 估价入账审批单

105

### 估价入账审批单

日期：2019年1月30日

| 供应商名称：东北铸造厂 | 凭证号： |
|---|---|
| 联系方式：0431-84624810 | |

| 发票到达日期： | 年 月 日 | | 是否入库 ☑ 是 □ 否 | | 单号： |
|---|---|---|---|---|---|

| 材料名称 | 单位 | 单价 | 数量 | 金 额 | 备 注 |
|---|---|---|---|---|---|
| 曲轴总成 | 个 | 321.36 | 3 000 | 964 080.00 | 未开具发票 |
| | | | | | |
| | | | | | |
| 大写：玖拾陆万肆仟零捌拾元整 | | | | ¥ 964 080.00 | |

财务部长：柴章　　　　　　　　　　材料会计：蔡敏

第一联：财务估价入账联
第二联：发票到达冲回联

## 入库单

### 外购半成品入库单

日期：2019年1月30日

部门：采购部　　　　库别：外购半成品库　　　　供应商：东北铸造厂

| 物料编码 | 物料名称 | 计量单位 | 计划价格 | 数量 | 计划总额 | 备注 |
|---|---|---|---|---|---|---|
| QZ10000ZC | 曲轴总成 | 套 | 321.36 | 3 000 | 964 080.00 | 发票未到估价入账 |
| | | | | | | |
| | | | | | | |
| | | | | | | |

采购员：张秀辉　　　　质检员：姜治鹏　　　　库管员：张绍

第一联：存根
第二联：仓库
第三联：记账

# 20106 材料会计——材料出库

| 经济业务内容 | 材料出库 | 更新时间 | | 经济业务内容摘要 |
|---|---|---|---|---|
| 岗　　位 | 材料会计 | 级　　别 | 中级 | 材料出库 |
| 工作方式 | 手工、软件 | | | |

## 经济业务内容

1. 装配车间生产缸盖总成领用M1型缸盖毛坯1 800套，M2型缸盖毛坯1 200套。
2. 装配车间生产发动机领用气缸体总成3 000套，曲轴总成3 000套，活塞连杆总成12 000套。
3. 装配车间维修领用风叶20个，装配车间领用内六角扳手8个。
4. 装配车间领用润滑油50升。
5. 装配车间领用劳保用品，安全帽20个，防护镜20个。
6. 产品部研发M3型发动机领用M1型发动机缸盖毛坯50个。
7. 销售领用活塞连杆总成1个。

## 经济业务处理要求

了解企业材料出库过程、出库汇总过程、出库差异计算过程、实际成本汇总过程。

## 经济业务流程

### 东北发动机有限公司

| | |
|---|---|
| 流程名称：材料出库 | 部门名称：财务部　审批人：柴章 |
| 流程代码：20106 | 主责岗位：出纳　会签：范婷 高翔 董芳 丁磊 |
| 更新时间：2018年12月 | 编辑人：刘玉　　　　邓欢 陈晓 陈曼 付晶 |
| 风险点： | |

#### 流程图

开始 → NO.1 申请领料 → NO.2 填写出库单 → NO.3 出库单审核 → NO.4 材料会计计算成本差异 → NO.5 编制出库实际成本汇总表 → NO.6 填制出库记账凭证 → NO.7 登记明细账 → NO.8 材料出库 → 结束

#### 流程描述

NO.1　车间工人依据生产计划申请领用零件。

NO.2　生产物流部库管员确认实物库存情况，依据领料需求填写出库单。

NO.3　（风险点管控措施）材料会计接收物料出库单并审核单据发货人、发货是否合规。

NO.4　（风险点管控措施）材料会计根据审核通过的出库计算成本差异。

NO.5　材料会计根据计算出的成本差异及出库单编制成本汇总表。

NO.6　材料会计根据成本汇总表编制记账凭证。

NO.7　登记生产成本、制造费用、材料明细账。

NO.8　生产物流部库管员依据财务签字确认的出库单据向机加车间发料。

# 经济业务证明（自制原始凭证）

出库单

## 外购半成品出库单

日期：2019年1月30日

领用部门：装配车间　　　库别：外购半成品库　　　用途：生产领用

| 物料编码 | 物料名称 | 计量单位 | 计划价格 | 数量 | 计划总额 | 产品代码 | 数量 |
|---|---|---|---|---|---|---|---|
| GG1000MP1 | 发动机缸盖毛坯 | 套 | 991.00 | 1 800 | 1 783 800.00 | M1 | 1 800 |
| GG1000MP2 | 发动机缸盖毛坯 | 套 | 1 800.00 | 1 200 | 2 160 000.00 | M2 | 1 200 |
| | | | | | | | |
| 合　　计 | | | | 3 000 | 3 943 800.00 | | |

领用人：李强　　　复核人：姜治鹏　　　库管员：张绍

第一联：存根　第二联：仓库　第三联：记账

## 外购半成品出库单

日期：2019年1月30日

领用部门：装配车间　　　库别：外购半成品库　　　用途：生产领用

| 物料编码 | 物料名称 | 计量单位 | 计划价格 | 数量 | 计划总额 | 产品代码 | 数量 |
|---|---|---|---|---|---|---|---|
| GT10000ZC | 气缸体总成 | 套 | 2 978.40 | 3 000 | 8 935 200.00 | M1/M2 | 1800/1200 |
| GZ10000ZC | 曲轴总成 | 套 | 321.36 | 3 000 | 964 080.00 | M1/M2 | 1800/1200 |
| LG10000ZC | 活塞连杆总成 | 套 | 82.36 | 12 000 | 988 320.00 | M1/M2 | 7200/4800 |
| 合　　计 | | | | 18 000 | 10 887 600.00 | | |

领用人：李强　　　复核人：姜治鹏　　　库管员：张绍

第一联：存根　第二联：仓库　第三联：记账

## 工具出库单

日期：2019年1月30日

领用部门：装配车间　　　库别：外购半成品库　　　用途：生产领用

| 物料编码 | 物料名称 | 计量单位 | 计划价格 | 数量 | 计划总额 | 产品代码 | 数量 |
|---|---|---|---|---|---|---|---|
| DHGJ00002 | 风叶 | 个 | 504.90 | 20 | 10 098.00 | | |
| DHGJ00004 | 内六角扳手 | 把 | 11.00 | 8 | 88.00 | | |
| 合　　计 | | | | 28 | 10 186.00 | | |

领用人：李强　　　复核人：姜治鹏　　　库管员：张绍

第一联：存根　第二联：仓库　第三联：记账

## 辅 料 出 库 单

日期：2019年1月30日

领用部门：装配车间　　　　库别：辅料库房　　　　用途：生产领用

| 物料编码 | 物料名称 | 计量单位 | 计划价格 | 数量 | 计划总额 | 产品代码 | 数量 |
|---|---|---|---|---|---|---|---|
| FCHG00001 | 润滑油 | 升 | 280.00 | 50 | 14 000.00 | | |
| | | | | | | | |
| | | | | | | | |
| 合　　计 | | | | 50 | 14 000.00 | | |

领用人：李强　　　　复核人：姜治鹏　　　　库管员：张绍

第一联：存根　第二联：仓库　第三联：记账

## 劳 保 出 库 单

日期：2019年1月30日

领用部门：装配车间　　　　库别：劳保库房　　　　用途：生产领用

| 物料编码 | 物料名称 | 计量单位 | 计划价格 | 数量 | 计划总额 | 产品代码 | 数量 |
|---|---|---|---|---|---|---|---|
| DHLB00001 | 安全帽 | 个 | 60.00 | 20 | 1 200.00 | | |
| DHLB00004 | 防护镜 | 个 | 40.00 | 20 | 800.00 | | |
| | | | | | | | |
| 合　　计 | | | | 40 | 2 000.00 | | |

领用人：李强　　　　复核人：姜治鹏　　　　库管员：张绍

第一联：存根　第二联：仓库　第三联：记账

## 外 购 半 成 品 出 库 单

日期：2019年1月30日

领用部门：装配车间　　　　库别：外购半成品库　　　　用途：研发领用

| 物料编码 | 物料名称 | 计量单位 | 计划价格 | 数量 | 计划总额 | 产品代码 | 数量 |
|---|---|---|---|---|---|---|---|
| GG1000MP1 | 发动机缸盖毛坯 | 个 | 991.00 | 50 | 49 550.00 | M3 | 50 |
| | | | | | | | |
| | | | | | | | |
| 合　　计 | | | | 50 | 49 550.00 | | |

领用人：李强　　　　复核人：姜治鹏　　　　库管员：张绍

第一联：存根　第二联：仓库　第三联：记账

## 外 购 半 成 品 出 库 单

日期：2019年1月30日

领用部门：长春机械厂　　　　库别：外购半成品库　　　　用途：销售领用

| 物料编码 | 物料名称 | 计量单位 | 计划价格 | 数量 | 计划总额 | 产品代码 | 数量 |
|---|---|---|---|---|---|---|---|
| LG10000ZC | 活塞连杆总成 | 套 | 82.36 | 1 | 82.36 | | |
| | | | | | | | |
| | | | | | | | |
| 合　　计 | | | | 1 | 82.36 | | |

领用人：李强　　　　复核人：姜治鹏　　　　库管员：张绍

第一联：存根　第二联：仓库　第三联：记账

## 材料出库汇总表

### 材料出库单汇总表

时间：2019年1月　　　　　　　　　　　　　　　　　　　　　制表人：蔡敏

| 项目 | | 外购半成品 | 辅助材料 | 低值易耗品 | 合计 |
|---|---|---|---|---|---|
| 生产成本 | 原材料 | 14 831 400.00 | | | 14 831 400.00 |
| | 辅助材料 | | 14 000.00 | | 14 000.00 |
| 制造费用 | 工具 | | | 10 186.00 | 10 186.00 |
| | 劳保 | | | 2 000.00 | 2 000.00 |
| 研发费用 | 费用化 | 49 550.00 | | | 49 550.00 |
| 销售费用 | 产品质量保证费 | 82.36 | | | 82.36 |
| 合计 | | 14 881 032.36 | 14 000.00 | 12 186.00 | 14 907 218.36 |

## 出库材料成本差异计算表

### 出库材料成本差异计算表

时间：2019年1月　　　　　　　　　　　　　　　　　　　　　制表人：蔡敏

| 项目 | | 外购半成品 | 辅助材料 | 低值易耗品 | 合计 |
|---|---|---|---|---|---|
| 期初 | 计划 | 3 235 884.00 | 118 200.00 | 88 188.00 | 3 442 272.00 |
| | 差异 | 40 266.24 | −372.00 | 107.13 | 40 001.37 |
| | 差异率 | 0.0124 | −0.0031 | 0.0012 | 0.0105 |
| 本期入库 | 计划 | 15 488 700.00 | | | 15 488 700.00 |
| | 差异 | −1 354 100.00 | | | −1 354 100.00 |
| | 差异率 | −0.0874 | | | −0.0874 |
| 合计 | 计划 | 18 724 584.00 | 118 200.00 | 88 188.00 | 18 930 972.00 |
| | 差异 | −1 313 833.76 | −372.00 | 107.13 | −1 314 098.63 |
| | 差异率 | −0.0702 | −0.0031 | 0.0012 | −0.0721 |
| 本期出库 | 计划 | 14 881 032.36 | 14 000.00 | 12 186.00 | 14 907 218.36 |
| | 差异 | −1 044 142.52 | −44.06 | 14.81 | −1 044 171.77 |
| | 差异率 | −0.0702 | −0.00 | 0.00 | −0.0721 |
| 期末 | 计划 | 3 843 551.64 | 104 200.00 | 76 002.00 | 4 023 753.64 |
| | 差异 | −269 691.24 | −327.94 | 92.32 | −269 926.86 |
| | 差异率 | −0.0702 | −0.0031 | 0.0012 | −0.0721 |

## 成本差异分配表

### 外购半成品材料出库成本差异分配表

时间：2019年1月　　　　　　　　　　　　　　　　　　　制表人：蔡敏

| 项目 | 计划 | 差异率 | 差异 |
|---|---|---|---|
| 生产出库 | 14 831 400.00 | −7.02% | −1 040 660.01 |
| 研发领用 | 49 550.00 | −7.02% | −3 476.73 |
| 销售出库 | 82.36 | −7.02% | −5.78 |
| 合计 | 14 881 032.36 |  | −1 044 142.52 |

### 低值易耗品材料出库成本差异分配表

时间：2019年1月　　　　　　　　　　　　　　　　　　　制表人：蔡敏

| 项目 | 计划 | 差异率 | 差异 |
|---|---|---|---|
| 工具 | 10 186.00 | 0.12% | 12.38 |
| 劳保 | 2 000.00 | 0.12% | 2.43 |
| 合计 | 12 186.00 |  | 14.81 |

## 出库材料实际成本汇总表

### 出库材料实际成本汇总表

时间：2019年1月　　　　　　　　　　　　　　　　　　　制表人：蔡敏

| 一级明细 | 二级明细 | 计划 | 差异 | 合计（实际成本） |
|---|---|---|---|---|
| 生产成本 | 原材料 | 14 831 400.00 | −1 040 660.01 | 13 790 739.99 |
|  | 辅助材料 | 14 000.00 | −44.06 | 13 955.94 |
| 制造费用 | 工具 | 10 186.00 | 12.38 | 10 198.38 |
|  | 劳保 | 2 000.00 | 2.43 | 2 002.43 |
| 研发支出 | 费用化 | 49 550.00 | −3 476.73 | 46 073.27 |
| 销售费用 | 产品质量保证费 | 82.36 | −5.78 | 76.58 |
|  | 合计 | 14 907 218.36 | −1 044 171.77 | 13 863 046.59 |

# 20107 材料会计——盘亏

| 经济业务 | 库存材料盘亏处理 | 更新时间 |  | 经济业务摘要 |
|---|---|---|---|---|
| 岗　位 | 材料会计 | 级　别 | 中级 | 盘点库存，发现盘亏，进行处理 |
| 工作方式 | 手工、软件 |  |  |  |

## 经济业务内容

月末盘点，发现曲轴总成盘亏2个，进行审批及账务处理。

## 经济业务处理要求

了解企业存货盘点的流程，掌握存货盘点处理的原则以及存货盘亏差异及进项税处理的原则和方法，要求编制材料盘亏成本计算表。

## 经济业务流程

**东北发动机有限公司**

| 流程名称：存货盘点 | 部门名称：财务部 | 审批人：柴章 |
|---|---|---|
| 流程代码：20107 | 主责岗位：出纳 | 会签：范婷 高翔 董芳 丁磊 |
| 更新时间：2018年12月 | 编辑人：刘玉 | 邓欢 陈晓 陈曼 付晶 |
| 风险点： | | |

**流程图**

开始 → NO.1 出具材料库房账面数 → NO.2 实物清点 → NO.3 材料会计编制库房盘点表 → NO.4 分析盘盈、盘亏原因 → NO.5 编制成本计算表 → NO.6 财务部长审批 → NO.7 编制记账凭证 → NO.8 登记明细账 → 结束

库容盘点表

材料盘亏成本计算表

| 本月差异率 | | 税率： | | | 时间：年月 | |
|---|---|---|---|---|---|---|
| 外购半成品 | 计划成本 | 差异 | 合计 | 进项税 | 总计 | |

审核： 制表人：

**流程描述**

NO.1 财务部出具材料库房应盘点材料数量的账面数。

NO.2 财务部与库房一同对应盘点材料进行实物清点。

NO3 材料会计根据账面数、实物盘点数编制库房盘点表。

NO.4 材料会计以库存盘点表为依据分析盘亏、盘盈的原因。

NO.5 材料会计依据盘点表等原始凭证编制材料成本计算表。

NO.6 财务部长对盘点结果以及进项税转出等相关账务处理进行专业的、系统的审批。

NO.7 材料会计依据盘点表及其他原始凭证编制记账凭证。

NO.8 材料会计登记往来账等相关明细账簿。

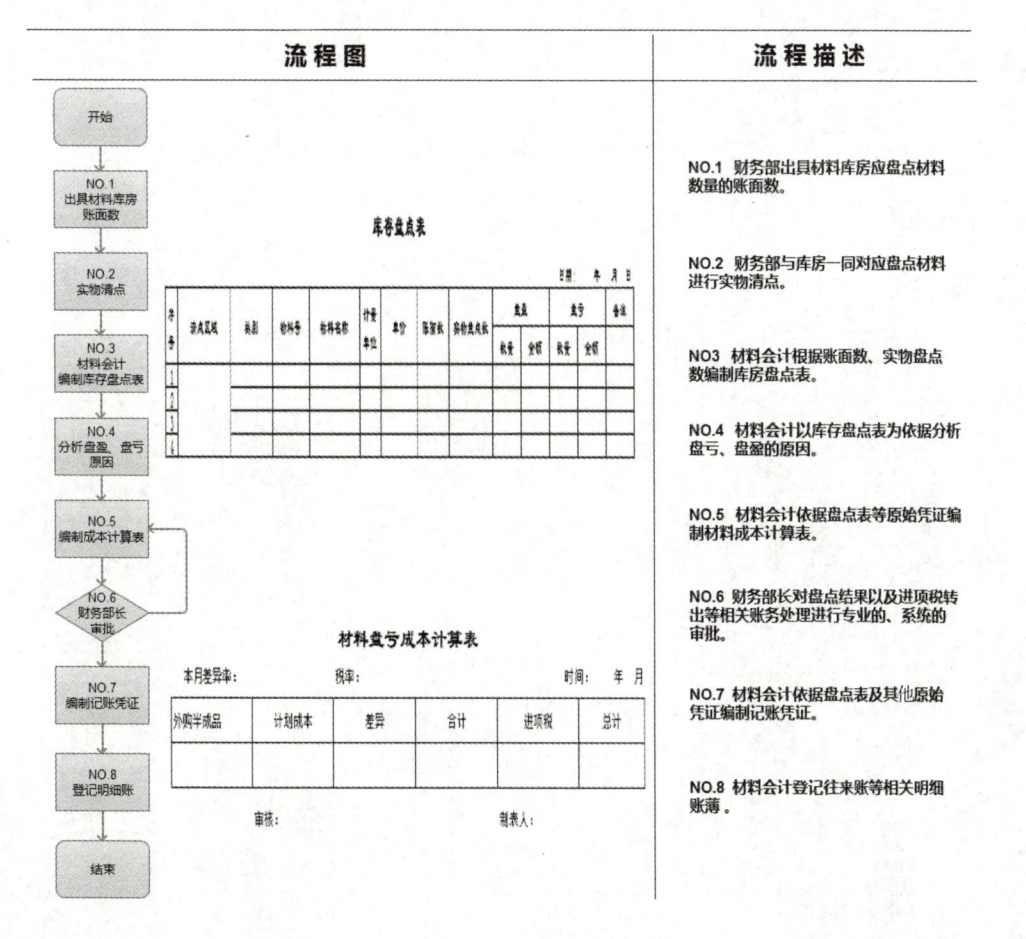

# 经济业务证明（自制原始凭证）

## 库存盘点表

日期：2019年1月31日

| 序号 | 清点区域 | 类别 | 物料号 | 物料名称 | 计量单位 | 单价 | 账面数 | 实物盘点数 | 盘盈数量 | 盘盈金额 | 盘亏数量 | 盘亏金额 | 备注 |
|---|---|---|---|---|---|---|---|---|---|---|---|---|---|
| 1 | 低值易耗品库房 | 工具 | DHGJ00001 | 铣刀片 | 个 | 182.00 | 50 | 50 | | | | | |
| 2 | | 工具 | DHGJ00002 | 风叶 | 个 | 504.90 | 80 | 80 | | | | | |
| 3 | | 工具 | DHGJ00003 | 刀片螺钉 | 个 | 32.80 | 60 | 60 | | | | | |
| 4 | | 工具 | DHGJ00004 | 内六角扳手 | 个 | 11.00 | 72 | 72 | | | | | |
| 5 | | 劳保 | DHLB00001 | 安全帽 | 个 | 60.00 | 180 | 180 | | | | | |
| 6 | | 劳保 | DHLB00002 | 防切割针织手套 | 个 | 15.00 | 150 | 150 | | | | | |
| 7 | | 劳保 | DHLB00003 | 反光背心 | 个 | 25.00 | 300 | 300 | | | | | |
| 8 | | 劳保 | DHLB00004 | 防护镜 | 个 | 40.00 | 80 | 80 | | | | | |
| 9 | 辅料库房 | 辅料 | FCHG00001 | 润滑油 | 升 | 280.00 | 150 | 150 | | | | | |
| 10 | | 辅料 | FCHG00002 | 齿轮油 | 升 | 180.00 | 150 | 150 | | | | | |
| 11 | | 辅料 | FCHG00003 | 发动机机油 | 升 | 220.00 | 160 | 160 | | | | | |
| 12 | 外购半成品库 | 外购半成品 | FDJ1000M1 | 发动机总成 | 套 | 5 304.00 | 150 | 150 | | | | | |
| 13 | | 外购半成品 | FDJ1000M2 | 发动机总成 | 套 | 5 568.00 | 100 | 100 | | | | | |
| 14 | | 外购半成品 | GG1000MP1 | 缸盖毛坯 | 套 | 991.00 | 850 | 850 | | | | | |
| 15 | | 外购半成品 | GG1000MP2 | 缸盖毛坯 | 套 | 1 800.00 | 700 | 700 | | | | | |
| 16 | | 外购半成品 | GT10000ZC | 气缸体总成 | 套 | 2 978.40 | 500 | 500 | | | | | |
| 17 | | 外购半成品 | LG10000ZC | 活塞连杆总成 | 套 | 82.36 | 1499 | 1499 | | | | | |
| 18 | | 外购半成品 | QZ10000ZC | 曲轴总成 | 套 | 321.36 | 400 | 398 | | | 2 | 642.72 | |
| 19 | | | | | | | | | | | | | |

盘点人：蔡敏　　　　　　　　　　　　保管员：杜天宇

## 材料成本计算表

材料盘亏成本计算表

本月差异率：-7.02%　　　　　　税率：13%　　　　　　时间：2019年1月31日

| 外购半成品 | 计划 | 差异 | 合计 | 进项税 | 总计 |
|---|---|---|---|---|---|
| 曲轴总成 | 642.71 | -45.1 | 597.62 | 77.6906 | 675.31 |

审核：　　　　　　　　　　　　　　　制表人：蔡敏

## 20204 资产会计——支付外包工程款

| 经济业务 | 支付外包工程款 | 更新时间 | | 经济业务摘要 |
|---|---|---|---|---|
| 岗　　位 | 资产会计 | 级　　别 | 中级 | 支付外包工程款发动机连杆1期试制费 |
| 工作方式 | 手工、软件 | | | |

### 经济业务内容

2019年1月30日,公司验收完工的外包工程:发动机连杆1期试制项目,并支付相关费用。

### 经济业务处理要求

审核相关增值税专用发票、项目验收单等,并据此分析经济业务,办理有关付款业务,根据有关原始单据确定资本化入账价值,编制记账凭证,登记相关账簿。

# 经济业务流程

**东北发动机有限公司**

流程名称：研发验收流程
流程代码：20205
更新时间：2018年12月
风险点：

| 部门名称：财务部 | 审批人：签章 |
|---|---|
| 主责岗位：资产会计 | 会 范婷 高翔 董芳 丁磊 |
| 编辑人：刘玉 | 签 邓欢 陈晓 陈曼 付晶 |

## 流程图 / 流程描述

**流程图**（开始 → NO.1 填写付款审批单 → NO.2 部门领导审批 → NO.3 财务经理审批 → NO.4 总经理审批 → NO.5 资产会计填制凭证 → NO.6 出纳根据凭证付款 → NO.7 填写项目验收单 → NO.8 资产会计登记入账 → 结束）

相关单据：研发工程验收单、付款审批单、吉林增值税专用发票、电子银行业务回单（付款）

**流程描述**

NO.1 项目负责人填写付款审批单。

NO.2 申请人部门领导根据本部门实际情况进行审批。

NO.3 ◀风险点管控措施
财务经理根据公司研发项目相关情况进行审批。

NO.4 总经理结合公司研发项目情况酌情受理。

NO.5 资产会计根据相关原始凭证填制记账凭证。

NO.6 出纳对已经审批的付款审批单进行付款。

NO.7 项目负责人根据研发项目的实际情况进行认真审核，符合公司要求的予以验收，不符合的退回。

NO.8 资产会计对新采购的研发项目进行相关的账务处理。

## 经济业务证明（外来原始凭证）

303

### 增值税专用发票

4100147652　　　　　发票联　　　　　No.52035462　　4100147652
　　　　　　　　　　　　　　　　　　　　　　　　　　　52015462

开票日期：2019年1月30日

| 名　称 | 东北发动机有限公司 | 密码区 | 554+55+38998954513301/<5>8653033/8<br><80+832671666598248356462135<br>0828+26*1/3+>>70484*/1<01598*/*/<5><br>6*>/>831>49+834*14<<>*53862 |
|---|---|---|---|
| 税　号 | 220117709854834 | | |
| 地址、电话 | 长春市东风大街1888号 | | |
| 开户行及账号 | 工商银行东风大街支行2008 1665 8888 8888 | | |

| 货物或应税劳务、服务名称 | 规格型号 | 单位 | 数量 | 单价 | 金额 | 税率 | 税额 |
|---|---|---|---|---|---|---|---|
| 发动机连杆1期试制费 | | | | 42 735.04 | 42 735.04 | 13% | 5 555.56 |
| 合　计 | | | | | ¥ 42 735.04 | | ¥ 5 555.56 |
| 价税合计（大写） | 肆万捌仟贰佰玖拾元陆角 | | | | （小写）¥ 48 290.00 | | |

| 名　称 | 上海凯能汽车科技股份有限公司 | 备注 | |
|---|---|---|---|
| 税　号 | 520101254852148 | | |
| 地址、电话 | 上海市宝山区长江路215号 | | |
| 开户行及账号 | 交通银行上海长江南路支行6205315042115511 | | |

收款人：　　　复核人：　　　开票人：　　　销货单位（章）：

---

707

### 电子银行业务回单（付款）

交易日期：2019年4月30日　　　　　交易流水号：6857524102
付款人账号：2008166588888888　　　收款人账号：6205 3154 0421 151
付款人名称：东北发动机有限公司　　 收款人名称：上海凯能汽车科技有限公司
付款人开户行：工商银行东风大街支行　收款人开户行：交通银行上海长江南路支行
币种：人民币　金额：（大写）肆万捌仟贰佰玖拾元陆角　（小写）¥ 48 290.60

银行附言：
客户附言：产品研发试制费
渠道：网上银行
记账流水号：311425148741
电子凭证号：601202101

登录号：　　　　　　网点编号：　　　　打印状态：第一次打印
客户验证码：　　　　柜员号：　　　　　打印方式：　　打印日期：2019/4/30

## 经济业务证明（自制原始凭证）

208

### 研发工程验收单

| 验收部门 | 产品部 | 供应商 | 上海瑞珑汽车科技有限股份有限公司 |
|---|---|---|---|
| 验收时间 | 2019年1月25日 | | |
| 研发项目名称 | | 说明 | |
| M1发动机连杆1期试制 | | 符合验收标准，予以验收。 | |

项目负责人：刘潇　　　　主管领导签字：刘海　　　　供应商代表：肖延

002

### 付 款 审 批 单

部门：产品部　　　　　　　　2019年4月19日

| 收款单位 | 上海瑞珑汽车科技股份有限公司 | 付款理由：产品研发试制费 |
|---|---|---|
| 开户银行 | 交通银行上海长江南路支行 | 付款方式：银行转账 |
| 银行账号 | 6205 3154 0421 151 | 说明： |
| 金额 | 人民币（大写）　肆万捌仟贰佰玖拾元陆角 | ￥48 290.60 |
| 总经理审批 | 财务部长 | 部门经理 | 经办人 |
| 马实 | 柴章 | 刘海 | 王伟 |

# 20205 资产会计——支付研究经费

| 经济业务 | 支付研究经费 | 更新时间 | | 经济业务摘要 |
|---|---|---|---|---|
| 岗　位 | 资产会计 | 级　别 | 中级 | 支付M4发动机研究经费 |
| 工作方式 | 手工、软件 | | | |

## 经济业务内容

2019年1月30日，公司支付在研究产品M4型发动机研究经费。

## 经济业务处理要求

审核相关增值税专用发票、项目验收单等，并据此分析经济业务，办理有关付款业务，根据有关原始单据确定资本化入账价值，编制记账凭证，登记相关账簿。

# 经济业务流程

**东北发动机有限公司**

流程名称：研发验收流程
流程代码：20205
更新时间：2018年12月
风险点：🔫

| 部门名称：财务部 | 审批人：柴章 |
|---|---|
| 主责岗位：资产会计 | 会：范婷 高翔 董芳 丁磊 |
| 编辑人：刘玉 | 签：邓欢 陈晓 陈曼 付晶 |

## 流程图

开始 → NO.1 填写付款审批单 → NO.2 部门领导审批 → NO.3 财务经理审批 → NO.4 总经理审批 → NO.5 资产会计填制凭证 → NO.6 出纳根据凭证付款 → NO.7 填写项目验收单 → NO.8 资产会计登记入账 → 结束

## 流程描述

**NO.1** 项目负责人填写付款审批单。

**NO.2** 申请人部门领导根据本部门实际情况进行审批。

**NO.3** 🔫 风险点管控措施
财务经理根据公司研发项目相关情况进行审批。

**NO.4** 总经理结合公司研发项目情况酌情受理。

**NO.5** 资产会计根据相关原始凭证填制记账凭证。

**NO.6** 出纳对已经审批的付款审批单进行付款。

**NO.7** 项目负责人根据研发项目的实际情况进行认真审核。符合公司要求的予以验收，不符合的退回。

**NO.8** 资产会计对新采购的研发项目进行相关的账务处理。

## 经济业务证明（外来原始凭证）

### 增值税专用发票

4100147652　　　　　　　发票联　　　　　No.23547415　　4100147652
　　　　　　　　　　　　　　　　　　　　　　　　　　　　23547415

开票日期：2019年1月30日

| 名　称 | 东北发动机有限公司 | | | | 密码区 | 554+55+38998954513301/<5>8653033 |
|---|---|---|---|---|---|---|
| 税　号 | 220117709854834 | | | | | 0+>6*>/>839>>/8<80+8326716665982 |
| 地址、电话 | 长春市东风大街1888号 | | | | | 0828+26*1/3+>>70484*/1<01598*/*0 |
| 开户行及账号 | 工商银行东风大街支行2008 1665 8888 8888 | | | | | 0<5>0+>6*>/>831>49+834*14<<>*538 |

| 货物或应税劳务、服务名 | 规格型号 | 单位 | 数量 | 单价 | 金额 | 税率 | 税额 |
|---|---|---|---|---|---|---|---|
| 研究费 | | | | 1 820 000.00 | 1 820 000.00 | 6% | 109 200.00 |
| 合　计 | | | | | ￥1 820 000.00 | | ￥109 200.00 |
| 价税合计（大写） | 壹佰玖拾贰万玖仟贰佰元整 | | | | （小写）￥1 929 200.00 | | |

| 名　称 | 东北汽车研究院 | | 备注 | |
|---|---|---|---|---|
| 税　号 | 220102081534125 | | | |
| 地址、电话 | 吉林省高新区前进大街322号 | | | |
| 开户行及账号 | 吉林银行高新路前进大街支行0721443028911111 | | | |

收款人：王志文　　复核人：安琪　　开票人：王威　　销货单位（章）：

### 电子银行业务回单（付款）

交易日期：2019年1月30日　　　　　　　交易流水号：6857524220
付款人账号：2008 1665 8888 8888　　　　收款人账号：7214 4302 8911 11
付款人名称：东北发动机有限公司　　　　收款人名称：东北汽车研究院
付款人开户行：长春市工商银行东风大街支行　　收款人开户行：吉林银行高新路前进大街支行
币种：人民币　　金额：（大写）壹佰玖拾贰万玖仟贰佰元整　　（小写）￥1 929 200.00

银行附言：
客户附言：M4形发动机研究费
渠道：网上银行
记账流水号：311485258741
电子凭证号：607589521

登录号：　　　　　　　网点编号：　　　　　　　打印状态：第一次打印
客户验证码：　　　　　柜员号：　　　　　　　　打印方式：
　　　　　　　　　　　　　　　　　　　　　　　打印日期：2019.1.30

## 经济业务证明（自制原始凭证）

208

### 研发工程验收单

| 验收部门 | 产品部 | 供应商 | 东北汽车研究院 |
|---|---|---|---|
| 验收时间 | 2019年1月30日 | | |
| 研发项目名称 | | 说明 | |
| M4发动机开发研究 | | 当期数据测算符合验收标准，予以验收。 | |

项目负责人：张伟　　　主管领导签字：刘海　　　供应商代表：王海洋

002

### 付款审批单

部门：产品部　　　2019年1月30日

| 收款单位 | 东北汽车研究院 | 付款理由：M4形发动机研究费 |
|---|---|---|
| 开户银行 | 吉林银行高新路前进大街支行 | 付款方式：银行转账 |
| 银行账号 | 72144302891111 | 说明： |
| 金额 | 人民币（大写）壹佰玖拾贰万玖仟贰佰元整 | ￥1 929 200.00 |
| 总经理审批 | 财务部长 | 部门经理 | 经办人 |
| 马实 | 柴章 | 刘海 | 王伟 |

# 20500 成本会计——上岗交接

| 工作名称 | 上岗交接 | 更新时间 | | 工作内容摘要 | |
|---|---|---|---|---|---|
| 岗　位 | 成本会计 | 级　别 | 中级 | 成本会计上岗交接 | |
| 工作方式 | 手工、软件 | | | | |

## 经济业务内容

新到岗的成本会计与离岗的前任成本会计进行业务交接。

## 经济业务处理要求

掌握成本会计岗位交接流程及交接内容，包括：相关财务制度流程、财务部组织架构、财务岗位分工、交接基准月份的相关成本报表、科目余额、在产

品盘点表、生产费用期初明细表、成本核算相关流程、财务软件信息等电子和纸质材料。

## 经济业务流程

**东北发动机有限公司**

流程名称：成本会计上岗交接
流程代码：20500
更新时间：2018年12月
风险点：

| 部门名称：财务部 | 审批人：柴章 |
| --- | --- |
| 主责岗位：材料会计 | 会签：范婷 高翔 董芳 丁磊 |
| 编辑人：刘玉 | 邓欢 陈晓 陈曼 付晶 |

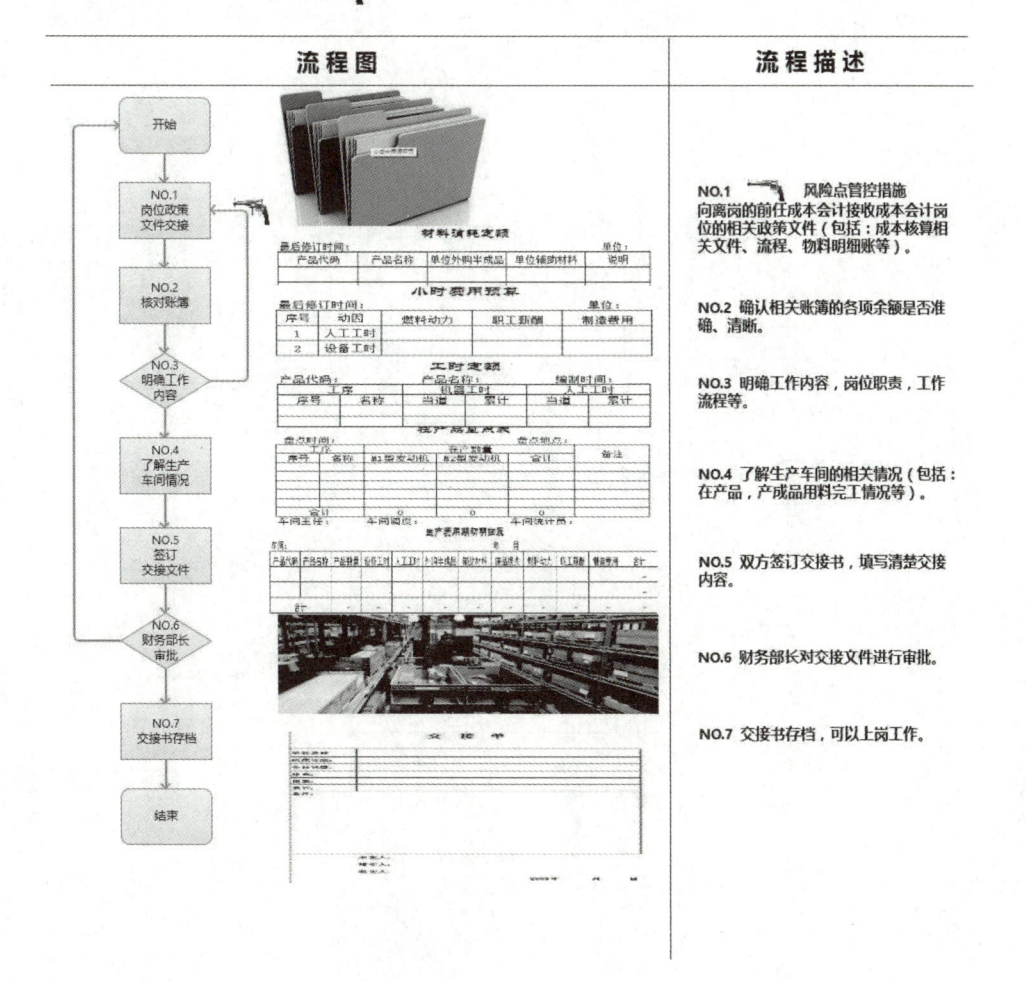

### 流程图

开始 → NO.1 岗位政策文件交接 → NO.2 核对账簿 → NO.3 明确工作内容 → NO.4 了解生产车间情况 → NO.5 签订交接文件 → NO.6 财务部长审批 → NO.7 交接书存档 → 结束

### 流程描述

NO.1 风险点管控措施
向离岗的前任成本会计接收成本会计岗位的相关政策文件（包括：成本核算相关文件、流程、物料明细账等）。

NO.2 确认相关账簿的各项余额是否准确、清晰。

NO.3 明确工作内容，岗位职责，工作流程等。

NO.4 了解生产车间的相关情况（包括：在产品，产成品用料完工情况等）。

NO.5 双方签订交接书，填写清楚交接内容。

NO.6 财务部长对交接文件进行审批。

NO.7 交接书存档，可以上岗工作。

# 经济业务证明（自制原始凭证）

## 期初总账、明细科目余额表

2019年1月1日

| 会计科目 | 会计科目名称 | 年初余额 |
|---|---|---|
| 5001 | 生产成本 | 320 000.00 |

## 材料消耗定额

最后修订时间：2019年1月1日　　　　　　　　　　　　　　　　单位：元

| 产品代码 | 产品名称 | 单位外购半成品 | 单位辅助材料 | 说明 |
|---|---|---|---|---|
| FDJ1000M1 | M1型发动机 | 4 373.12 | 27.33 | |
| FDJ1000M2 | M2型发动机 | 5 182.12 | 32.39 | |

制表人：程宫　　　　　　　　　　　　　　　　审核人：柴章

## 小时费用预算

最后修订时间：2019年1月1日　　　　　　　　　　　　　　　　单位：元

| 序号 | 动因 | 燃料动力 | 职工薪酬 | 制造费用 |
|---|---|---|---|---|
| 1 | 人工工时 | | 45.00 | |
| 2 | 设备工时 | 5 300.00 | | 6 300.00 |

制表人：程宫　　　　　　　　　　　　　　　　审核人：柴章

## 工时定额

产品代码：FDJ1000M1　　产品名称：M1型发动机　　编制时间：2019年1月1日　　单位：小时

| 工序 | | 机器工时（小时） | | 人工工时（小时） | |
|---|---|---|---|---|---|
| 序号 | 名称 | 当道 | 累计 | 当道 | 累计 |
| 0010 | 连杆装配工位 | 0.005 | 0.005 | 2.00 | 2.00 |
| 0020 | 曲轴装配工位 | 0.010 | 0.015 | 2.50 | 4.50 |
| 0030 | 气缸体装配工位 | 0.003 | 0.018 | 2.50 | 7.00 |
| 0040 | 缸盖装配工位 | 0.012 | 0.030 | 3.00 | 10.00 |
| 0050 | 整机下线 | 0.010 | 0.040 | 2.00 | 12.00 |

制表人：程宫　　　　　　　　　　　　　　　　审核人：柴章

## 工时定额

产品代码：FDJ1000M2　　产品名称：M2型发动机　　编制时间：2019年1月1日　　单位：小时

| 工序 | | 机器工时（小时） | | 人工工时（小时） | |
|---|---|---|---|---|---|
| 序号 | 名称 | 当道 | 累计 | 当道 | 累计 |
| 0010 | 连杆装配工位 | 0.005 | 0.005 | 2.00 | 2.00 |
| 0020 | 曲轴装配工位 | 0.010 | 0.015 | 3.00 | 5.00 |
| 0030 | 气缸体装配工位 | 0.010 | 0.025 | 2.50 | 7.50 |
| 0040 | 缸盖装配工位 | 0.015 | 0.040 | 3.50 | 11.00 |
| 0050 | 整机下线 | 0.010 | 0.050 | 2.00 | 13.00 |

制表人：程宫　　　　　　　　　　　　　　　审核人：柴章

## 在产品盘点表

盘点时间：2018年12月31日　　　　　　　　盘点地点：装配车间

| 工序 | | 在产数量（台） | | | 备注 |
|---|---|---|---|---|---|
| 序号 | 名称 | M1型发动机 | M2型发动机 | 合计 | |
| 0010 | 连杆装配工位 | 1 | 3 | 4 | |
| 0020 | 曲轴装配工位 | 2 | 2 | 4 | |
| 0030 | 气缸体装配工位 | 1 | 1 | 2 | |
| 0040 | 缸盖装配工位 | 3 | 3 | 6 | |
| 0050 | 整机下线 | 18 | 21 | 39 | |
| 合计 | | 25 | 30 | 55 | |

车间主任：任强　　　　　　车间调度：周旋　　　　　　车间统计员：李娜

## 生产费用期初明细表

车间：装配　　　　2019年1月　　　　制表人：程宫　　　　审核人：柴章

| 产品代码 | 产品名称 | 产品数量（台） | 设备工时（小时） | 人工工时（小时） | 外购半成品 | 辅助材料 | 废品损失 | 燃料动力 | 职工薪酬 | 制造费用 | 合计 |
|---|---|---|---|---|---|---|---|---|---|---|---|
| FDJ1000M1 | M1型发动机 | 25 | 0.863 | 264.00 | 109 928.00 | 683.25 | 128.00 | 4 493.22 | 12 256.40 | 5 737.20 | 133 226.07 |
| FDJ1000M2 | M2型发动机 | 30 | 1.240 | 329.50 | 156 363.60 | 971.65 | 192.00 | 6 846.70 | 14 630.58 | 7 769.40 | 186 773.93 |
| 合计 | | 55 | 2.103 | 593.50 | 266 291.60 | 1 654.90 | 320.00 | 11 339.92 | 26 886.98 | 13 506.60 | 320 000.00 |

## 20501 成本会计——动能费用结算

| 经济业务 | 动能费用结算 | 更新时间 | | 经济业务摘要 |
|---|---|---|---|---|
| 岗　　位 | 成本会计 | 级　　别 | 中级 | 支付1月份装配车间水电费 |
| 工作方式 | 手工、软件 | | | |

### 经济业务内容

2019年1月30日，财务科成本会计收到装配车间抄表员抄报的1月份水电费结算记录表和水电费发票以及付款审批单，处理水电费报销付款业务。

### 经济业务处理要求

了解企业动能的采购过程，掌握动能的计量及核算方式，掌握动能费用报销归集的方式，以及不含税结算价格开具增值税的具体处理方式，并依据实际经济业务，审核相关的原始凭证，正确确认动能的入账方式，参照动能的核算流程，运用借贷记账法，编制记账凭证，登记相关账簿。

## 经济业务流程

**东北发动机有限公司**

流程名称：动能费用结算
流程代码：20501
更新时间：2018年12月
风险点：

| 部门名称：财务部 | 审批人：柴章 |
|---|---|
| 主责岗位：成本会计 | 会 范婷 高翔 董芳 丁磊 |
| 编辑人：刘玉 | 签 邓欢 陈晓 陈曼 付晶 |

### 流程图

开始 → NO.1 成本会计收到缴费通知 → NO.2 财务部长审核 → NO.3 出纳付款入账 → NO.4 收到发票 → NO.5 成本会计审核入账 → NO.6 税务会计登记入账 → 结束

### 流程描述

**NO.1** 成本会计收到水电费缴费通知单后经办人填写付款审批单申请（要求：根据规定填写）。

**NO.2** 财务部长对付款审批单进行审批。

**NO.3** 出纳在审核通过后根据付款审批单进行付款。

**NO.4** 公司收到相关费用凭证及发票。

**NO.5** 风险点管控措施
成本会计核相关凭证与发票，审核无误后填制记账凭证。

**NO.6** 税务会计及相关人员根据记账凭证登记账目。

## 经济业务证明（自制原始凭证）

719

### 2019 年 1 月水电费结算记录表

部门：装配车间　　　　　　　车间主任：任强　　　　　　　　　抄表员：李娜

| 电费 |||||| 水费 ||||||| 付款总额 |
|---|---|---|---|---|---|---|---|---|---|---|---|
| 上期指数 | 本期指数 | 应付度数 | 单价 | 应付金额 || 上期指数 | 本期指数 | 实用水量 | 应付水量 | 单价 | 应付金额 | |
| 145093.09 | 647115.33 | 502022.24 | 0.989 | 496 500.00 || 21903.89 | 30129 | 8225.11 | 8225.11 | 4.62 | 38 000.00 | 534 500.00 |
|  |  |  |  |  ||  |  |  |  |  |  |  |

002

### 付　款　审　批　单

部门：装配车间　　　　　　　　2019 年 1 月 30 日

| 收款单位 | 吉林省电力公司 | 付款理由： | 交纳1月份装配车间电费 |
|---|---|---|---|
| 开户银行 | 光大银行卫星路支行 | 付款方式： | 银行转账 |
| 银行账号 | 5505678800004370 | 说明： | |
| 金额 | 人民币（大写）　伍拾捌万零玖佰零伍元整 || ￥ 580 905.00 |
| 总经理审批 | 财务部长 | 部门经理 | 经办人 |
| 马实 | 柴章 | 任强 | 程宫 |

002

### 付　款　审　批　单

部门：装配车间　　　　　　　　2019 年 1 月 30 日

| 收款单位 | 长春市自来水公司 | 付款理由： | 交纳1月份装配车间水费 |
|---|---|---|---|
| 开户银行 | 光大银行卫星路支行 | 付款方式： | 银行转账 |
| 银行账号 | 6528648654359790 | 说明： | |
| 金额 | 人民币（大写）　叁万玖仟壹佰肆拾元整 || ￥ 39 140.00 |
| 总经理审批 | 财务部长 | 部门经理 | 经办人 |
| 马实 | 柴章 | 任强 | 程宫 |

## 经济业务证明（外来原始凭证）

103

### 增值税专用发票

1100147699　　发票联　　No.70098562　　1100147699
　　　　　　　　　　　　　　　　　　　　　　70098562

开票日期：2019年4月30日

| 名　　称 | 东北发动机有限公司 | 密码区 | 49684626849749851//*55+01645/223561 |
| --- | --- | --- | --- |
| 税　　号 | 220117709854834 | | 96852/3*223416345451*/852248**/5568 |
| 地址、电话 | 长春市东风大街1888号 | | 989//*855212300366+6654546966325256 |
| 开户行及账号 | 工商银行东风大街支行2008 1665 8888 8888 | | 6++8/*5524166++6252569*//55 |

| 货物或应税劳务、服务名称 | 规格型号 | 单位 | 数量 | 单价 | 金额 | 税率 | 税额 |
| --- | --- | --- | --- | --- | --- | --- | --- |
| 电费 | | 千瓦时 | 502 022.24 | 0.989 | 496 500.00 | 13% | 64 545.00 |
| 合　　计 | | | | | ¥496 500.00 | | ¥64 545.00 |
| 价税合计（大写） | 伍拾陆万壹仟零肆拾伍元整 | | | | （小写）¥561 045.00 | | |

| 名　　称 | 吉林省电力公司 | 备注 | （吉林省电力公司发票专用章 22010**********） |
| --- | --- | --- | --- |
| 税　　号 | 220104309956332 | | |
| 地址、电话 | 长春市卫星路4237号 | | |
| 开户行及账号 | 光大银行卫星路支行5505 6788 0000 4372 | | |

收款人：初娜　　复核人：王野　　开票人：沈晓雪　　销货单位（章）：

---

103

### 增值税专用发票

1100147670　　发票联　　No.70098563　　1100147670
　　　　　　　　　　　　　　　　　　　　　　70098563

开票日期：2019年1月30日

| 名　　称 | 东北发动机有限公司 | 密码区 | '585884522336556/**855120059874*//5 |
| --- | --- | --- | --- |
| 税　　号 | 220117709854834 | | 87454/*4526+562496+6214451005/8415 |
| 地址、电话 | 长春市东风大街1888号 | | 88/**8559/851569*++2148/**8552569* |
| 开户行及账号 | 工商银行东风大街支行2008 1665 8888 8888 | | *8526//*9520++5441458556200+5+ |

| 货物或应税劳务、服务名 | 规格型号 | 单位 | 数量 | 单价 | 金额 | 税率 | 税额 |
| --- | --- | --- | --- | --- | --- | --- | --- |
| 水费 | | 吨 | 8225.11 | 4.62 | 38 000.00 | 3% | 1 140.00 |
| 合　　计 | | | | | ¥38 000.00 | | ¥1 140.00 |
| 价税合计（大写） | 叁万玖仟壹佰肆拾元整 | | | | （小写）¥39 140.00 | | |

| 名　　称 | 长春市自来水公司 | 备注 | （长春市自来水公司发票专用章 22010**********） |
| --- | --- | --- | --- |
| 税　　号 | 220102209958915 | | |
| 地址、电话 | 长春市卫星路5565号 | | |
| 开户行及账号 | 光大银行卫星路支行6528 6486 5435 9799 | | |

收款人：初娜　　复核人：孙航　　开票人：魏燕　　销货单位（章）：

## 经济业务证明（自制原始凭证）

### 电子银行业务回单（付款）

| | |
|---|---|
| 交易日期：2019年4月30日 | 交易流水号：31355201506293827387581190013920 |
| 付款人账号：2008166588888888 | 收款人账号：5505 6788 0000 4372 |
| 付款人名称：东北发动机有限公司 | 收款人名称：吉林省电力公司 |
| 付款人开户行：工商银行东风大街支行 | 收款人开户行：光大银行卫星广场支行 |
| 币种：人民币　　金额：（大写）伍拾陆万壹仟零肆拾伍元整 | （小写）￥561 045.00 |

银行附言：电费
客户附言：电费
渠道：网上银行
记账流水号：558DC2E605344DA0E1h5njf9008239604
电子凭证号：9872093900210

| | | | |
|---|---|---|---|
| 登录号：152436800 | 网点编号：1234 | 打印状态：正常 | |
| 客户验证码：80002433703762008a | 柜员号：12341003 | 打印方式：自助　打印日期：2019-4-30 11:40:23 | |

### 电子银行业务回单（付款）

| | |
|---|---|
| 交易日期：2019年4月30日 | 交易流水号：85355201506293827387581190016632 |
| 付款人账号：2008166588888888 | 收款人账号：6528 6486 5435 9799 |
| 付款人名称：东北发动机有限公司 | 收款人名称：长春市自来水公司 |
| 付款人开户行：工商银行东风大街支行 | 收款人开户行：光大银行卫星广场支行 |
| 币种：人民币　　金额：（大写）叁万玖仟壹佰肆拾元整 | （小写）￥39 140.00 |

银行附言：水费
客户附言：水费
渠道：网上银行
记账流水号：5985DC2E605344DA0E1h5njf900820183
电子凭证号：9872093900211

| | | | |
|---|---|---|---|
| 登录号：152436800 | 网点编号：1234 | 打印状态：正常 | |
| 客户验证码：80002433703762008a | 柜员号：12341003 | 打印方式：自助　打印日期：2019-4-30 11:45:23 | |

## 20813 综合会计——结转1月份制造费用

| 经济业务 | 结转制造费用 | 更新时间 | | 经济业务摘要 |
|---|---|---|---|---|
| 岗　　位 | 综合会计 | 级　　别 | 中级 | 结转制造费用 |
| 工作方式 | 手工、软件 | | | |

## 经济业务内容

2019年1月31日，结转本月制造费用。

## 经济业务处理要求

制造费用业务处理。核对制造费用本期发生额，分析经济业务，进行月末费用结转金额的确认和计量，参照月末制造费用处理流程，运用借贷记账法编制记账凭证，登记相关账簿。确保费用结转金额确认的正确性。

## 经济业务流程

**东北发动机有限公司**

流程名称：结转当月制造费用
流程代码：20804
更新时间：2018年12月
风险点：

| 部门名称：财务部 | 审批人：荣章 |
| --- | --- |
| 主责岗位：综合 | 会签：范婷、高翔、董芳、丁磊 |
| 编辑人：付晶 | 邓欢、陈晓、陈曼、刘玉 |

### 流程图 / 流程描述

NO.1 核对制造费用的相关数据。

NO.2 风险点管控措施：将制造费用和上期数据相比较，若差异较大，分析差异原因。

NO.3 根据相关数据，对制造费用进行结转。

NO.4 根据审核无误的记账凭证登记相关的明细账。

## 20502 成本会计——生产费用在产品之间的分配

| 经济业务 | 生产费用在产品之间的分配 | 更新时间 | | 经济业务摘要 |
|---|---|---|---|---|
| 岗　　位 | 成本会计 | 级　　别 | 中级 | 1月份装配车间生产费用在产品之间的分配 |
| 工作方式 | 手工 | | | |

### 经济业务内容

2019年1月31日，生产费用在产品之间分配（原、辅助材料一次性投入）。

### 经济业务处理要求

　　了解企业生产费用在产品之间分配的方式，掌握生产费用分配的方法，根据产成品缴库单、产品定额资料以及在产品盘点资料计算生产费用分配系数的具体方法。

## 经济业务流程

**东北发动机有限公司**

流程名称：生产费用在产品之间分配
流程代码：20502
更新时间：2018年12月
风险点：

| 部门名称：财务部 | 审批人：柴章 | | |
|---|---|---|---|
| 主责岗位：成本会计 | 会 | 范婷 高翔 董芳 丁磊 |
| 编辑人：刘玉 | 签 | 邓欢 陈晓 陈曼 付晶 |

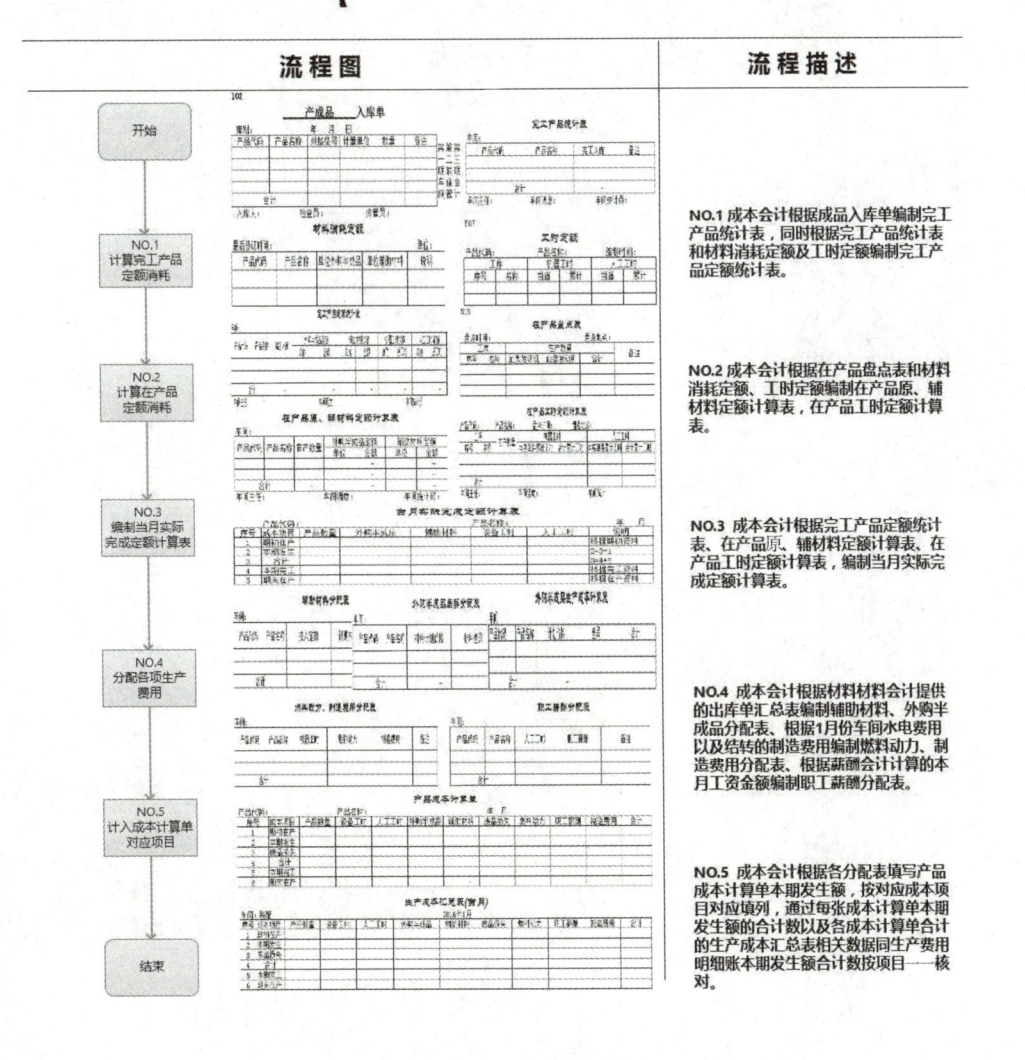

### 流程图

开始 → NO.1 计算完工产品定额消耗 → NO.2 计算在产品定额消耗 → NO.3 编制当月实际完成定额计算表 → NO.4 分配各项生产费用 → NO.5 计入成本计算单对应项目 → 结束

### 流程描述

**NO.1** 成本会计根据成品入库单编制完工产品统计表，同时根据完工产品统计表和材料消耗定额及工时定额编制完工产品定额统计表。

**NO.2** 成本会计根据在产品盘点表和材料消耗定额、工时定额编制在产品原、辅材料定额计算表，在产品工时定额计算表。

**NO.3** 成本会计根据完工产品定额统计表、在产品原、辅材料定额计算表、在产品工时定额计算表，编制当月实际完成定额计算表。

**NO.4** 成本会计根据材料材料会计提供的出库单汇总表编制辅助材料、外购半成品分配表，根据1月份车间水电费用以及结转的制造费用编制燃料动力、制造费用分配表，根据薪酬会计计算的本月工资金额编制职工薪酬分配表。

**NO.5** 成本会计根据各分配表填写产品成本计算单本期发生额，按何应成本项目对应填列，通过每张成本计算单本期发生额的合计数以及各成本计算单合计的生产成本汇总表相关数据同生产费用明细账本期发生额合计数按项目一一核对。

## 产 成 品 入 库 单

库别：产成品库　　　　　　2019年1月31日

| 产品代码 | 产品名称 | 规格型号 | 计量单位 | 数量 | 备注 |
|---|---|---|---|---|---|
| FDJ1000M1 | M1型发动机 | M1型 | 台 | 1 800 | |
| FDJ1000M2 | M2型发动机 | M2型 | 台 | 1 200 | |
| | | | | | |
| | 合计 | | | 3 000 | |

第一联 车间　第二联 保管　第三联 会计

入库人：刘洋　　　　　　检查员：简冠　　　　　　库管员：马龙

## 完工产品统计表

车间：装配　　　　　　2019年1月31日

| 产品代码 | 产品名称 | 完工入库（台） | 备注 |
|---|---|---|---|
| FDJ1000M1 | M1发动机 | 1 800 | |
| FDJ1000M2 | M2发动机 | 1 200 | |
| | 合计 | 3 000 | |

车间主任：任强　　　　车间调度：周旋　　　　车间统计员：李娜

## 材料消耗定额

最后修订时间：2019年1月1日　　　　　　　　　　　　　单位：元

| 产品代码 | 产品名称 | 单位外购半成品 | 单位辅助材料 | 说明 |
|---|---|---|---|---|
| FDJ1000M1 | M1型发动机 | 4 373.12 | 27.33 | |
| FDJ1000M2 | M2型发动机 | 5 182.12 | 32.39 | |

制表人：程宫　　　　　　　　　　　审核人：柴章

## 工时定额

产品代码：FDJ1000M1　　产品名称：M1型发动机　　编制时间：2019年1月1日　　单位：小时

| 工序 | | 机器工时(小时) | | 人工工时（小时） | |
|---|---|---|---|---|---|
| 序号 | 名称 | 当道 | 累计 | 当道 | 累计 |
| 0010 | 连杆装配工位 | 0.005 | 0.005 | 2.00 | 2.00 |
| 0020 | 曲轴装配工位 | 0.010 | 0.015 | 2.50 | 4.50 |
| 0030 | 气缸体装配工位 | 0.003 | 0.018 | 2.50 | 7.00 |
| 0040 | 缸盖装配工位 | 0.012 | 0.030 | 3.00 | 10.00 |
| 0050 | 整机下线 | 0.010 | 0.040 | 2.00 | 12.00 |

制表人：程宫　　　　　　　　　　　审核人：柴章

## 工时定额

产品代码：FDJ1000M2　　　产品名称：M2型发动机　　　编制时间：2019年1月1日　　　单位：小时

| 工序 | | 机器工时（小时） | | 人工工时（小时） | |
|---|---|---|---|---|---|
| 序号 | 名称 | 当道 | 累计 | 当道 | 累计 |
| 0010 | 连杆装配工位 | 0.005 | 0.005 | 2.00 | 2.00 |
| 0020 | 曲轴装配工位 | 0.010 | 0.015 | 3.00 | 5.00 |
| 0030 | 气缸体装配工位 | 0.010 | 0.025 | 2.50 | 7.50 |
| 0040 | 缸盖装配工位 | 0.015 | 0.040 | 3.50 | 11.00 |
| 0050 | 整机下线 | 0.010 | 0.050 | 2.00 | 13.00 |

制表人：程宫　　　　　　　　　　　　　　　　审核人：柴章

## 完工产品定额统计表

车间：装配　　　　　　　　盘点时间：2019年1月31日

| 产品代码 | 产品名称 | 完工入库（台） | 外购半成品定额 | | 辅助材料定额 | | 机器工时定额 | | 人工工时定额 | |
|---|---|---|---|---|---|---|---|---|---|---|
| | | | 单位 | 金额 | 单位 | 金额 | 单位 | 总工时 | 单位 | 总工时 |
| FDJ1000M1 | M1发动机 | 1 800 | 4 373.12 | 7 871 616.00 | 27.33 | 49 194.00 | 0.04 | 72 | 12.00 | 21 600 |
| FDJ1000M2 | M2发动机 | 1 200 | 5 182.12 | 6 218 544.00 | 32.39 | 38 868.00 | 0.05 | 60 | 13.00 | 15 600 |
| 合计 | | 3 000 | | 14 090 160.00 | | 88 062.00 | | 132 | | 37 200 |

车间主任：任强　　　　　　车间调度：周旋　　　　　　车间统计员：李娜

## 在产品盘点表

盘点时间：2019年1月31日　　　　　盘点地点：装配车间

| 工序 | | 在产数量（台） | | | 备注 |
|---|---|---|---|---|---|
| 序号 | 名称 | M1型发动机 | M2型发动机 | 合计 | |
| 0010 | 连杆装配工位 | 0 | 1 | 1 | |
| 0020 | 曲轴装配工位 | 1 | 0 | 1 | |
| 0030 | 气缸体装配工位 | 0 | 3 | 3 | |
| 0040 | 缸盖装配工位 | 2 | 2 | 4 | |
| 0050 | 整机下线 | 3 | 4 | 7 | |
| 合计 | | 6 | 10 | 16 | |

车间主任：任强　　　　　　车间调度：周旋　　　　　　车间统计员：李娜

## 在产品工时定额计算表

产品代码：FDJ1000M1　　产品名称：M1型发动机　　盘点时间：2019年1月31日　　盘点地点：装配车间

| 工序 | | 在产数量（台） | 机器工时（小时） | | 人工工时（小时） | |
|---|---|---|---|---|---|---|
| 序号 | 名称 | | 本序单件累计工时 | 合计累计工时 | 本序单件累计工时 | 合计累计工时 |
| 0010 | 连杆装配工位 | 0 | 0.005 | −0.0 | 2.00 | — |
| 0020 | 曲轴装配工位 | 1 | 0.015 | 0.015 | 4.50 | 4.50 |
| 0030 | 气缸体装配工位 | 0 | 0.018 | −0.0 | 7.00 | — |
| 0040 | 缸盖装配工位 | 2 | 0.03 | 0.060 | 10.00 | 20.00 |
| 0050 | 整机下线 | 3 | 0.04 | 0.120 | 12.00 | 36.00 |
| 合计 | | 6 | | 0.195 | | 60.50 |

车间主任：任强　　　　　　　　　车间调度：周旋　　　　　　　　　车间统计：李娜

## 在产品工时定额计算表

产品代码：FDJ1000M2　　产品名称：M2型发动机　　盘点时间：2019年1月31日　　盘点地点：装配车间

| 工序 | | 在产数量（台） | 机器工时（小时） | | 人工工时（小时） | |
|---|---|---|---|---|---|---|
| 序号 | 名称 | | 本序单件累计工时 | 合计累计工时 | 本序单件累计工时 | 合计累计工时 |
| 0010 | 连杆装配工位 | 1 | 0.005 | 0.005 | 2.00 | 2.00 |
| 0020 | 曲轴装配工位 | 0 | 0.015 | −.0 | 5.00 | — |
| 0030 | 气缸体装配工位 | 3 | 0.025 | 0.075 | 7.50 | 22.50 |
| 0040 | 缸盖装配工位 | 2 | 0.040 | 0.080 | 11.00 | 22.00 |
| 0050 | 整机下线 | 4 | 0.050 | 0.200 | 13.00 | 52.00 |
| 合计 | | 10 | | 0.360 | | 98.50 |

车间主任：任强　　　　　　　　　车间调度：周旋　　　　　　　　　车间统计：李娜

## 在产品原、辅材料定额计算表

车间：装配　　　　　　　盘点时间：2019年1月31日

| 产品代码 | 产品名称 | 在产数量（台） | 外购半成品定额 | | 辅助材料定额 | |
|---|---|---|---|---|---|---|
| | | | 单位 | 金额 | 单位 | 金额 |
| FDJ1000M1 | M1发动机 | 6 | 4 373.12 | 26 238.72 | 27.33 | 163.98 |
| FDJ1000M2 | M2发动机 | 10 | 5 182.12 | 51 821.20 | 32.39 | 323.90 |
| 合计 | | 16 | | 78 059.92 | | 487.88 |

车间主任：任强　　　　　　　　　车间调度：周旋　　　　　　　　　车间统计员：李娜

## 当月实际完成定额计算表

产品代码：FDJ1000M1　　　　产品名称：M1发动机　　　　2019年1月

| 序号 | 成本项目 | 产品数量（台） | 外购半成品 | 辅助材料 | 设备工时（小时） | 人工工时（小时） | 说明 |
|---|---|---|---|---|---|---|---|
| 1 | 期初在产 | 25 | 109 928.00 | 683.25 | 0.863 | 264.00 | 根据期初资料 |
| 2 | 本期发生 | 1781 | 7 787 926.72 | 48 674.73 | 71.332 | 21 396.50 | 2=3-1 |
| 3 | 合计 | 1806 | 7 897 854.72 | 49 357.98 | 72.195 | 21 660.50 | 3=4+5 |
| 4 | 本期完工 | 1800 | 7 871 616.00 | 49 194.00 | 72.000 | 21 600.00 | 根据完工资料 |
| 5 | 期末在产 | 6 | 26 238.72 | 163.98 | 0.195 | 60.50 | 根据在产资料 |

制表人：程宫　　　　　　　　　　　　　　审核人：柴章

## 当月实际完成定额计算表

产品代码：FDJ1000M2　　　　产品名称：M2发动机　　　　2019年1月

| 序号 | 成本项目 | 产品数量（台） | 外购半成品 | 辅助材料 | 设备工时（小时） | 人工工时（小时） | 说明 |
|---|---|---|---|---|---|---|---|
| 1 | 期初在产 | 30 | 156 363.60 | 971.65 | 1.240 | 329.50 | 根据期初资料 |
| 2 | 本期发生 | 1180 | 6 114 001.60 | 38 220.25 | 59.120 | 15 369.00 | 2=3-1 |
| 3 | 合计 | 1210 | 3 135 182.60 | 19 595.95 | 30.180 | 15 698.50 | 3=4+5 |
| 4 | 本期完工 | 1200 | 6 218 544.00 | 38 868.00 | 60.000 | 15 600.00 | 根据完工资料 |
| 5 | 期末在产 | 10 | 51 821.20 | 323.90 | 0.360 | 98.50 | 根据在产资料 |

制表人：程宫　　　　　　　　　　　　　　审核人：柴章

## 当月实际完成定额计算表

汇总表　　　　　　　　　　　　　　　　　　　　　　2019年1月

| 序号 | 成本项目 | 产品数量（台） | 外购半成品 | 辅助材料 | 设备工时（小时） | 人工工时（小时） | 说明 |
|---|---|---|---|---|---|---|---|
| 1 | 期初在产 | 55 | 266 291.60 | 1 654.90 | 2.103 | 593.50 | M1+M2 |
| 2 | 本期发生 | 2961 | 13 901 928.32 | 86 894.98 | 130.452 | 36 765.50 |  |
| 3 | 合计 | 3016 | 11 033 037.32 | 68 953.93 | 102.375 | 37 359.00 |  |
| 4 | 本期完工 | 3000 | 14 090 160.00 | 88 062.00 | 132.000 | 37 200.00 |  |
| 5 | 期末在产 | 16 | 78 059.92 | 487.88 | 0.555 | 159.00 |  |

制表人：程宫　　　　　　　　　　　　　　审核人：柴章

## 辅助材料分配表

车间：装配　　　　　　　　　　　　　　　　　　　2019年1月31日

| 产品代码 | 产品名称 | 投入定额 | 辅助材料金额 | 备注 |
|---|---|---|---|---|
| FDJ1000M1 | M1发动机 | 48 674.73 | 7 817.69 |  |
| FDJ1000M2 | M2发动机 | 38 218.14 | 6 138.25 |  |
|  | 合计 | 86 892.87 | 13 955.94 |  |

制表人：程宫　　　　　　　　　　　　　　审核人：柴章

## 外购半成品差异分配表

车间：装配　　　　　　　　　　　　　　　　　　　　　　　　　2019年1月31日

| 产品代码 | 产品名称 | 材料计划价格 | 材料差异 | 备注 |
|---|---|---|---|---|
| FDJ1000M1 | M1发动机 | 8 316 360.00 | −583 603.70 | |
| FDJ1000M2 | M2发动机 | 6 515 040.00 | −457 056.31 | |
| 合计 | | 14 831 400.00 | −1 040 660.01 | |

## 外购半成品生产成本计算表

| 产品代码 | 产品名称 | 计划价格 | 差异 | 合计 |
|---|---|---|---|---|
| FDJ1000M1 | M1型发动机 | 8 316 360.00 | −583 603.70 | 7 732 756.30 |
| FDJ1000M2 | M2型发动机 | 6 515 040.00 | −457 056.31 | 6 057 983.69 |
| 合计 | | 14 831 400.00 | −1 040 660.01 | 13 790 739.99 |

制表人：程宫　　　　　　　　　　　　　　　　　审核人：柴章

## 燃料动力、制造费用分配表

车间：装配　　　　　　　　　　　　　　　　　　　　　　　　　2019年1月31日

| 产品代码 | 产品名称 | 机器工时（小时） | 燃料动力 | 制造费用 | 备注 |
|---|---|---|---|---|---|
| FDJ1000M1 | M1发动机 | 71.332 | 292 268.07 | 434 863.60 | |
| FDJ1000M2 | M2发动机 | 59.120 | 242 232.93 | 360 415.13 | |
| 合计 | | 130.452 | 534 501.00 | 795 278.73 | |

制表人：程宫　　　　　　　　　　　　　　　　　审核人：柴章

## 职工薪酬分配表

车间：装配　　　　　　　　　　　　　　　　　　　　　　　　　2019年1月31日

| 产品代码 | 产品名称 | 人工工时（小时） | 职工薪酬 | 备注 |
|---|---|---|---|---|
| FDJ1000M1 | M1发动机 | 21 396.50 | 893 232.63 | |
| FDJ1000M2 | M2发动机 | 15 369.00 | 641 604.57 | |
| 合计 | | 36 765.50 | 1 534 837.20 | |

制表人：程宫　　　　　　　　　　　　　　　　　审核人：柴章

# 20503 成本会计——废品损失计算

| 经济业务 | 废品损失计算 | 更新时间 | | 经济业务摘要 |
|---|---|---|---|---|
| 岗位 | 成本会计 | 级别 | 中级 | 2016年1月30日装配车间废品损失计算 |
| 工作方式 | 手工、软件 | | | |

## 经济业务内容

2019年1月30日，根据废品损失通知单、定额资料编制废品损失计算单，结转废品损失成本（原、辅材料一次性投入，废品发生在第三道工序，产生的废品不可修复）。

## 经济业务处理要求

了解企业产品成本核算中废品损失的计算方法，运用借贷记账法，编制记账凭证，登记相关账簿。

# 经济业务证明（自制原始凭证）

### 废品通知单

车间：装配　　　　　　　　　　2019年1月

| 产品代码 | 产品名称 | 工序 | 废品数量（台） | 备注 |
|---|---|---|---|---|
| FDJ1000M2 | M2型发动机 | 3 | 1 | |
| | | | | |

检查员：简冠　　　　　　　　　　　　　　　操作者：费力

### 材料消耗定额

最后修订时间：2019年1月1日　　　　　　　　　　　　　　　单位：元

| 产品代码 | 产品名称 | 单位外购半成品 | 单位辅助材料 | 说明 |
|---|---|---|---|---|
| FDJ1000M1 | M1型发动机 | 4 373.12 | 27.33 | |
| FDJ1000M2 | M2型发动机 | 5 182.12 | 32.39 | |

制表人：程宫　　　　　　　　　　　　　　　审核人：柴章

### 小时费用预算

最后修订时间：2019年1月1日　　　　　　　　　　　　　　　单位：元

| 序号 | 动因 | 燃料动力 | 职工薪酬 | 制造费用 |
|---|---|---|---|---|
| 1 | 人工工时 | | 45.00 | |
| 2 | 设备工时 | 5 300.00 | | 6 300.00 |

制表人：程宫　　　　　　　　　　　　　　　审核人：柴章

### 工时定额

产品代码：FDJ1000M2　　产品名称：M2型发动机　　编制时间：2019年1月1日　　单位：小时

| 工序 | | 机器工时(小时) | | 人工工时（小时） | |
|---|---|---|---|---|---|
| 序号 | 名称 | 当道 | 累计 | 当道 | 累计 |
| 0010 | 连杆装配工位 | 0.005 | 0.005 | 2.00 | 2.00 |
| 0020 | 曲轴装配工位 | 0.010 | 0.015 | 3.00 | 5.00 |
| 0030 | 气缸体装配工位 | 0.010 | 0.025 | 2.50 | 7.50 |
| 0040 | 缸盖装配工位 | 0.015 | 0.040 | 3.50 | 11.00 |
| 0050 | 整机下线 | 0.010 | 0.050 | 2.00 | 13.00 |

制表人：程宫　　　　　　　　　　　　　　　审核人：柴章

## 废品损失计算单

产品代码：FDJ1000M2　　　　产品名称：M2型发动机　　　　2019年1月　　　　车间：装配

| 项目 | 产品数量（小时） | 报废工序 | 设备工时（小时） | 人工工时（小时） | 外购半成品 | 辅助材料 | 燃料动力 | 职工薪酬 | 制造费用 | 合计 |
|---|---|---|---|---|---|---|---|---|---|---|
| 单位消耗定额 | 1 |  | 1 | 1 | 5 182.12 | 32.39 | 5 300.00 | 45.00 | 6 300.00 | 16 859.51 |
| 废品损失 | 1 | 3 | 0.025 | 7.5 | 5 182.12 | 32.39 | 132.50 | 337.50 | 157.50 | 5 842.01 |

制表人：程宫　　　　　　　　　　　　　　审核人：柴章

# 20504 成本会计——在产品成本计算

| 经济业务 | 在产品成本计算 | 更新时间 |  | 经济业务摘要 |
|---|---|---|---|---|
| 岗　　位 | 成本会计 | 级　　别 | 中级 | 计算月底在产品成本 |
| 工作方式 | 手工 |  |  |  |

### 经济业务内容

根据相关资料计算每种产品和全厂月底在产品成本。

### 经济业务处理要求

了解企业在产品成本计算方法以及在产品计算所需要的各种资料。

## 经济业务流程

**东北发动机有限公司**

流程名称：在产品成本计算
流程代码：20504
更新时间：2018年12月
风险点：

| 部门名称：财务部 | 审批人：柴章 |
|---|---|
| 主责岗位：成本会计 | 会 范婷 高翔 董芳 丁磊 |
| 编辑人：刘玉 | 签 邓欢 陈晓 陈曼 付晶 |

| 流程图 | 流程描述 |
|---|---|
| 开始 → NO.1 填制成本计算单的定额数据 → NO.2 计算成本计算单的合计数 → NO.3 计算在产品成本 → 结束 | **NO.1** 成本会计根据实际产量填写产品成本计算单（在不实行二级核算的情况下）。<br><br>**NO.2** 成本会计根据期初在产品、本期发生额、废品损失计算合计数。<br><br>**NO.3** 根据合计数及定额数据计算在产品成本。 |

# 经济业务证明(自制原始凭证)

## 材料消耗定额

最后修订时间:2019年1月1日　　　　　　　　　　　　　　　　　　　单位:元

| 产品代码 | 产品名称 | 单位外购半成品 | 单位辅助材料 | 说明 |
|---|---|---|---|---|
| FDJ1000M1 | M1型发动机 | 4 373.12 | 27.33 | |
| FDJ1000M2 | M2型发动机 | 5 182.12 | 32.39 | |

制表人:程宫　　　　　　　　　　审核人:柴章

## 小时费用预算

最后修订时间:2019年1月1日　　　　　　　　　　　　　　　　　　　单位:元

| 序号 | 动因 | 燃料动力 | 职工薪酬 | 制造费用 |
|---|---|---|---|---|
| 1 | 人工工时 | | 45.00 | |
| 2 | 设备工时 | 5 300.00 | | 6 300.00 |

制表人:程宫　　　　　　　　　　审核人:柴章

## 工时定额

产品代码:FDJ1000M1　　产品名称:M1型发动机　　编制时间:2019年1月1日　　单位:小时

| 工序 | | 机器工时(小时) | | 人工工时(小时) | |
|---|---|---|---|---|---|
| 序号 | 名称 | 当道 | 累计 | 当道 | 累计 |
| 0010 | 连杆装配工位 | 0.005 | 0.005 | 2.00 | 2.00 |
| 0020 | 曲轴装配工位 | 0.010 | 0.015 | 2.50 | 4.50 |
| 0030 | 气缸体装配工位 | 0.003 | 0.018 | 2.50 | 7.00 |
| 0040 | 缸盖装配工位 | 0.012 | 0.030 | 3.00 | 10.00 |
| 0050 | 整机下线 | 0.010 | 0.040 | 2.00 | 12.00 |

制表人:程宫　　　　　　　　　　审核人:柴章

## 工时定额

产品代码:FDJ1000M2　　产品名称:M2型发动机　　编制时间:2019年1月1日　　单位:小时

| 工序 | | 机器工时(小时) | | 人工工时(小时) | |
|---|---|---|---|---|---|
| 序号 | 名称 | 当道 | 累计 | 当道 | 累计 |
| 0010 | 连杆装配工位 | 0.005 | 0.005 | 2.00 | 2.00 |
| 0020 | 曲轴装配工位 | 0.010 | 0.015 | 3.00 | 5.00 |
| 0030 | 气缸体装配工位 | 0.010 | 0.025 | 2.50 | 7.50 |
| 0040 | 缸盖装配工位 | 0.015 | 0.040 | 3.50 | 11.00 |
| 0050 | 整机下线 | 0.010 | 0.050 | 2.00 | 13.00 |

制表人:程宫　　　　　　　　　　审核人:柴章

## 在产品盘点表

盘点时间：2019年1月31日　　　　　　　　　　　　　　　　　盘点地点：装配车间

| 工序 || 在产数量（台） ||| 备注 |
| --- | --- | --- | --- | --- | --- |
| 序号 | 名称 | M1型发动机 | M2型发动机 | 合计 | |
| 0010 | 连杆装配工位 | 0 | 1 | 1 | |
| 0020 | 曲轴装配工位 | 1 | 0 | 1 | |
| 0030 | 气缸体装配工位 | 0 | 3 | 3 | |
| 0040 | 缸盖装配工位 | 2 | 2 | 4 | |
| 0050 | 整机下线 | 3 | 4 | 7 | |
| | 合计 | 6 | 10 | 16 | |

车间主任：任强　　　　　　　　车间调度：周旋　　　　　　　　车间统计员：李娜

## 在产品原、辅材料定额计算表

车间：装配　　　　　　　　　　　　　　　　　　　　　　　　　2019年1月31日

| 产品代码 | 产品名称 | 在产数量（台） | 外购半成品定额 || 辅助材料定额 ||
| --- | --- | --- | --- | --- | --- | --- |
| | | | 单位 | 金额 | 单位 | 金额 |
| FDJ1000M1 | M1发动机 | 6 | 4 373.12 | 26 238.72 | 27.33 | 163.98 |
| FDJ1000M2 | M2发动机 | 10 | 5 182.12 | 51 821.20 | 32.39 | 323.90 |
| | 合计 | 16 | | 78 059.92 | | 487.88 |

车间主任：任强　　　　　　　　车间调度：周旋　　　　　　　　车间统计员：李娜

## 在产品工时定额计算表

产品代码：FDJ1000M1　　产品名称：M1型发动机　　盘点时间：2019年1月31日　　盘点地点：装配车间

| 工序 || 在产数量（台） | 机器工时（小时） || 人工工时（小时） ||
| --- | --- | --- | --- | --- | --- | --- |
| 序号 | 名称 | | 本序单件累计工时 | 合计累计工时 | 本序单件累计工时 | 合计累计工时 |
| 0010 | 连杆装配工位 | 0 | 0.005 | −0.0 | 2.00 | — |
| 0020 | 曲轴装配工位 | 1 | 0.015 | 0.015 | 4.50 | 4.50 |
| 0030 | 气缸体装配工位 | 0 | 0.018 | −0.0 | 7.00 | — |
| 0040 | 缸盖装配工位 | 2 | 0.03 | 0.060 | 10.00 | 20.00 |
| 0050 | 整机下线 | 3 | 0.04 | 0.120 | 12.00 | 36.00 |
| | 合计 | 6 | | 0.195 | | 60.50 |

车间主任：任强　　　　　　　　车间调度：周旋　　　　　　　　车间统计员：李娜

## 在产品工时定额计算表

产品代码：FDJ1000M2　　产品名称：M2型发动机　　盘点时间：2019年1月31日　　盘点地点：装配车间

| 工序 序号 | 工序 名称 | 在产数量（台） | 机器工时（小时）本序单件累计工时 | 机器工时（小时）合计累计工时 | 人工工时（小时）本序单件累计工时 | 人工工时（小时）合计累计工时 |
|---|---|---|---|---|---|---|
| 0010 | 连杆装配工位 | 1 | 0.005 | 0.005 | 2.00 | 2.00 |
| 0020 | 曲轴装配工位 | 0 | 0.015 | –0.0 | 5.00 | — |
| 0030 | 气缸体装配工位 | 3 | 0.025 | 0.075 | 7.50 | 22.50 |
| 0040 | 缸盖装配工位 | 2 | 0.040 | 0.080 | 11.00 | 22.00 |
| 0050 | 整机下线 | 4 | 0.050 | 0.200 | 13.00 | 52.00 |
| | 合计 | 10 | | 0.360 | | 98.50 |

车间主任：任强　　　　　　　车间调度：周旋　　　　　　　车间统计员：李娜

## 当月实际完成定额计算表

产品代码：FDJ1000M1　　　　产品名称：M1发动机　　　　　　　　　2019年1月

| 序号 | 成本项目 | 产品数量（台） | 外购半成品 | 辅助材料 | 设备工时（小时） | 人工工时（小时） | 说明 |
|---|---|---|---|---|---|---|---|
| 1 | 期初在产 | 25 | 109 928.00 | 683.25 | 0.863 | 264.00 | 根据期初资料 |
| 2 | 本期发生 | 1781 | 7 787 926.72 | 48 674.73 | 71.332 | 21 396.50 | 2=3–1 |
| 3 | 合计 | 1806 | 7 897 854.72 | 49 357.98 | 72.195 | 21 660.50 | 3=4+5 |
| 4 | 本期完工 | 1800 | 7 871 616.00 | 49 194.00 | 72.000 | 21 600.00 | 根据完工资料 |
| 5 | 期末在产 | 6 | 26 238.72 | 163.98 | 0.195 | 60.50 | 根据在产资料 |

制表人：程宫　　　　　　　　　　　　　　审核人：柴章

## 当月实际完成定额计算表

产品代码：FDJ1000M2　　　　产品名称：M2发动机　　　　　　　　　2019年1月

| 序号 | 成本项目 | 产品数量（台） | 外购半成品 | 辅助材料 | 设备工时（小时） | 人工工时（小时） | 说明 |
|---|---|---|---|---|---|---|---|
| 1 | 期初在产 | 30 | 156 363.60 | 971.65 | 1.240 | 329.50 | 根据期初资料 |
| 2 | 本期发生 | 1180 | 6 114 001.60 | 38 220.25 | 59.120 | 15 369.00 | 2=3–1 |
| 3 | 合计 | 1210 | 3 135 182.60 | 19 595.95 | 30.180 | 15 698.50 | 3=4+5 |
| 4 | 本期完工 | 1200 | 6 218 544.00 | 38 868.00 | 60.000 | 15 600.00 | 根据完工资料 |
| 5 | 期末在产 | 10 | 51 821.20 | 323.90 | 0.360 | 98.50 | 根据在产资料 |

制表人：程宫　　　　　　　　　　　　　　审核人：柴章

## 当月实际完成定额计算表

汇总表　　　　　　　　　　　　　　　　　　　　　　　　　　　2019年1月

| 序号 | 成本项目 | 产品数量（台） | 外购半成品 | 辅助材料 | 设备工时（小时） | 人工工时（小时） | 说明 |
|---|---|---|---|---|---|---|---|
| 1 | 期初在产 | 55 | 266 291.60 | 1 654.90 | 2.103 | 593.50 | M1+M2 |
| 2 | 本期发生 | 2961 | 13 901 928.32 | 86 894.98 | 130.452 | 36 765.50 | |
| 3 | 合计 | 3016 | 11 033 037.32 | 68 953.93 | 102.38 | 37 359.00 | |
| 4 | 本期完工 | 3000 | 14 090 160.00 | 88 062.00 | 132.000 | 37 200.00 | |
| 5 | 期末在产 | 16 | 78 059.92 | 487.88 | 0.555 | 159.00 | |

制表人：程宫　　　　　　　　　　　　　审核人：柴章

# 20505 成本会计——产成品成本计算

| 经济业务 | 产成品成本计算 | 更新时间 | | 经济业务摘要 |
|---|---|---|---|---|
| 岗　　位 | 成本会计 | 级　　别 | 中级 | 计算当月完工产品成本 |
| 工作方式 | 手工 | | | |

## 经济业务内容

月底，计算完工产品成本，为销售会计提供完工产品总成本及单位成本汇总表。

## 经济业务处理要求

了解企业产成品的总成本及单位成本的计算方法，掌握成本汇总表与生产费用相一致的控制方法，运用借贷记账法，编制记账凭证，登记相关账簿。

## 经济业务流程

**东北发动机有限公司**

| | |
|---|---|
| 流程名称：产品成本计算 | 部门名称：财务部　审批人：柴章 |
| 流程代码：20505 | 主责岗位：成本会计 |
| 更新时间：2018年12月 | 编辑人：刘玉 |
| 风险点： | 会签：范婷 高翔 董芳 丁磊 邓欢 陈晓 陈曼 付晶 |

### 流程图

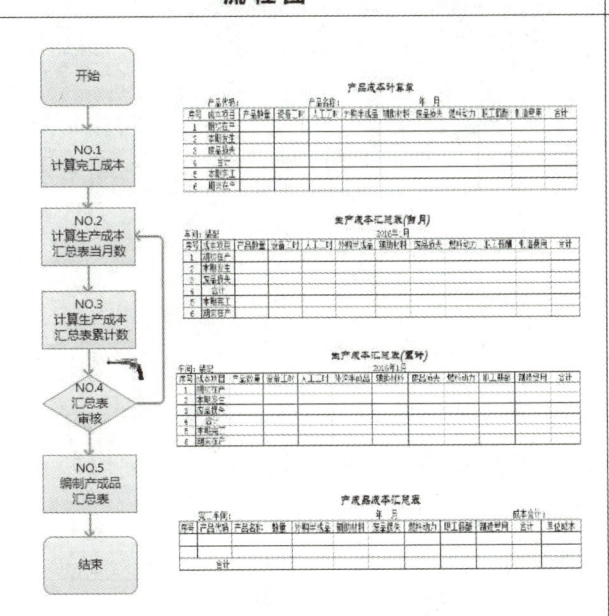

- 开始
- NO.1 计算完工成本
- NO.2 计算生产成本汇总表当月数
- NO.3 计算生产成本汇总表累计数
- NO.4 汇总表审核
- NO.5 编制产成品汇总表
- 结束

### 流程描述

**NO.1** 成本会计根据产品成本计算单合计数和期末数计算完工产品成本（第5项=第4项-第6项）。

**NO.2** 将各产品成本计算单汇总生成生产成本汇总表（当月）。

**NO.3** 将生产成本汇总表（当月）和上月生产成本汇总表（累计）合计生成本月生产成本汇总表（累计）。

**NO.4** 风险点管控措施
将生产成本汇总表的期初数和期末数的相关数据应该与生产成本明细账期初数和期末数保持完全一致。

**NO.5** 根据产品成本计算单第5项本期完工数填制产成品成本汇总表，确保总成本合计数与生产成本汇总表（当月）数的本期完工数对应一致，同时根据完工数量与总成本合计数计算每种产品的单位成本。

# 20814 综合会计——结转1月份营业外收入

| 经济业务 | 结转本月营业外收入 | 更新时间 | | 经济业务摘要 |
|---|---|---|---|---|
| 岗 位 | 综合会计 | 级 别 | 中级 | 结转1月份营业外收入 |
| 工作方式 | 手工、软件 | | | |

## 经济业务内容

2019年1月31日,结转本月的营业外收入。

## 经济业务处理要求

月末收入结转业务处理。审核当期营业外收入账户本期发生额,分析经济业务,确认计算月末收入结转额,参照月末收入结转业务处理流程,运用借贷记账法编制记账凭证,登记相关账簿。注意收入结转额确认的正确性,正确运用本年利润会计科目。

## 经济业务流程

**东北发动机有限公司**

流程名称:结转本月各项收入
流程代码:20805
更新时间:2018年12月
风险点:

| 部门名称:财务部 | 审批人:柴章 |
| --- | --- |
| 主责岗位:综合 | 会签: 范婷、高翔、董苏、丁磊、邓欢、陈晓、陈曼、刘玉 |
| 编辑人:付晶 | |

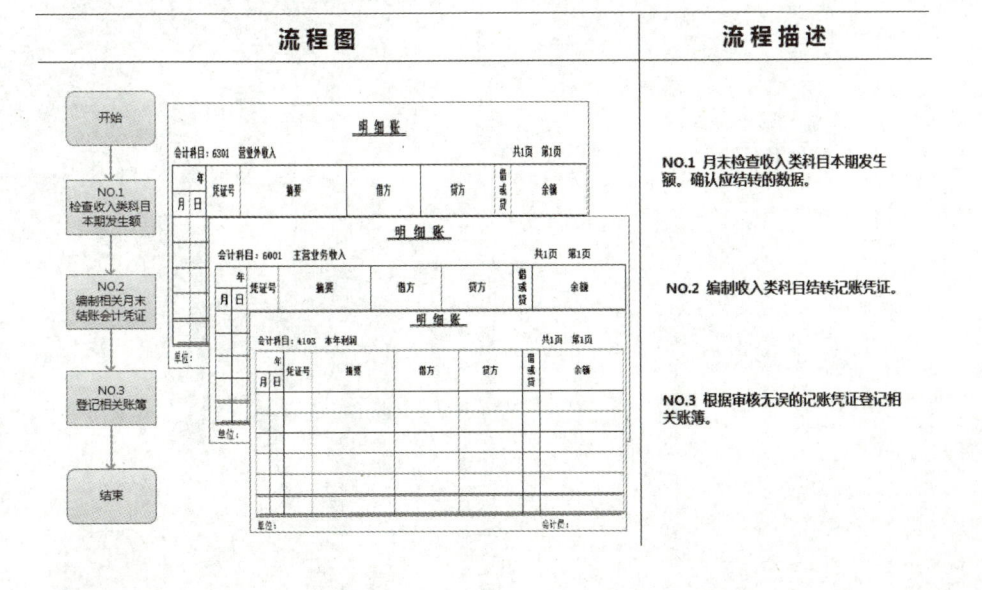

**流程图**

开始 → NO.1 检查收入类科目本期发生额 → NO.2 编制相关月末结账会计凭证 → NO.3 登记相关账簿 → 结束

明细账
会计科目:6301 营业外收入    共1页 第1页

明细账
会计科目:6001 主营业务收入   共1页 第1页

明细账
会计科目:4103 本年利润    共1页 第1页

**流程描述**

NO.1 月末检查收入类科目本期发生额。确认应结转的数据。

NO.2 编制收入类科目结转记账凭证。

NO.3 根据审核无误的记账凭证登记相关账簿。

# 20815 综合会计——支付广告费

| 经济业务 | 支付广告费 | 更新时间 | | 经济业务摘要 | |
|---|---|---|---|---|---|
| 岗　　位 | 综合会计 | 级　　别 | 中级 | 支付广告费 | |
| 工作方式 | 手工、软件 | | | | |

## 经济业务内容

2019年1月31日，销售部门申请支付中央电视台广告费。

## 经济业务处理要求

按照报销内容选择报销单并认真填写报销单。财务部长根据报销单内容，结合公司相关规定进行审批，保证报销内容的真实，数据准确。总经理对报销单进行审批。综合会计接到审批通过的报销单进行相关的账务处理。出纳在综合会计账务处理之后，对报销单进行付款。

## 经济业务流程

**东北发动机有限公司**

流程名称：报销付款审批
流程代码：20804
更新时间：2018年12月
风险点：

| 部门名称：财务部 | 审批人：柴章 |
| --- | --- |
| 主责岗位：综合 | 会签：范婷、高翔、董芳、丁磊、邓欢、陈晓、陈曼、刘玉 |
| 编辑人：付晶 | |

### 流程图

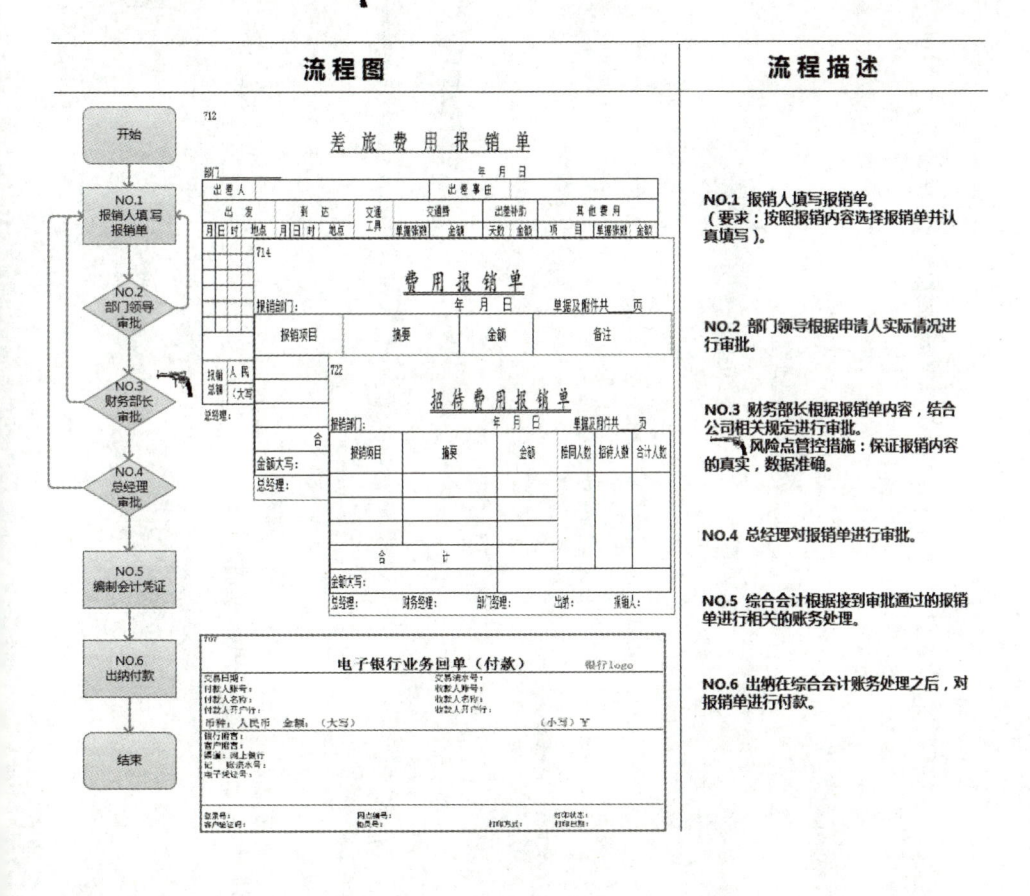

- 开始
- NO.1 报销人填写报销单
- NO.2 部门领导审批
- NO.3 财务部长审批
- NO.4 总经理审批
- NO.5 编制会计凭证
- NO.6 出纳付款
- 结束

（差旅费用报销单、费用报销单、招待费用报销单、电子银行业务回单（付款））

### 流程描述

**NO.1** 报销人填写报销单。
（要求：按照报销内容选择报销单并认真填写）。

**NO.2** 部门领导根据申请人实际情况进行审批。

**NO.3** 财务部长根据报销单内容，结合公司相关规定进行审批。
风险点管控措施：保证报销内容的真实，数据准确。

**NO.4** 总经理对报销单进行审批。

**NO.5** 综合会计根据接到审批通过的报销单进行相关的账务处理。

**NO.6** 出纳在综合会计账务处理之后，对报销单进行付款。

## 经济业务证明（外来原始凭证）

104
1100153130

**北京增值税专用发票**
发票联

No.005498502　1100153130
005498502

开票日期：2019年1月31日

| 名　称 | 东北发动机有限公司 | 密码区 | 6554+55+38998954513301/<5>/*6036<br>0+>6*>/>839>>/8<80+83267<>>22303<br>0828+26*1/3+>>70484*/1<01**5268/<br><5>0+>6*>/>831>49+834*14<62587032 |
|---|---|---|---|
| 税　号 | 220117709854834 | | |
| 地址、电话 | 长春市东风大街1888号 | | |
| 开户行及账号 | 工商银行东风大街支行2008 1665 8888 8888 | | |

| 货物或应税劳务、服务名称 | 规格型号 | 单位 | 数量 | 单价 | 金额 | 税率 | 税额 |
|---|---|---|---|---|---|---|---|
| 广告费用 | | | 1 | 750 000.00 | 750 000.00 | 6% | 45 000.00 |
| 合　　计 | | | | | | | |
| 价税合计（大写） 柒拾玖万伍仟元整 | | | | （小写）¥795 000.00 | | | |

| 名　称 | 央视国际网络有限公司 | 备注 | |
|---|---|---|---|
| 税　号 | 11010731952540 | | |
| 地址、电话 | 北京市王府井西街3311号010-21014011 | | |
| 开户行及账号 | 北京工商银行王府井西街支行221025464874 | | |

收款人：韩旭　复核人：张敏　开票人：韩旭　销售单位（章）

第一联：发票联　购货方记账凭证

---

707

**中国工商银行 电子银行业务回单（付款）**

| 交易日期：2019年1月31日 | 交易流水号：5369785295 |
|---|---|
| 付款人账号：2008 1665 8888 8888 | 收款人账号：2210 2546 4874 |
| 付款人名称：东北发动机有限公司 | 收款人名称：央视国际网络有限公司 |
| 付款人开户行：长春市工商银行东风大街支行 | 收款人开户行：中国工商银行王府井西街支行 |
| 币种：人民币　金额：（大写）柒拾玖万伍仟元整 | （小写）¥795 000.00 |

银行附言：
客户附言：广告费
渠道：网上银行
记账流水号：26594675152
电子凭证号：5989625845

| 登录号： | 网点编号： | 打印状态：第一次打印 |
|---|---|---|
| 客户验证码： | 柜员号： | 打印方式：　打印日期：2019.1.31 |

## 经济业务证明（自制原始凭证）

714

### 费用报销单

报销部门：销售部　　　　　2019年1月31日　　　　　单据及附件共 _1_ 页

| 报销项目 | 摘要 | 金额 | 备注 |
|---|---|---|---|
| 广告费 | 支付中央电视台广告费 | ¥795 000.00 | 银行付款 |
|  |  |  |  |
|  |  |  |  |
| 合　　计 |  | ¥795 000.00 |  |

金额大写：柒拾玖万伍仟元整

总经理：马实　　财务部长：柴章　　部门经理：李志文　　出纳：初娜　　报销人：韩张

# 20603 税务会计——转出未交增值税

| 经济业务 | 转出未交增值税 | 更新时间 |  | 经济业务摘要 |  |
|---|---|---|---|---|---|
| 岗　位 | 税务会计 | 级　别 | 中级 | 转出未交增值税 |  |
| 工作方式 | 手工、软件 |  |  |  |  |

## 经济业务内容

2019年1月31日，因销项税额大于进项税额，转出未交增值税。

## 经济业务处理要求

未交增值税转出业务处理。审核分析应交税费（增值税）明细分类账，计算销项税额大于进项税额数额，分析经济业务，进行本月未交增值税税额的确认和计量。参照未交增值税转出业务处理流程，运用借贷记账法编制记账凭证，登记相关账簿。注意未交增值税税额的确认和计量方法，正确运用会计科目。

## 经济业务流程

**东北发动机有限公司**

流程名称：转出未交增值税
流程代码：20603
更新时间：2019年2月
风险点：

| 部门名称：财务部 | 审批人：柴章 | |
|---|---|---|
| 主责岗位：税务 | 会签 | 范婷、高预、董芳、丁磊 邓欢、钟和、陈曼、刘玉 |
| 编辑人：陈晓 | | |

### 流程图

- 开始
- NO.1 统计应交增值税
- NO.2 销项大于进项
- NO.3 计算应交增值税
- NO.4 编制会计凭证
- NO.5 登记账簿
- 结束

增值税 明细账

### 流程描述

**NO.1** 月底，税务会计根据月初增值税留底情况，当月增值税进项和增值税销项明细账，确定应交增值税。

**NO.2** 当增值税销项大于增值税进项和月初留底之和，需要计算应交增值税。

**NO.3** 应交增值税等于增值税销项减增值税进项减月初增值税留底。

**NO.4** 填写相关会计凭证。

**NO.5** 登记相关账簿。

## 20816 综合会计——支付展位费

| 经济业务 | 支付展位费 | 更新时间 | | 经济业务摘要 | |
|---|---|---|---|---|---|
| 岗　　位 | 综合会计 | 级　　别 | 中级 | 支付展位费 | |
| 工作方式 | 手工、软件 | | | | |

### 经济业务内容

2019年1月31日，销售部门申请支付展位租赁费用。

### 经济业务处理要求

按照报销内容选择报销单并认真填写报销单。财务部长根据报销单内容，结合公司相关规定进行审批，保证报销内容的真实，数据准确。总经理对报销单进行审批。综合会计接到审批通过的报销单进行相关的账务处理。出纳在综合会计账务处理之后，对报销单进行付款。

# 经济业务流程

**东北发动机有限公司**

流程名称：报销付款审批
流程代码：20804
更新时间：2018年12月
风险点：

| 部门名称：财务部 | 审批人：柴章 |
| --- | --- |
| 主责岗位：综合 | 会签：范婷、高翔、董芳、丁磊、郑欢、陈晓、陈曼、刘玉 |
| 编辑人：付晶 | |

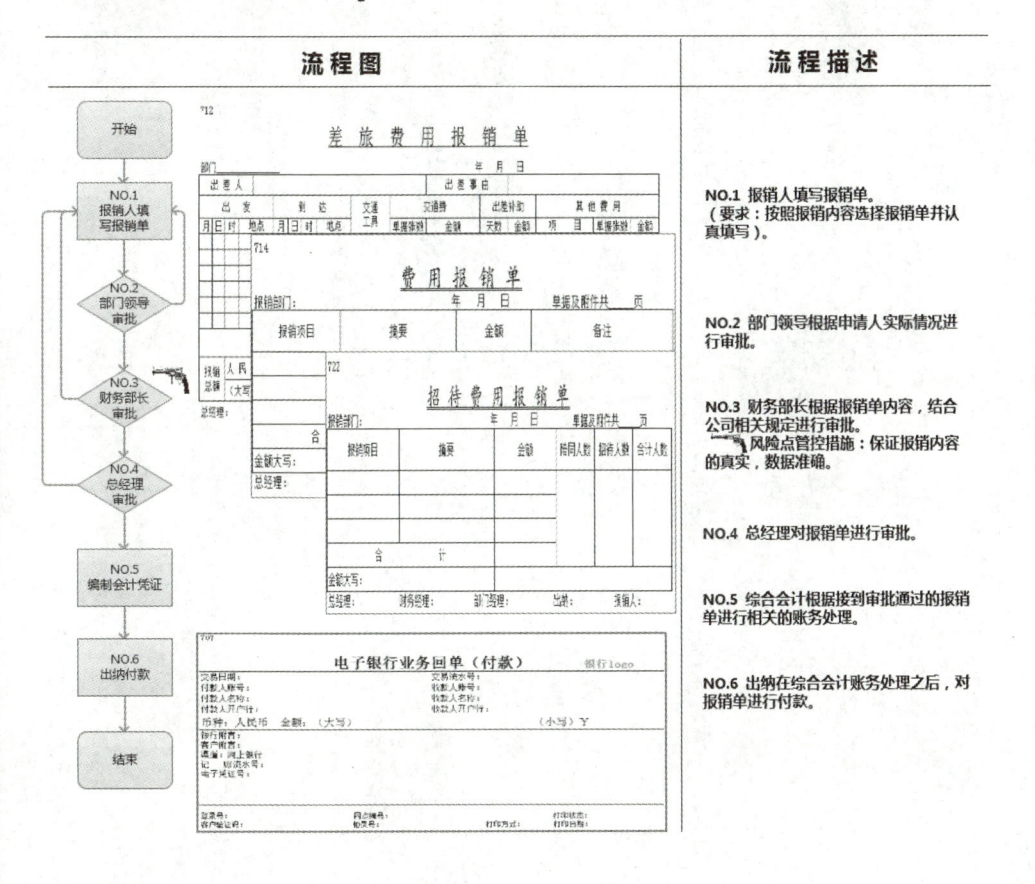

## 流程图

开始
NO.1 报销人填写报销单
NO.2 部门领导审批
NO.3 财务部长审批
NO.4 总经理审批
NO.5 编制会计凭证
NO.6 出纳付款
结束

## 流程描述

**NO.1** 报销人填写报销单。
（要求：按照报销内容选择报销单并认真填写）。

**NO.2** 部门领导根据申请人实际情况进行审批。

**NO.3** 财务部长根据报销单内容，结合公司相关规定进行审批。
风险点管控措施：保证报销内容的真实，数据准确。

**NO.4** 总经理对报销单进行审批。

**NO.5** 综合会计根据接到审批通过的报销单进行相关的账务处理。

**NO.6** 出纳在综合会计账务处理之后，对报销单进行付款。

## 经济业务证明（外来原始凭证）

104

4610538400

### 吉林增值税普通发票

发票联

No.00547521    4610538400
00547521

开票日期：2019年1月31日

| 名 称 | 东北发动机有限公司 | | | | 密码区 | 6554+55+38998954513301/<5>/*6036<br>0+>6*>/>839>>/8<80+83267<>>22303<br>0828+26*1/3+>>70484*/1<01**5268/<br><5>0+>6*>/>831>49+834*14<62587032 | | |
|---|---|---|---|---|---|---|---|---|
| 税 号 | 220117709854834 | | | | | | | |
| 地 址、电 话 | 长春市东风大街1888号 | | | | | | | |
| 开户行及账号 | 工商银行东风大街支行 2008 1665 8888 8888 | | | | | | | |
| 货物或应税劳务、服务名称 | 规格型号 | 单位 | 数量 | 单价 | | 金额 | 税率 | 税额 |
| 展位费 | | | 1 | 849 056.6038 | | 849 056.60 | 6% | 50 943.40 |
| 合 计 | | | | | | ¥ 849 056.60 | | ¥ 50 943.40 |
| 价税合计（大写） | 玖拾万元整 | | | | | （小写）¥ 900 000.00 | | |
| 名 称 | 吉林省会展中心服务有限公司 | | | | 备注 | | | |
| 税 号 | 220157001835965 | | | | | | | |
| 地 址、电 话 | 长春市经开区临河街2580号0431-82547411 | | | | | | | |
| 开户行及账号 | 吉林银行经开区临河街支行0715132465485 | | | | | | | |

收款人：王志伟    复核人：白雨    开票人：黄志忠    销售单位：

第一联：发票联 购货方记账凭证

---

707

### 中国工商银行 电子银行业务回单（付款）

| 交易日期：2019年1月31日 | 交易流水号：4585854247 |
|---|---|
| 付款人账号：2008 1665 8888 8888 | 收款人账号：0715 1324 6548 5 |
| 付款人名称：东北发动机有限公司 | 收款人名称：吉林省会展中心服务有限公司 |
| 付款人开户行：长春市工商银行东风大街支行 | 收款人开户行：吉林银行经开区临河街支行 |
| 币种：人民币 金额：（大写）玖拾万元整 | （小写）¥ 900 000.00 |

银行附言：
客户附言：销售展位费
渠道：网上银行
记账流水号：184528824854
电子凭证号：569985472

| 登录号： | 网点编号： | 打印状态：第一次打印 |
|---|---|---|
| 客户验证码： | 柜员号： | 打印方式： 打印日期：2019.1.31 |

## 经济业务证明（自制原始凭证）

714

### 费用报销单

报销部门：销售部　　　　2019年1月31日　　　　单据及附件共 _1_ 页

| 报销项目 | 摘要 | 金额 | 备注 |
|---|---|---|---|
| 展位费用 | 支付销售部会展中心销售展位费用 | ￥900 000.00 | 银行付款 |
|  |  |  |  |
|  |  |  |  |
| 合　　计 |  | ￥900 000.00 |  |

金额大写：玖拾万元整

总经理：马实　　财务部长：柴章　　部门经理：李志文　　出纳：初娜　　报销人：蒋平

## 20604 税务会计——计提当月税金及附加

| 经济业务 | 计提税金及附加 | 更新时间 |  | 经济业务摘要 |
|---|---|---|---|---|
| 岗　　位 | 税务会计 | 级　　别 | 中级 | 计提税金及附加 |
| 工作方式 | 手工、软件 |  |  |  |

### 经济业务内容

计提2019年1月份应交的城建税、教育费附加、地方教育费附加。

### 经济业务处理要求

税金及附加计提业务处理。审核分析应交税费、税金及附加明细分类账，分析经济业务，根据税务部门改动比率，以等于应交增值税为基数，计算当月应交流转税。填写城建税、教育费附加计算表。依据相关原始凭证，参照税金及附加业务处理流程，运用借贷记账法编制记账凭证，登记相关账簿。注意城建税、教育费附加及地方教育费附加的范围及计算依据，正确运用会计科目。

## 经济业务流程

### 东北发动机有限公司

| 流程名称：计提流转税 | 部门名称：财务部 | 审批人：柴章 |
| --- | --- | --- |
| 流程代码：20604 | 主责岗位：税务 | 会签：范婷、高翔、董芳、丁磊、邓欢、钟和、陈曼、刘玉 |
| 更新时间：2019年2月 | 编辑人：陈晓 | |
| 风险点： 🔫 | | |

### 流程图

- 开始
- NO.1 统计应交增值税
- NO.2 当月有应交增值税
- NO.3 计提当月应交流转税
- NO.4 财务部长审批 🔫
- NO.5 编制会计凭证
- NO.6 登记账簿
- 结束

### 流程描述

**NO.1** 月底，税务会计根据月初增值税留底情况，当月增值税进项和增值税销项明细账，确定应交增值税。

**NO.2** 根据当月应交增值税需要计算当月应交城建税，教育费附加和地方教育费附加。

**NO.3** 根据税务部门改动比率，以等于应交增值税为基数，计算当月应交流转税。填写城建税、教育费附加计算表。

**NO.4** 将填写的计算表交由财务部长审批。
🔫 风险点管控措施：确认数据准确。

**NO.5** 税务会计根据根据已经审批的计算表进行账务处理。

**NO.6** 登记相关账簿。

### 城建税、教育费附加计算表

　　年　月　日至　年　月　日　　单位

| 项目 | 应交增值税（计税基础） | 城建税 || 教育费附加 || 地方教育费附加 || 合计 |
| --- | --- | --- | --- | --- | --- | --- | --- | --- |
| | | 税率 | 税额 | 税率 | 税额 | 税率 | 税额 | |
| 金额 | | | | | | | | |

主管：　　　　　复核：　　　　　制表：

## 经济业务证明（自制原始凭证）

601

### 城建税、教育费附加计算表

2019年1月1~31日　　　　　　　　　　　　　　　单位：元

| 项目 | 应交增值税（计税基础） | 城建税 | | 教育费附加 | | 地方教育费附加 | | 合计 |
|---|---|---|---|---|---|---|---|---|
| | | 税率 | 税额 | 税率 | 税额 | 税率 | 税额 | |
| 金额 | 2 172 971.77 | 7% | 152 108.02 | 3% | 65 189.15 | 2% | 43 459.44 | 260 756.61 |

主管：柴章　　　　　　　　复核：钟和　　　　　　　　制表：隋岚

# 20817 综合会计——支付房租和物业费

| 经济业务 | 支付房租和物业费 | 更新时间 | | 经济业务摘要 |
|---|---|---|---|---|
| 岗　位 | 综合会计 | 级　别 | 中级 | 支付房租和物业费 |
| 工作方式 | 手工、软件 | | | |

### 经济业务内容

2019年1月31日，综合部申请支付公司的房租和物业服务费。

### 经济业务处理要求

按照报销内容选择报销单并认真填写报销单。财务部长根据报销单内容，结合公司相关规定进行审批，保证报销内容的真实，数据准确。总经理对报销单进行审批。综合会计接到审批通过的报销单进行相关的账务处理。出纳在综合会计账务处理之后，对报销单进行付款。

# 经济业务流程

**东北发动机有限公司**

流程名称：报销付款审批
流程代码：20804
更新时间：2018年12月
风险点：

| 部门名称：财务部 | 审批人：柴章 | |
|---|---|---|
| 主责岗位：综合 | 会签 | 范婷、高翔、董芳、丁磊 |
| 编辑人：付晶 | | 邓欢、陈晓、陈曼、刘玉 |

## 流程图 | 流程描述

**流程图：**
开始 → NO.1 报销人填写报销单 → NO.2 部门领导审批 → NO.3 财务部长审批 → NO.4 总经理审批 → NO.5 编制会计凭证 → NO.6 出纳付款 → 结束

**流程描述：**

NO.1 报销人填写报销单。
（要求：按照报销内容选择报销单并认真填写）。

NO.2 部门领导根据申请人实际情况进行审批。

NO.3 财务部长根据报销单内容，结合公司相关规定进行审批。
风险点管控措施：保证报销内容的真实，数据准确。

NO.4 总经理对报销单进行审批。

NO.5 综合会计根据接到审批通过的报销单进行相关的账务处理。

NO.6 出纳在综合会计账务处理之后，对报销单进行付款。

## 经济业务证明（外来原始凭证）

### 吉林增值税普通发票

104
4610538400

No.00585421　4610538400
00585421

开票日期：2019年1月7日

| 名　称 | 东北发动机有限公司 | 密码区 | 6554+55+38998954513301/<5>/*6036 |
| --- | --- | --- | --- |
| 税　号 | 220117709854834 | | 0+>6*>/>839>>/8<80+83267<>>22303 |
| 地址、电话 | 长春市东风大街1888号 | | 0828+26*1/3+>>70484*/1<01**5268/ |
| 开户行及账号 | 工商银行东风大街支行2008 1665 8888 8888 | | <5>0+>6*>/>831>49+834*14<62587032 |

| 货物或应税劳务、服务名称 | 规格型号 | 单位 | 数量 | 单价 | 金额 | 税率 | 税额 |
| --- | --- | --- | --- | --- | --- | --- | --- |
| 物业费 | | | 1 | 84 905.66 | 84 905.66 | 6% | 5 094.34 |
| 合　计 | | | | | | | |
| 价税合计（大写） | 玖万元整 | | | | 90 000.00 | | |

| 名　称 | 吉林省悦好物业服务有限公司 | 备注 | |
| --- | --- | --- | --- |
| 税　号 | 220259547851265 | | |
| 地址、电话 | 长春市高新区家悦路223号0431-88850555 | | |
| 开户行及账号 | 吉林银行高新区家悦路支行07153659784581 | | |

收款人：王伟　复核人：张宇　开票人：黄海洋　销货单位：（章）

### 吉林增值税普通发票

104
4610538400

No.00547254　4610538400
00547254

开票日期：2019年1月31日

| 名　称 | 东北发动机有限公司 | 密码区 | 6554+55+38998954513301/<5>/*6036 |
| --- | --- | --- | --- |
| 税　号 | 220117709854834 | | 0+>6*>/>839>>/8<80+83267<>>22303 |
| 地址、电话 | 长春市东风大街1888号 | | 0828+26*1/3+>>70484*/1<01**5268/ |
| 开户行及账号 | 工商银行东风大街支行2008 1665 8888 8888 | | <5>0+>6*>/>831>49+834*14<62587032 |

| 货物或应税劳务、服务名称 | 规格型号 | 单位 | 数量 | 单价 | 金额 | 税率 | 税额 |
| --- | --- | --- | --- | --- | --- | --- | --- |
| 房租 | | | 1 | 613 207.55 | 613 207.55 | 6% | 36 792.45 |
| 合　计 | | | | | | | |
| 价税合计（大写） | 陆拾伍万元整 | | | | 650 000.00 | | |

| 名　称 | 吉林省建宇材料建筑有限公司 | 备注 | |
| --- | --- | --- | --- |
| 税　号 | 220271585264510 | | |
| 地址、电话 | 长春市南关区大马路2580号0431-82958461 | | |
| 开户行及账号 | 吉林银行南关区大马路支行0716597978452 | | |

收款人：黄露　复核人：王子文　开票人：韩宇　销货单位：（章）

707

## 中国工商银行 电子银行业务回单（付款）

交易日期：2019年1月31日　　　　　交易流水号：5369985475
付款人账号：2008 1665 8888 8888　　收款人账号：0716 5979 7845 2
付款人名称：东北发动机有限公司　　收款人名称：吉林省建宇材料建筑有限公司
付款人开户行：长春市工商银行东风大街支行　收款人开户行：吉林省建宇材料建筑有限公司
币种：人民币　　金额：（大写）陆拾伍万元整　　　（小写）¥ 650 000.00

银行附言：
客户附言：房租费
渠道：网上银行
记账流水号：26594666598
电子凭证号：5988574895

登录号：　　　　　网点编号：　　　　打印状态：第一次打印
客户验证码：　　　柜员号：　　　打印方式：　　打印日期：2019.1.31

707

## 中国工商银行 电子银行业务回单（付款）

交易日期：2019年1月31日　　　　　交易流水号：5369874854
付款人账号：2008 1665 8888 8888　　收款人账号：0715 3659 7845 81
付款人名称：东北发动机有限公司　　收款人名称：吉林省悦好物业服务有限公司
付款人开户行：长春市工商银行东风大街支行　收款人开户行：吉林银行家悦路支行
币种：人民币　　金额：（大写）玖万元整　　　　（小写）¥ 90 000.00

银行附言：
客户附言：物业费
渠道：网上银行
记账流水号：26596854785
电子凭证号：6985425845

登录号：　　　　　网点编号：　　　　打印状态：第一次打印
客户验证码：　　　柜员号：　　　打印方式：　　打印日期：2019.1.31

## 经济业务证明（自制原始凭证）

714

**费 用 报 销 单**

报销部门：综合部　　　　　　2019年1月31日　　　　　　单据及附件共 1 页

| 报销项目 | 摘要 | 金额 | 备注 |
|---|---|---|---|
| 物业费 | 支付物业费 | ￥90 000.00 | 银行付款 |
|  |  |  |  |
|  |  |  |  |
| 合　　计 |  | ￥90 000.00 |  |
| 金额大写：玖万元整 ||||

总经理：马实　　财务部长：柴章　　部门经理：张伟　　出纳：初娜　　报销人：刘鹤

714

**费 用 报 销 单**

报销部门：综合部　　　　　　2019年1月31日　　　　　　单据及附件共 1 页

| 报销项目 | 摘要 | 金额 | 备注 |
|---|---|---|---|
| 办公室租赁费 | 支付房租费 | ￥650 000.00 | 银行付款 |
|  |  |  |  |
|  |  |  |  |
| 合　　计 |  | ￥650 000.00 |  |
| 金额大写：陆拾伍万元整 ||||

总经理：马实　　财务部长：柴章　　部门经理：张伟　　出纳：初娜　　报销人：刘鹤

# 20707 资金会计——期票兑收

| 经济业务 | 银行承兑汇票兑收 | 更新时间 |  | 经济业务摘要 |
|---|---|---|---|---|
| 岗　位 | 资金会计 | 级　别 | 中级 | 银行承兑汇票到期收款 |
| 工作方式 | 手工、软件 |  |  |  |

## 经济业务内容

2019年1月31日，一张由长春市机械厂开具的银行承兑汇票到期，收到银行收款回单。

## 经济业务处理要求

了解银行承兑汇票兑收业务处理流程。依据相关原始凭证，参照期票兑收业务处理流程，填写相关表单，运用借贷记账法编制记账凭证，登记相关账簿。注意银行承兑汇票兑收特点及其会计处理规则，正确运用会计科目。

## 经济业务流程

**东北发动机有限公司**

流程名称：银行承兑汇票兑收
流程代码：20707
更新时间：2018年12月
风险点：

| 部门名称：财务部 | 审批人：荣章 |
| --- | --- |
| 主责岗位：薪酬 | 会签 范婷 高翔 董芳 邓欢 陈晓 陈曼 刘玉 付晶 |
| 编辑人：丁磊 | |

**流程图**

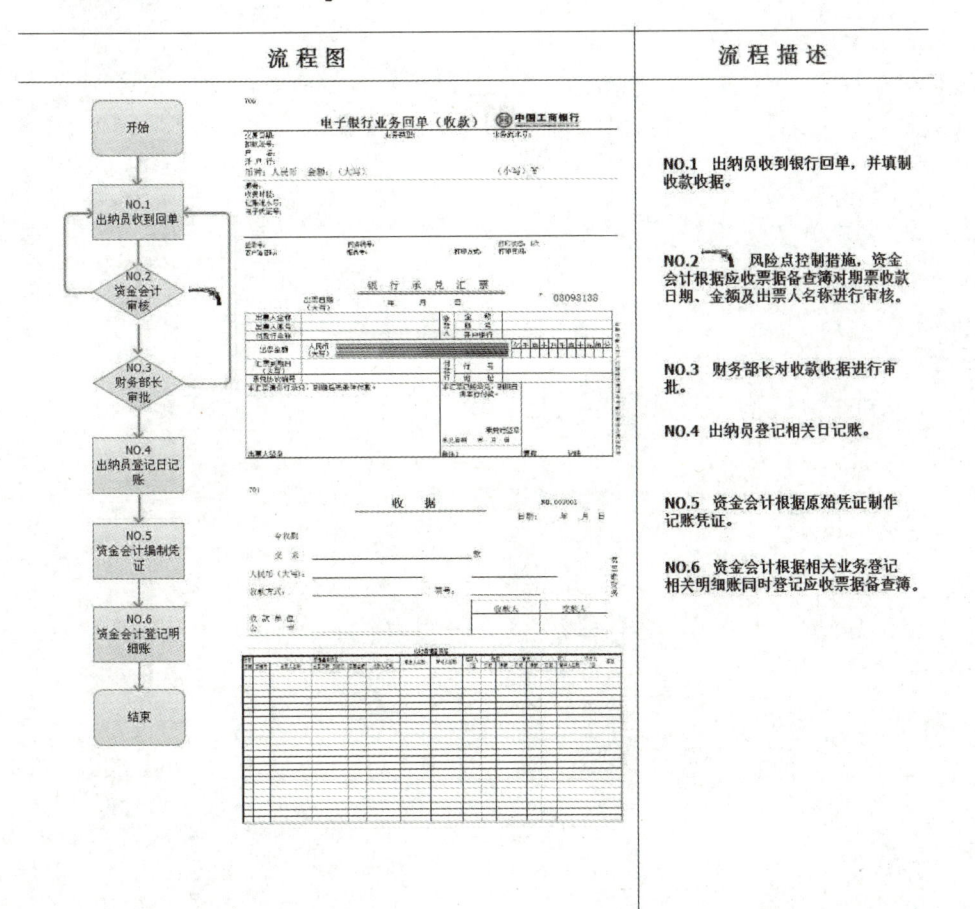

开始
→ NO.1 出纳员收到回单
→ NO.2 资金会计审核
→ NO.3 财务部长审批
→ NO.4 出纳员登记日记账
→ NO.5 资金会计编制凭证
→ NO.6 资金会计登记明细账
→ 结束

**流程描述**

NO.1 出纳员收到银行回单，并填制收款收据。

NO.2 风险点控制措施，资金会计根据应收票据备查簿对期票收款日期、金额及出票人名称进行审核。

NO.3 财务部长对收款收据进行审批。

NO.4 出纳员登记相关日记账。

NO.5 资金会计根据原始凭证制作记账凭证。

NO.6 资金会计根据相关业务登记相关明细账同时登记应收票据备查簿。

## 经济业务证明

支付业务回单（收费）　　中国工商银行

交易日期：2019年1月31日　　借贷标志：借　　通道：网银
业务类型：银行承兑汇票　　　　　　　　　　业务种类：委托收款
付款人账号：5566123669　　　　　　　　　收款人账号：2008 1665 8888 8888
付款人名称：长春市机械厂　　　　　　　　收款人名称：东北发动机有限公司
付款人开户行：交行平阳街支行　　　　　　收款人开户行：长春市工商银行东风大街支行
币种：人民币　　金额：（大写）叁佰万元整　　　　（小写）¥ 3 000 000.00
报文标识号：96631833
报报文标识号：12110033
交易：销售
记账流水号：13881219

登录号：　　　网点编号：　　　打印状态：第一次打印　　客户验证码：
客户验证码：　柜员号：　　　　打印方式：　　　打印日期：2019.1.31

## 银行承兑汇票

出票日期（大写）：贰零壹捌年零柒月叁拾壹日　　　03258761

| 出票人全称 | 长春市机械厂 | 收款人 | 全称 | 苏州连杆集团公司 |
| --- | --- | --- | --- | --- |
| 出票人账号 | 5566123669 | | 账号 | 6831030004013 |
| 付款行全称 | 交通银行平阳街支行 | | 开户银行 | 中国银行苏州工业园支行 |
| 出票金额 | 人民币（大写）叁佰万元整 | | | 亿千百十万千百十元角分 ¥ 3 0 0 0 0 0 0 0 0 |
| 汇票到期日（大写） | 贰零壹玖年零壹月叁拾壹日 | 付款行 | 行号 地址 | |
| 承兑协议编号 | | | | |
| 本汇票请你行承兑，到期后无条件付款。 出票人签章 | | 本汇票经承兑，到期日由本行付款。 承兑日期 年 月 日 备注：（12） | | 复核　　记账 |

财务专用章　印 姜涛　平阳街支行 3008.03.08

## 应收票据备查簿

| 收票日期 | 票据基本情况 ||||| 背书人名称 | 送票人(签章) | 贴现 || 承兑 || 转让 ||| 经办人(签章) | 备注 |
|---|---|---|---|---|---|---|---|---|---|---|---|---|---|---|---|
| ^ | 票据号 | 出票人名称 | 出票日期 | 到期日 | 票面金额 | 收款人名称 | 承兑人名称 | ^ | ^ | 日期 | 净额 | 日期 | 净额 | 日期 | 背书人名称 | ^ | ^ |
| 2018.07.31 | 03258761 | 长春市机械厂 | 2018.07.31 | 2019.01.31 | 3 000 000.00 | 东北发动机有限公司 | 长春市机械厂 | | 李磊 | | | | | | | 初娜 | |
| 2019.01.05 | 03092559 | 吉林市松航船舶修造有限公司 | 2019.01.05 | 2019.07.05 | 8 390 250.00 | 东北发动机有限公司 | 吉林市松航船舶修造有限公司 | | 高海 | | | | | | | 初娜 | |
| 2019.01.06 | 06397726 | 比亚迪股份有限公司 | 2019.01.06 | 2019.07.06 | 70 000.00 | 东北发动机有限公司 | 比亚迪股份有限公司 | | 李妹 | | | | | | | 初娜 | 质押 |
| 2019.01.16 | 06397729 | 比亚迪股份有限公司 | 2019.01.16 | 2019.07.16 | 800 000.00 | 东北发动机有限公司 | 比亚迪股份有限公司 | | 李妹 | | | | | | | 初娜 | |
| 2019.01.16 | 06397730 | 比亚迪股份有限公司 | 2019.01.16 | 2019.07.16 | 700 000.00 | 东北发动机有限公司 | 比亚迪股份有限公司 | | 李妹 | | | | | 2019.01.16 | 苏州连杆集团公司 | 初娜 | 转让 |
| 2016.01.16 | 03092561 | 吉林市松航船舶修造有限公司 | 2016.01.16 | 2019.07.16 | 1 000 000.00 | 东北发动机有限公司 | 吉林市松航船舶修造有限公司 | | 高海 | 2019.1.20 | 982 939.17 | | | | | 初娜 | |

## 20907 出纳——银行对账

| 经济业务 | 银行对账 | 更新时间 | | 经济业务摘要 |
|---|---|---|---|---|
| 岗　　位 | 出纳 | 级　　别 | 中级 | 编制银行存款余额调节表进行对账 |
| 工作方式 | 手工、软件 | | | |

### 经济业务内容

登录网上银行系统查询对账当日银行存款余额，登录财务软件查询对账当日银行存款日记账余额与手工编制的银行存款日记账三者进行核对，核对三者余额是否一致。

### 经济业务处理要求

银行余额调节表编制业务。月末（或大企业不定期）根据本月银行对账单及银行存款日记账，逐笔核对企业账目与银行账目，确认未达账项，编制银行存款余额调节表，检查企业与银行之间账目的差错。在银行对账单余额与企业存款账目余额的基础上，各自加上对方已收、本单位未收账项数额，减去对方已付、本单位未付账项数额，调整确认对方余额是否一致，确认期末银行存款余额。注意未达账项的确认，正确编制银行存款余额调节表。

## 经济业务流程

**东北发动机有限公司**

流程名称：银行对账
流程代码：20903
更新时间：2018年12月
风险点：

| 部门名称：财务部 | 审批人：柴章 | 会签 | 范婷 高翔 董芳 丁磊 |
| --- | --- | --- | --- |
| 主责岗位：出纳 | | | |
| 编辑人：刘玉 | | | 邓欢 陈晓 陈曼 付晶 |

### 流程图

- 开始
- NO.1 收到银行对账单
- NO.2 填制金额调节表
- NO.3 银行企业余额平衡
- NO.4 财务部长审核
- NO.5 整理存档
- 结束

### 流程描述

**NO.1** 出纳员收到银行对账单。

**NO.2** 出纳员填制银行存款余额调节表。

**NO.3** 风险点管控措施 检查已填报的银行存款余额调节表中的未达账项是否真实，未达账项在时间上是否合理，长期未达账项（超过一个月的未达）是否有详细的说明书。

**NO.4** 财务部长审核银行余额调节表，若有未达账项不成立不给予通过，则需返回出纳员处继续查找错误原因，审核通过财务部长签字。

**NO.5** 月末对确认无误的银行余额调节表整理存档。

## 经济业务证明（外来原始凭证）

## 银行余额对账单

客户名称：东北发动机有限公司  
开户机构：工商银行东风大街支行  
客户账号：2008165888888888  
币　种：人民币  
日　期：2019年01月01日 – 2019年01月31日  
打印日期：2019年01月31日  

| 交易日期 | 凭证号码 | 摘要 | 借方发生额 | 贷方发生额 | 账户余额 | 流水号 | 对方账号 | 对方户名 | 对方开户名 |
|---|---|---|---|---|---|---|---|---|---|
| 2019-1-1 | 1 | 付贷款利息 | | 25 000.00 | 15 763 200.00 | 17923 2874529 | 1289 3075 6090 | 中国工商银行 | 工商银行东风大街支行 |
| 2019-1-2 | 2 | 向股东支付2015年股利 | 7 200 000.00 | | 8 563 200.00 | 12893 0756090 | 2008 1665 8888 7777 | 吉林省国有资产管理有限公司 | 长春市工商银行西朝阳路支行 |
| 2019-1-2 | 2 | 向股东支付2015年股利 | 800 000.00 | | 7 763 200.00 | 28927 4976589 | 2008 1065 8888 7777 | 首都汽车制造有限公司 | 长春市工商银行仙台大街支行 |
| 2019-1-5 | 3 | 申请银行汇票 | 30 000.00 | | 7 733 200.00 | 29034 8576677 | | 首都汽车制造有限公司 | 工商银行东风大街支行 |
| 2019-1-5 | 4 | 增资 | | 30 000 000.00 | 37 733 200.00 | 49783 7618964 | 2008 1065 8888 7777 | | 长春市工商银行仙台大街支行 |
| 2019-1-6 | 7 | 现款销售 | | 8 136 000.00 | 45 869 200.00 | 98786 7675454 | | | |
| 2019-1-7 | 9 | 支付咨询费 | 48 290.60 | | 45 820 909.40 | 12903 4856678 | 9100054321 | 上海华宇技术咨询服务公司 | 交通银行春浓路支行 |
| 2019-1-8 | 10 | 购东北铸造厂盘盖毛坯 | 4 924 766.00 | | 40 896 143.40 | 53724 8576978 | | 东北铸造厂 | |
| 2019-1-11 | 16 | 报销差旅费 | 4 272.00 | | 40 891 871.40 | 87252 4158957 | 6772 2780 3958 147 | 长春天信大酒店 | 中信银行景阳大路支行 |
| … | | | | | | | | | |
| 2019-1-20 | 56 | 支付网银服务费 | 60.00 | | 32 219 921.52 | 50967 3672860 | | 中国工商银行 | 工商银行东风大街支行 |
| 2019-1-20 | 57 | 剪票贴现 | | 982 939.17 | 33 202 860.69 | 48098 6287493 | | 中国工商银行 | 工商银行东风大街支行 |
| 2019-1-20 | 58 | 设备维修费 | 4 800.00 | | 33 198 060.69 | 89678 7647556 | | 苏州社机床设备维修公司 | 兴业银行越秀路支行 |
| 2019-1-22 | 62 | 交取暖费 | 14 245.73 | | 33 183 814.96 | 18973 6865677 | 3008 4215 2 42578 | 国家热力开发股份有限公司潮热公司 | 工商银行人民大街支行 |
| 2019-1-22 | 63 | 还贷款利息 | 35 000.00 | | 33 148 814.96 | 64743 7568989 | 4216 4571 8391 | 中国工商银行 | 工商银行东风大街支行 |
| 2019-1-25 | 66 | 还贷款 | 8 032 258.06 | | 25 116 556.90 | 35465 5867890 | | 中国工商银行 | 工商银行东风大街支行 |
| 2019-1-27 | 68 | 收到贷款 | | 8 000 000.00 | 33 116 556.90 | 96897 4654155 | | 中国工商银行 | 工商银行东风大街支行 |
| 2019-1-30 | 77 | 支付M4研究支出 | 1 929 200.00 | | 31 187 356.90 | 57895 6451543 | 5505 6786 0000 4372 | 吉林省电力公司 | 光大银行卫星路支行 |
| 2019-1-30 | 78 | 交纳1月份装配车间电费 | 561 045.00 | | 30 626 311.90 | 38787 5351332 | 6528 6486 25 9799 | 长春自来水公司 | 光大银行卫星路支行 |
| 2019-1-30 | 79 | 交纳2月份装配车间水费 | 39 410.00 | | 30 586 901.90 | 65485 6487456 | 22102 5464874 | 共视国际网络有限公司 | 北京工商银行泾开区陆井拉南支行 |
| 2019-1-31 | 84 | 支付中央电视台广告费 | 795 000.00 | | 29 791 901.90 | 96688 4686655 | 07151 32465485 | 吉林省会展中心服务有限公司 | 吉林银行经开区开拉南支行 |
| 2019-1-31 | 86 | 支付销售费用租赁展位费 | 900 000.00 | | 28 891 901.90 | 96565 4846546 | 07165 9797 8452 | 吉林建宇材料建筑有限公司 | 吉林银行南关区大马路支行 |
| 2019-1-31 | 88 | 支付办公楼租赁费 | 650 000.00 | | 28 241 901.90 | 63948 4564564 | 07153 65978 4581 | 吉林省悦好物业服务有限公司 | 吉林银行新区家悦路支行 |
| 2019-1-31 | 89 | 支付物业服务费 | 90 000.00 | | 28 151 901.90 | 69541 2455788 | | 长春机械厂 | |
| 2019-1-31 | 90 | 剪票到期收款 | | 3 000 000.00 | 31 151 901.90 | 65783 4234546 | | | |
| 2019-1-31 | | 吴鸣现金存款 | | 850 000.00 | 32 001 901.90 | | | | |

# 银行存款日记账

## 银行存款日记账

户　名：工商银行东风大街支行

账　号：2008166588888888

| 2019年 ||凭证号| 摘要 | 借方 | 贷方 | 借或贷 | 余额 |
|---|---|---|---|---|---|---|---|
| 月 | 日 | | | | | | |
| 1 | 1 |  | 期初余额 |  |  | 借 | 15 788 200.00 |
| 1 | 1 | 1 | 付贷款利息 |  | 25 000.00 | 借 | 15 763 200.00 |
| 1 | 2 | 2 | 向股东支付2018年股利 |  | 8 000 000.00 | 借 | 7 763 200.00 |
| 1 | 5 | 3 | 申请银行汇票 |  | 30 000.00 | 借 | 7 733 200.00 |
| 1 | 5 | 4 | 首都汽车制造有限公司增资 | 30 000 000.00 |  | 借 | 37 733 200.00 |
| 1 | 6 | 6 | 现款销售 | 8 136 000.00 |  | 借 | 45 869 200.00 |
| 1 | 7 | 9 | 支付咨询费 |  | 48 290.60 | 借 | 45 820 909.40 |
| 1 | 8 | 10 | 采购东北铸造厂缸盖毛坯 |  | 4 924 766.00 | 借 | 40 896 143.40 |
| 1 | 11 | 16 | 报销差旅费 |  | 4 272.00 | 借 | 40 891 871.40 |
| 1 | 12 | 18 | 上交城建税，教育费附加和地方教育费附加 |  | 154 800.00 | 借 | 40 737 071.40 |
| 1 | 12 | 19 | 上交企业所得税 |  | 22 844.00 | 借 | 40 714 227.40 |
| 1 | 12 | 21 | 上交个人所得税 |  | 32 378.00 | 借 | 40 681 849.40 |
| 1 | 12 | 22 | 上交增值税 |  | 1 290 000.00 | 借 | 39 391 849.40 |
| 1 | 15 | 24 | 期票兑付 |  | 3 200 000.00 | 借 | 36 191 849.40 |
| 1 | 17 | 43 | 购买支票手续费 |  | 10.00 | 借 | 36 191 839.40 |
| 1 | 18 | 44 | 上交2019年1月份工会经费 |  | 9 333.89 | 借 | 36 182 505.51 |
| 1 | 18 | 46 | 上交2019年1月份会员活动 |  | 1 500.00 | 借 | 36 181 005.51 |
| 1 | 18 | 47 | 缴纳各项保险 |  | 1 361 373.28 | 借 | 34 819 632.23 |
| 1 | 18 | 48 | 缴纳公积金 |  | 539 161.00 | 借 | 34 280 471.23 |
| 1 | 18 | 49 | 发放2019年1月份工资 |  | 1 151 452.31 | 借 | 33 129 018.92 |
| 1 | 18 | 50 | 支付2019年1月份午餐费 |  | 82 000.00 | 借 | 33 047 018.92 |
| 1 | 18 | 51 | 支付2019年1月份教育经费 |  | 3 000.00 | 借 | 33 044 018.92 |
| 1 | 19 | 52 | 支付购入缸盖螺栓拧紧机 |  | 904 000.00 | 借 | 32 140 018.92 |
| 1 | 20 | 56 | 支付1月份网银服务费 |  | 60.00 | 借 | 32 139 958.92 |
| 1 | 20 | 57 | 期票贴现 | 982 939.17 |  | 借 | 33 122 898.09 |
| 1 | 20 | 58 | 生产车间设备修理 |  | 4 800.00 | 借 | 33 118 098.09 |
| 1 | 22 | 62 | 生产车间交取暖费 |  | 14 245.73 | 借 | 33 103 852.36 |
| 1 | 22 | 63 | 付贷款利息 |  | 35 000.00 | 借 | 33 068 852.36 |
| 1 | 25 | 66 | 短期借款还贷款 |  | 8 032 258.06 | 借 | 25 036 594.30 |
| 1 | 27 | 68 | 收到货款 | 8 000 000.00 |  | 借 | 33 036 594.30 |

续表

| 2019年 |  | 凭证号 | 摘要 | 借方 | 贷方 | 借或贷 | 余额 |
|---|---|---|---|---|---|---|---|
| 月 | 日 |  |  |  |  |  |  |
| 1 | 30 | 77 | 支付M4研究支出 |  | 1 929 200.00 | 借 | 31 107 394.30 |
| 1 | 30 | 78 | 交纳1月份装配车间电费 |  | 561 045.00 | 借 | 30 546 349.30 |
| 1 | 30 | 79 | 交纳2月份装配车间水费 |  | 39 140.00 | 借 | 30 507 209.30 |
| 1 | 31 | 84 | 支付中央电视台广告费 |  | 795 000.00 | 借 | 29 712 209.30 |
| 1 | 31 | 86 | 支付销售费用租赁展位费 |  | 900 000.00 | 借 | 28 812 209.30 |
| 1 | 31 | 88 | 支付办公楼租赁费 |  | 650 000.00 | 借 | 28 162 209.30 |
| 1 | 31 | 89 | 支付物业服务费 |  | 90 000.00 | 借 | 28 072 209.30 |
| 1 | 31 | 90 | 期票到期收款 | 3 000 000.00 |  | 借 | 31 072 209.30 |
|  |  |  | 本月合计 | 50 118 939.17 | 39 934 039.87 |  |  |
|  |  |  | 本年累计 | 50 118 939.17 | 39 934 039.87 |  |  |

单位：东北发动机有限公司

共1页　第1页

## 明细查询结果

客户名称：东北发动机有限公司
开户机构：建设银行一汽支行

客户账号：305594886666666
日　　期：2019年01月31日
币　　种：人民币
打印日期：2019年01月31日
对方户名：上海蔚来汽车科技股份有限公司
对方行名：建设银行上海浦东区支行

| 交易日期 | 摘要 | 凭证号码 | 借方发生额 | 贷方发生额 | 账户余额 | 流水号 | 对账号 |
|---|---|---|---|---|---|---|---|
| 2019-1-30 | M1形发动机连杆改制试制 | 76 | 50 000.00 | | 0.00 | 516896354186 | 46054012461 |

703

## 银行存款日记账

户　名：建设银行一汽支行

账　号：3055948866666666

| 2019年 | | 凭证号 | 摘要 | 借方 | 贷方 | 借或贷 | 余额 |
|---|---|---|---|---|---|---|---|
| 月 | 日 | | | | | | |
| 1 | 1 | | 期初余额 | | | 借 | 50 000.00 |
| 1 | 30 | | M1形发动机连杆改制试制 | | 5 000.00 | 借 | 50 000.00 |
| | | | 本月合计 | — | 5 000.00 | | |
| | | | 本年累计 | — | 5 000.00 | | |

单位：东北发动机有限公司　　　　　　　　　　　　　　共1页第1页

# 20206 资产会计——费用性研发支出转入管理费用

| 经济业务 | 研发支出结转 | 更新时间 | | 经济业务摘要 |
|---|---|---|---|---|
| 岗　　位 | 资产会计 | 级　别 | 中级 | 费用性研发支出转入管理费用 |
| 工作方式 | 手工、软件 | | | |

### 经济业务内容

2019年1月31日，公司M3型发动机研究阶段支出和M4型发动机研究阶段支出（均为费用化研发支出）转入管理费用。

### 经济业务处理要求

区分项目为研究阶段与开发阶段。企业应当根据研究与开发的实际情况加以判断。企业研究阶段的支出全部费用化，计入当期损益(管理费用)。企业内部研究开发项目开发阶段的支出，符合资本化条件的，才能确认为无形资产。根据相关内容，编制记账凭证，登记相关账簿。

## 经济业务流程

**东北发动机有限公司**

流程名称：结转费用化研发支出流程
流程代码：20206
更新时间：2018年12月
风险点：

| 部门名称：财务部 | 审批人：柴章 |
| --- | --- |
| 主责岗位：资产会计 | 会：范婷 高翔 董芳 丁磊 |
| 编辑人：刘玉 | 签：邓欢 陈晓 陈曼 付晶 |

### 流程图 / 流程描述

**NO.1** 每月月末对研发项目的所有支出进行检查。

**NO.2** 风险点管控措施
认真核对相关账簿数据，确认数据正确无误。

**NO.3** 月末将研发中的项目支出结转记入费用科目。

**NO.4** 资产会计登记相关的账簿。

流程图节点：
- 开始
- NO.1 检查费用化支出项目
- NO.2 核对账簿
- NO.3 费用化结转
- NO.4 资产会计登记入账
- 结束

多栏式明细账
会计科目：5301-研发支出

## 20305 销售会计——结转销售成本

| 经济业务 | 销售 | 更新时间 | | 经济业务摘要 |
|---|---|---|---|---|
| 岗　　位 | 销售会计 | 级　　别 | 中级 | 结转销售成本 |
| 工作方式 | 手工、软件 | | | |

### 经济业务内容

本月末接收成本会计转来的当月完工产成品成本报表，根据规定使用加权平均法计算当月销售成本。

### 经济业务处理要求

销售会计重点审核单位成本水平的逻辑性，其中合计的单位成本水平应在期初的单位成本水平和入库的单位成本水平之间，合计、出库、期末三项单位成本水平应该一致。计算产成品加权平均单位成本，根据加权平均单位成本结转本月销售成本，依据相关原始凭证，填制记账凭证，登记会计账簿。

## 经济业务流程

### 东北发动机有限公司

| | |
|---|---|
| 流程名称：结转销售成本 | |
| 流程代码：20303 | |
| 更新时间：2018年12月 | |
| 风险点： | |

| 部门名称：财务部 | 审批人：柴章 | 会签 | 范婷 高翔 董芳 丁磊 |
|---|---|---|---|
| 主责岗位：销售会计 | | | |
| 编辑人：刘玉 | | | 邓欢 陈晓 陈曼 付晶 |

## 流程图

**开始**
- NO.1 接收产成品成本报表
- NO.2 销售会计审核
- NO.3 计算产成品销售成本
- NO.4 销售会计审核
- NO.5 填制会计凭证
- NO.6 登记相关会计账簿
- **结束**

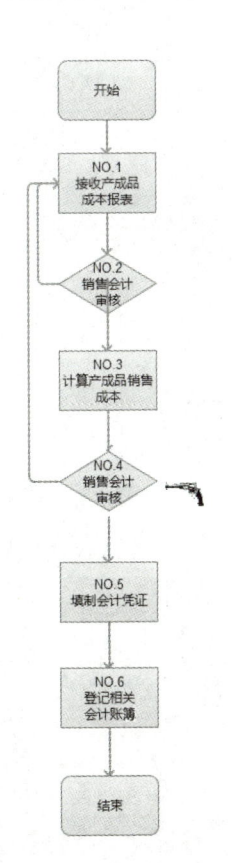

**期初库存商品明细表**

| 产品代码 | 产品名称 | 期初数量 | 单位成本 | 期初成本 |
|---|---|---|---|---|
| | | | | |
| 合计 | | | | |

**产成品汇总表**

完工车间： 年 月 成本会计：

| 序号 | 1 | 2 | 合计 |
|---|---|---|---|
| 产品代码 | | | |
| 产品名称 | | | |
| 数量 | | | |
| 外购半成品 | | | |
| 辅助材料 | | | |
| 废品损失 | | | |
| 燃料动力 | | | |
| 职工薪酬 | | | |
| 制造费用 | | | |
| 合计 | | | |
| 单位成本 | | | |

**产品销售成本计算表**

年 月

| | 物料号 | | |
|---|---|---|---|
| | 物料名称 | | |
| 期初 | 数量 | | |
| | 单位成本 | | |
| | 金额 | | |
| 入库 | 数量 | | |
| | 单位成本 | | |
| | 金额 | | |
| 合计 | 数量 | | |
| | 单位成本 | | |
| | 金额 | | |
| 出库 | 数量 | | |
| | 单位成本 | | |
| | 金额 | | |
| 期末 | 数量 | | |
| | 单位成本 | | |
| | 金额 | | |

## 流程描述

NO.1 销售会计接收成本会计转来的当月完工产成品成本报表。

NO.2 销售会计审核完工产成品报表中产品的品种数量是否与当月产成品入库单的信息是否一致。

NO.3 根据规定使用加权平均法计算当月销售成本。

NO.4 风险点管控措施
销售会计重点审核单位成本水平的逻辑性，其中合计的单位成本水平应在期初的单位成本水平和入库的单位成本水平之间，合计、出库、期末三项单位成本水平应该一致。

NO.5 销售会计填制记账凭证。

NO.6 销售会计登记相关账簿。

## 经济业务证明(自制原始凭证)

### 期初库存商品明细表

| 产品代码 | 产品名称 | 期初数量 | 单位成本 | 期初成本 |
|---|---|---|---|---|
| FDJ1000M1 | 发动机总成 | 150 | 5 304.00 | 795 600.00 |
| FDJ1000M2 | 发动机总成 | 100 | 5 568.00 | 556 800.00 |
| 合计 | | 250 | | 1 352 400.00 |

### 产成品汇总表

完工车间:装配　　　　　　　2019年1月　　　　　　　成本会计:程宫

| 序号 | 1 | 2 | 合计 |
|---|---|---|---|
| 产品代码 | FDJ1000M1 | FDJ1000M2 | 合计 |
| 产品名称 | M1型发动机 | M2型发动机 | |
| 数量 | 1800 | 1200 | |
| 外购半成品 | 7 816 628.87 | 6 157 832.02 | 13 974 460.89 |
| 辅助材料 | 8 472.70 | 7 019.40 | 15 492.10 |
| 废品损失 | 127.57 | 6 001.49 | 6 129.06 |
| 燃料动力 | 295 957.56 | 247 461.36 | 543 418.92 |
| 职工薪酬 | 902 959.91 | 651 782.23 | 1 554 742.14 |
| 制造费用 | 439 410.73 | 365 832.04 | 805 242.77 |
| 合计 | 9 463 557.34 | 7 435 928.54 | 16 899 485.88 |
| 单位成本 | 5 257.53 | 6 196.61 | 11 454.14 |

### 产品销售成本计算表

2019年1月

| 项目 | 物料号 | FDJ1000M1 | FDJ1000M2 | 合计 |
|---|---|---|---|---|
| | 物料名称 | 发动机总成 | 发动机总成 | |
| 期初 | 数量 | 150.00 | 100.00 | |
| | 单位成本 | 5 304.00 | 5 568.00 | |
| | 金额 | 795 600.00 | 556 800.00 | 1 352 400.00 |
| 入库 | 数量 | 1 800.00 | 1 200.00 | |
| | 单位成本 | 5 257.53 | 6 196.61 | |
| | 金额 | 9 463 557.34 | 7 435 928.54 | 16 899 485.88 |
| 合计 | 数量 | 1 950 | 1 300 | |
| | 单位成本 | 5 261.11 | 6 148.25 | |
| | 金额 | 10 259 157.34 | 7 992 728.54 | 18 251 885.88 |
| 出库 | 数量 | 1 800 | 1 200 | |
| | 单位成本 | 5 261.11 | 6 148.25 | |
| | 金额 | 9 469 991.39 | 7 377 903.27 | 16 847 894.66 |
| 期末 | 数量 | 150 | 100 | |
| | 单位成本 | 5 261.11 | 6 148.25 | |
| | 金额 | 789 165.95 | 614 825.27 | 1 403 991.22 |

## 20818 综合会计——结转 1 月份财务费用

| 经济业务 | 结转本月财务费用 | 更新时间 | | 经济业务摘要 | |
|---|---|---|---|---|---|
| 岗　　位 | 综合会计 | 级　　别 | 中级 | 结转 1 月财务费用 |
| 工作方式 | 手工、软件 | | | |

### 经济业务内容

2019 年 1 月 31 日，结转本月发生的财务费用。

### 经济业务处理要求

　　月末费用结转业务处理。审核财务费用账户本期发生额，分析经济业务，进行月末各项费用及成本结转额的确认和计量，参照月末费用及成本结转业务处理流程，运用借贷记账法编制记账凭证，登记相关账簿。注意各项费用及成本结转额确认的正确性，正确运用本年利润会计科目，弄清本年利润会计科目的性质及结构。

## 经济业务流程

**东北发动机有限公司**

流程名称：结转本月损益
流程代码：20806
更新时间：2018年12月
风险点：

| 部门名称：财务部 | 审批人：柴章 | |
|---|---|---|
| 主责岗位：综合 | 会签 | 范婷、高翔、董芳、丁磊 邓欢、陈晓、陈昊、刘玉 |
| 编辑人：付晶 | | |

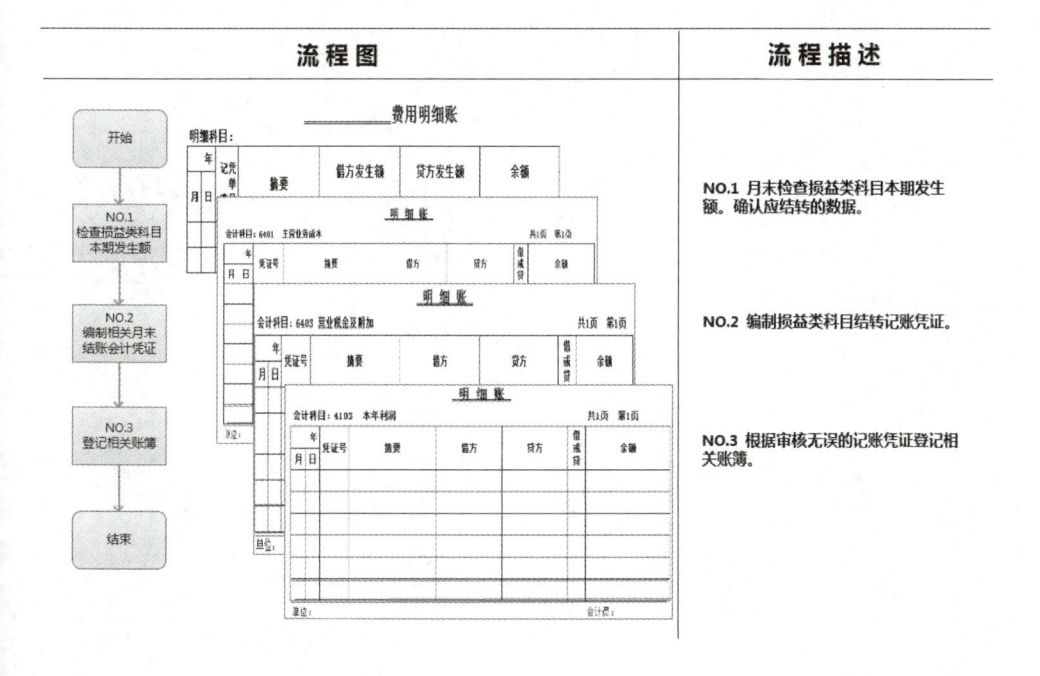

### 流程图

开始 → NO.1 检查损益类科目本期发生额 → NO.2 编制相关月末结账会计凭证 → NO.3 登记相关账簿 → 结束

### 流程描述

NO.1 月末检查损益类科目本期发生额。确认应结转的数据。

NO.2 编制损益类科目结转记账凭证。

NO.3 根据审核无误的记账凭证登记相关账簿。

## 20819 综合会计——结转 1 月份管理费用

| 经济业务 | 结转本月管理费用 | 更新时间 | | 经济业务摘要 | |
|---|---|---|---|---|---|
| 岗　位 | 综合会计 | 级　别 | 中级 | 结转 1 月管理费用 |
| 工作方式 | 手工、软件 | | | |

### 经济业务内容

2019 年 1 月 31 日，结转本月发生的管理费用。

### 经济业务处理要求

月末费用结转业务处理。审核管理费用账户本期发生额，分析经济业务，进行月末各项费用及成本结转额的确认和计量，参照月末费用及成本结转业务处理流程，运用借贷记账法编制记账凭证，登记相关账簿。注意各项费用及成本结转额确认的正确性，正确运用本年利润会计科目，弄清本年利润会计科目的性质及结构。

# 经济业务流程

**东北发动机有限公司**

流程名称：结转本月损益
流程代码：20806
更新时间：2018年12月
风险点：

| 部门名称 | 财务部 | 审批人 | 柴章 |
|---|---|---|---|
| 主责岗位 | 综合 | 会签 | 范婷、高翔、董芳、丁磊 邓欢、陈晓、陈曼、刘玉 |
| 编辑人 | 付晶 | | |

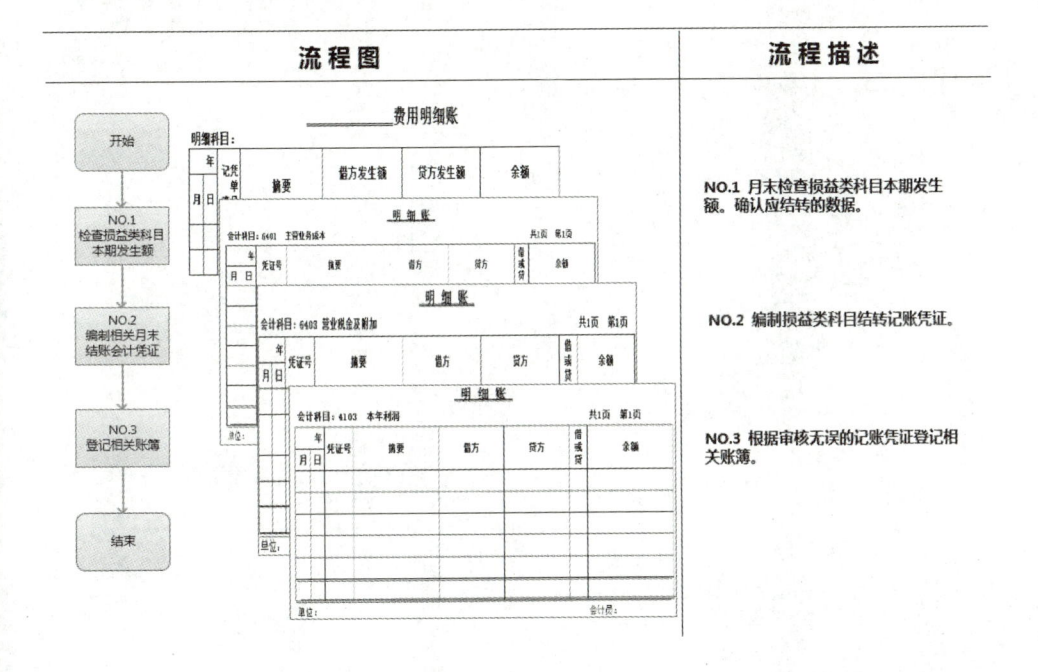

## 流程图

（开始 → NO.1 检查损益类科目本期发生额 → NO.2 编制相关月末结账会计凭证 → NO.3 登记相关账簿 → 结束）

费用明细账
明细账 会计科目：6401 主营业务成本
明细账 会计科目：6403 营业税金及附加
明细账 会计科目：4103 本年利润

## 流程描述

NO.1 月末检查损益类科目本期发生额。确认应结转的数据。

NO.2 编制损益类科目结转记账凭证。

NO.3 根据审核无误的记账凭证登记相关账簿。

# 20820 综合会计——结转1月份主营业务收入

| 经济业务 | 结转本月主营业务收入 | 更新时间 | | 经济业务摘要 |
|---|---|---|---|---|
| 岗　位 | 综合会计 | 级　别 | 中级 | 结转1月份主营业务收入 |
| 工作方式 | 手工、软件 | | | |

## 经济业务内容

2019年1月31日，结转本月实现的主营业务收入。

## 经济业务处理要求

月末收入结转业务处理。审核当期营业收入账户本期发生额，分析经济业务，确认计算月末收入结转额，参照月末收入结转业务处理流程，运用借贷记账法编制记账凭证，登记相关账簿。注意收入结转额确认的正确性，正确运用本年利润会计科目。

## 经济业务流程

**东北发动机有限公司**

流程名称：结转本月各项收入
流程代码：20805
更新时间：2018年12月
风险点：

| 部门名称：财务部 | 审批人：柴章 | |
|---|---|---|
| 主责岗位：综合 | 会签 | 范婷、高翔、董芳、丁磊 邓欢、陈晓、陈曼、刘玉 |
| 编辑人：付晶 | | |

| 流程图 | 流程描述 |
|---|---|
| 开始 → NO.1 检查收入类科目本期发生额 → NO.2 编制相关月末结账会计凭证 → NO.3 登记相关账簿 → 结束<br>（明细账：会计科目6301 营业外收入；会计科目6001 主营业务收入；会计科目4103 本年利润） | NO.1 月末检查收入类科目本期发生额，确认应结转的数据。<br><br>NO.2 编制收入类科目结转记账凭证。<br><br>NO.3 根据审核无误的记账凭证登记相关账簿。 |

# 20821 综合会计——结转 1 月份销售费用和成本

| 经济业务 | 结转本月销售费用及成本 | 更新时间 | | 经济业务摘要 |
|---|---|---|---|---|
| 岗　　位 | 综合会计 | 级　　别 | 中级 | 结转 1 月销售费用及成本 |
| 工作方式 | 手工、软件 | | | |

## 经济业务内容

2019 年 1 月 31 日，结转本月发生的销售费用及成本。

## 经济业务处理要求

月末费用及成本结转业务处理。审核销售成本、其他业务成本、销售费用等账户本期发生额，分析经济业务，进行月末各项费用及成本结转额的确认和计量，参照月末费用及成本结转业务处理流程，运用借贷记账法编制记账凭证，登记相关账簿。注意各项费用及成本结转额确认的正确性，正确运用本年利润会计科目，弄清本年利润会计科目的性质及结构。

## 经济业务流程

**东北发动机有限公司**

流程名称：结转本月损益
流程代码：20806
更新时间：2018年12月
风险点：

| 部门名称：财务部 | 审批人：柴章 | 会签 | 范婷、高翔、董芳、丁磊、邓欢、陈晓、陈曼、刘玉 |
|---|---|---|---|
| 主责岗位：综合 | | | |
| 编辑人：付晶 | | | |

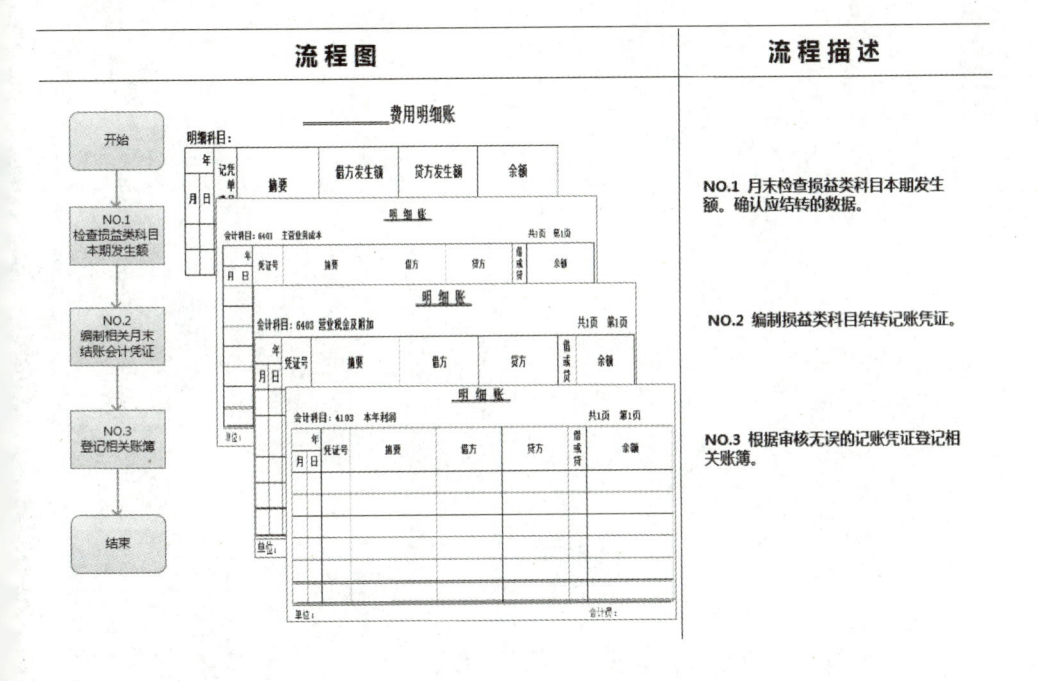

### 流程图

开始 → NO.1 检查损益类科目本期发生额 → NO.2 编制相关月末结账会计凭证 → NO.3 登记相关账簿 → 结束

费用明细账
明细账 会计科目：6401 主营业务成本
明细账 会计科目：6403 营业税金及附加
明细账 会计科目：4103 本年利润

### 流程描述

**NO.1** 月末检查损益类科目本期发生额，确认应结转的数据。

**NO.2** 编制损益类科目月结转记账凭证。

**NO.3** 根据审核无误的记账凭证登记相关账簿。

## 20822 综合会计——财务报表

| 经济业务 | 月末编制财务报表 | 更新时间 | | 经济业务摘要 |
|---|---|---|---|---|
| 岗 位 | 综合会计 | 级 别 | 中级 | 编制月末报表 |
| 工作方式 | 手工、软件 | | | |

### 经济业务内容

月末编制财务报表

### 经济业务处理要求

综合会计对凭证进行审核，并过账、结账。综合会计根据审核无误的账项，登记丁字账。登记科目余额表，登记总账，编制资产负债表、利润表、所有者权益变动表、现金流量表，交财务部长审核，财务部长每月10日将财务报表交至总经理审核并签字。总经理认真审核会计报表相关数据，掌握公司财务状况，经营成果和现金流量情况，以便进行公司经营决策。综合会计将审批后的财务报告每月15日前进行存档。

# 经济业务流程

## 东北发动机有限公司

| | | | |
|---|---|---|---|
| 流程名称：编制报表 | 部门名称：财务部 | 审批人：盖章 | |
| 流程代码：20807 | 主责岗位：综合 | 会签 | 范婷、高翔、董芳、丁磊 |
| 更新时间：2018年12月 | 编辑人：付晶 | | 邓欢、陈晓、陈曼、刘玉 |
| 风险点： | | | |

## 流程图

**流程描述**

**NO.1** 会计每月按经济业务发生点额顺序及时进行软件凭证录入。

**NO.2** 综合会计对凭证进行仔细审核，并过账、结账。
**风险控制措施**：对凭证录入错误，返回会计进行修改，保证账证、账表、账账、账实核对相符。

**NO.3** 综合会计根据审核无误的记账凭证，登记丁字账。

**NO.4** 综合会计根据审核无误的丁字账，登记科目发生额汇总表。

**NO.5** 综合会计根据科目余额表，登记总账、明细账。

**NO.6** 综合会计根据审核无误的总账，编制资产负债表、利润表、所有者权益变动表、现金流量表。

**NO.7** 综合会计每月十日将财务报表交至财务部长进行审核签字。

**NO.8** 财务部长将财务报告报送总经理审批。
**风险控制措施**：总经理认真审核会计报表相关数据，掌握公司财务状况，经营成果和现金流量情况，以便进行公司经营决策。

**NO.9** 综合会计将审批后的财务报告次月十五日前进行存档。

流程步骤：
- 开始
- NO.1 会计月末完成凭证录入
- NO.2 综合会计审核
- NO.3 登记丁字账
- NO.4 登记科目余额表
- NO.5 登记总账
- NO.6 综合会计编制财务报表
- NO.7 财务部长审批
- NO.8 总经理审批
- NO.9 会计存档
- 结束

# 敬 告 读 者

为了帮助广大师生和其他学习者更好地使用、理解、巩固教材的内容，本教材提供习题答案，读者可关注微信公众号"会计与财税"获取相关信息。
如有任何疑问，请与我们联系。
QQ：16678727
邮箱：esp_bj@163.com
教师服务 QQ 群：606331294
读者交流 QQ 群：391238470

经济科学出版社
2020 年 8 月

| 会计与财税 | 教师服务 QQ 群 | 读者交流 QQ 群 | 经科在线学堂 |